PAIX AU MONDE

PAR

E. DE TANGRY

« Accomplissez la pensée de Dieu »

Prix : 6 francs.

SENLIS
IMPRIMERIE ERNEST PAYEN
PLACE DE L'HOTEL-DE-VILLE

1878

PAIX AU MONDE

PAIX AU MONDE

PAR

E. DE TANGRY

« Accomplissez la pensée de Dieu. »

Prix : 6 francs.

SENLIS

IMPRIMERIE ERNEST PAYEN

PLACE DE L'HOTEL-DE-VILLE

1878

LIVRE PREMIER

CHAPITRE I

CONDITIONS GÉNÉRALES DE LA SOCIÉTÉ

§ I

La situation du monde civilisé est en ce moment véritablement étrange. Elle présente l'image d'une sorte de chaos. Le dérèglement est devenu général. La confusion est dans tous les ordres de l'activité. Le bien envahi par le mal s'affaiblit et diminue chaque jour. La morale se transforme et se perd. L'intelligence admirablement progressiste dans les recherches scientifiques, montre de puériles défaillances dans l'appréciation des questions métaphysiques et religieuses. Enfin, le scepticisme envahit les masses et amène un découragement qui semble être la condamnation des applications sociales existantes. Et cependant, par une singularité qui semble être une contradiction, la société cherche à pousser aux extrêmes ces mêmes applications auxquelles elle ne croit plus.

Beaucoup considèrent cet état comme l'avant-coureur d'une destruction complète. Ils cherchent à arrêter la civilisation, croyant qu'entraînée comme par un vertige, elle se hâte volontairement pour se précipiter au plus tôt dans l'abîme qu'elle sait ouvert sous ses pas. En songeant à l'avenir, ils ont des visions sanglantes, ou ils le trouvent couvert d'un voile sombre et impénétrable. Nous sommes, disent-ils, sur un volcan. Les signes précurseurs d'un désastre se sont déjà produits. Il s'est fait dans le monde des bruits formidables, notre perte est certaine et elle ne peut tarder.

Sans vouloir nier l'existence d'un péril qui demande à être évité, nous ne pouvons nous ranger à l'avis de ces désespérés.

Une situation sociale n'est pas perdue quand on peut l'expliquer, et dans ce qui se produit autour de nous, rien n'est en condition d'échapper à l'analyse. Qu'on ne s'effraie donc pas outre mesure, le mal est logiquement amené, donc il est guérissable. L'humanité est dévoyée, et c'est pourquoi elle erre sans certitude. Il lui suffira de marcher dans sa route régulière pour trouver la paix, et pour voir que Dieu n'abandonne pas son œuvre.

Dans un cas semblable, l'effort de ceux qui cherchent la vérité, doit tendre, au moyen de l'analyse, à pénétrer le mal jusque dans ses racines, pour indiquer, avec les causes de sa production, le moyen de l'éviter à l'avenir.

Tel est le but que nous nous proposons dans ce livre.

§ II

LES LOIS SOCIALES

Pour pouvoir juger la nature et l'étendue du mal signalé, il est indispensable de connaître d'abord les conditions générales d'existence de la réalité et les lois auxquelles celle-ci est soumise. Ces bases étant posées il deviendra facile de comprendre comment ces lois peuvent, selon les circonstances, présenter des applications parfois régulières et parfois déréglées.

Le monde n'est pas une œuvre de hasard. Ses parties se tiennent entre elles d'une manière logique. Le désordre actuel n'est donc pas spontané, il se rattache à quelque chose, il est une conséquence. Or, si nous voulons chercher la cause occasionnelle de ce désordre particulier, ou celle de tel fait quelconque, nous les trouverons produites à leur tour par une cause antérieure. Celle-ci est elle-même précédée d'une autre, et ainsi de suite jusqu'à ce que nous soyons parvenus à la cause première. Rien dans le fini n'est concevable sans l'existence de cette cause unique, infinie, éternelle, absolue, en un mot divine.

Il y a donc un rapport universel qui apparaît dès le début, et qui place comme parties indispensables de l'univers, d'un côté la Cause première, de l'autre tout ce qui n'est pas elle.

Cette loi établit une relation intime et indestructible entre la cause et son produit, qui attribue à ce dernier un état de dépendance. Elle est contenue dans les trois affirmations suivantes.

Il ne peut exister de principe sans conséquences ni de conséquences sans principe. Tout, sauf la cause première, est alternativement cause et effet. Un principe agissant ne s'arrête pas avant d'avoir atteint ses conséquences extrêmes.

L'homme faisant partie du créé, se trouve soumis comme tout le reste à l'action de ces règles. Il sent la relation qui existe entre Dieu et lui, et chercher à connaître la nature et l'étendue de ce lien, est pour lui un devoir dont il ne pourrait s'affranchir. Mais l'homme n'est pas seulement une personnalité isolée. Il est par essence un être sociable. Si en effet il est réduit à ses seules forces, il demeure incapable d'utiliser tout ce qu'il possède en puissance.

Aussi, est-il obligé d'abandonner une partie de sa souveraineté personnelle, pour constituer une force organisée qui seule lui permet de se compléter au moyen de l'aide des autres. C'est donc également comme faisant partie d'une société pratique, qu'il doit chercher à connaître sa relation avec Dieu. Il en résulte qu'aucune organisation sociale n'est concevable, si elle ne comporte une appréciation quelconque de la cause première et du rapport qui rattache celle-ci au fini et par conséquent à l'humanité. Cela est une obligation qui peut être considérée comme la pierre d'assise de toute union durable entre les hommes. C'est pourquoi, dans l'état social, l'appréciation de la cause devient un principe, son développement obligé forme ce qu'on appelle une civilisation, et le passage d'une civilisation à une autre est une révolution sociale au sens réel du mot.

Il y a trois manières d'apprécier le rapport. On peut, saisissant la vérité, porter sur lui un jugement exact, et le voir tel qu'il est. Dans ce cas tous les termes demeurant à leur place, agissent sans prédominance, et par suite sans absorption de l'un sur l'autre. L'ordre et la paix régnent alors partout, puisqu'il n'existe aucune cause de trouble.

On peut aussi, exagérant la puissance effective de la cause première, donner à son rôle une importance qui rompt l'équilibre, en dépassant la réalité. Dès lors Dieu devient trop grand et l'homme trop petit.

Enfin l'appréciation contraire est aussi possible. On peut tomber dans le défaut de diminuer le rôle de Dieu au profit de celui de la créature. Cette fois, Dieu est trop petit et l'homme est trop grand.

A la suite des appréciations de la cause première, il se produit donc deux courants contraires, l'un vrai, l'autre faux, qui ne laissent pas de place pour un troisième.

Le premier répond à la réalité harmonisée. Il est sans divisions comme la vérité qu'il représente. Le second contient les fantaisies que le raisonnement peut déduire des principes erronés. Il est l'ensemble des erreurs.

On se tromperait donc si, pour tenir compte de l'écart considérable qui existe entre les deux fausses interprétations que nous venons de rencontrer, on se refusait à les réunir dans le même courant. Elles sont si peu différentes, envisagées dans leur résultat, qu'elles aboutissent à une même impossibilité pratique qui se résume en une absorption réciproque. Voici comment elles y parviennent. Dans les deux cas, le rapport véritable étant détruit, un des termes acquiert une grandeur dont les bornes échappent à l'appréciation. La défaillance de l'esprit à cet égard n'a rien qui doive étonner, car on ne voit pas comment on pourrait trouver la détermination exacte d'un être sans existence réelle. Le fantôme créé a forcément des limites vagues, qui s'élargissent jusqu'à ce qu'il ait atteint l'impraticable, seul point fixe où l'erreur puisse s'arrêter. Or, à force de grandir il finit par absorber en lui la réalité entière, et par conséquent le terme avec lequel il devait s'harmoniser.

Les deux faux principes aboutissent à ce résultat, ce qui permet de les placer avec certitude dans le courant de l'erreur, et même de leur y attribuer le rôle de producteurs du panthéisme, dont plus tard ils deviendront les victimes.

L'importance qu'une semblable situation donne au panthéisme, nous oblige à arrêter un instant notre attention sur cette forme du faux, pour savoir ce qu'elle est et où elle mène.

Le panthéisme est un désordre qui apparaît à la suite de toute conception dans laquelle la cause première se confond avec son produit. C'est pourquoi nous venons de voir l'augmentation et la diminution d'importance de Dieu, aboutissant à une même absorption générale. Dans le premier cas, tout devient Dieu, dans le second cas, Dieu s'annule et est remplacé par un autre ensemble qui acquiert les caractères de l'absolu. Le résultat uniforme, est la production d'une unité au moyen du développement du principe, car celui-ci ne peut être dans son expansion différent de lui-même.

L'unité formée se compose donc inévitablement du *même*.

Les suites logiques de cette singularité sont véritablement curieuses. D'abord, la loi de causalité disparaît, car si tout est le même, il n'est plus possible de concevoir un rapport de dépendance existant au profit du principe. Avec la cause sont également supprimés soit l'absolu, l'éternel et l'infini, soit le fini, le relatif et le limité. Il est, en effet, complétement absurde de vouloir conserver des oppositions radicales quand il est admis que des différences n'existent nulle part. Il n'y a plus ni Dieu éternel et producteur, ni création temporaire et produite.

Tous les contraires d'ailleurs disparaissent sans retour. L'égalité absolue devient nécessaire. Entre le bien et le mal la barrière s'abaisse et le niveau se fait. Et, non seulement le mal est égal au bien, mais de plus, il devient nécessaire. Il ne pourrait être supprimé sans enlever au monde une partie de son essence. Il existe, et cela suffit pour qu'il doive persister éternellement. Enfin, rien n'a le droit de lui être supérieur, car le *même* est régi par la fatalité qui ne comporte pas une hiérarchie régulière. L'individualité à son tour perd son existence, car rien n'est à l'état particulier dans le même. L'être égale le non être, la vie est mise en question, et le moi se perd dans une universelle négation.

Tel est le panthéisme. Ses conséquences sont tellement absurdes qu'elles ne semblent pas dangereuses, et c'est pourquoi on néglige cette erreur manifeste, en se croyant certain de la réprimer toujours. Rien n'est plus dangereux que cette sécurité. Sans doute, le panthéisme ne parvient pas à détruire ce qui est. Il ne supprime pas les individualités pour les remplacer par un ensemble. Mais quand il est en germe dans une doctrine, il doit produire ses effets, et pour actualiser son nihilisme, il provoque un désordre incessant correspondant à l'impraticable.

En voyant le danger du panthéisme, on est tenté de se demander pourquoi l'homme, depuis longtemps, ne s'est pas servi de cet excès de mal pour reconnaître l'erreur. Rien ne semble plus facile que de s'autoriser du désordre du nihilisme pour remonter jusqu'au principe et pour le remplacer. Mais il ne faut pas oublier que l'homme est essentiellement faillible. Il peut se tromper de bonne foi, et par un effet de la loi de causalité, du moment qu'il base sa conviction consciencieuse sur un principe faux, il ne peut plus se dégager de l'enchaînement que forment les conséquences de celui-ci. Or, il faut longtemps pour parvenir au mal évident, et c'est pourquoi le génie humain a pu développer une longue suite de civilisations, en se trompant constamment. .

Cependant, la faillibilité humaine trouve sa compensation dans la loi du progrès continu, en vertu de laquelle une civilisation qui tombe est toujours remplacée par une autre qui lui est supérieure. La marche vers la vérité peut sembler, a première vue, lente et illogique. On peut dans bien des cas constater combien la faillibilité l'entraîne et retarde le progrès. Et pourtant, rien n'est perdu même quand les efforts tentés semblent infructueux. Les échecs du passé forment l'expérience de l'avenir, et chaque réaction fait faire au progrès un pas nouveau.

L'homme est donc lentement progressif, et c'est à cette raison qu'il faut attribuer la constante négligence mise par les penseurs à trouver et à suivre la règle sans laquelle on ne parvient pas a apprécier justement le cause. Sans se défier de leur faillibilité, ils se sont épuisés en combinaisons inutiles pour saisir Dieu, et le rapport qui le rattache à nous, par la seule opération d'une conception directe.

Ces imprudents n'ont pas vu que si le relatif pouvait ainsi s'élever d'un élan jusqu'à l'absolu, il cesserait d'être lui, et il égalerait la divinité. Ils ont cru possible de chercher le vrai sans point d'appui, alors qu'il est d'expérience commune que l'imagination laissée à elle-même, ne manque jamais d'égarer le raisonnement hors des limites du réel.

La loi vraie est plus sage, elle ne laisse pas la recherche de la vérité à la merci de la fantaisie. Elle pose comme une obligation inévitable, quand on veut apprécier la cause première, de s'assurer d'abord l'aide d'une vérité certaine, évidente, indéniable. Les conditions sont alors différentes. On tient compte de la faillibilité humaine, et on évite ses dangereux effets, en se servant de la certitude acquise comme d'un point de repère où il est possible de revenir dans le cas d'égarement. On se donne en même temps des chances sérieuses de succès, puisque d'une base vraie on ne peut déduire que des conséquences conformes, à condition, bien entendu, de raisonner logiquement.

Après avoir indiqué dans l'état social les lois dont la connaissance est indispensable à notre sujet, il nous reste à connaître les divisions au moyen desquelles l'individualité peut actualiser le principe qu'elle admet. En voici le détail.

L'appréciation de la Cause première comme principe dirigeant.

La doctrine, ou l'ensemble des formules dogmatiques dérivant du principe admis.

Le droit, qui est la règle du permis et du défendu en rapport avec ce même principe.

La morale, ou l'ensemble des devoirs que l'individualité doit accomplir pour se compléter conformément à la base.

La religion, ou la partie de ces devoirs plus spécialement affectée au culte que l'on doit au Dieu entrevu.

L'autorité, qui est la force obtenue par la réunion des parts de souveraineté personnelle, abandonnées par les individualités, et que chaque civilisation explique et emploie selon ses tendances.

Enfin, la forme, ou le mode apparent sous lequel fonctionnent les différentes forces sociales.

Ces éléments sont indestructibles. Les plus grandes erreurs ne sauraient les supprimer. Mais comme ils sont des instruments à la disposition de l'homme, leurs manifestations diffèrent d'après l'influence du principe agissant. Il est donc indispensable d'établir les changements que leur font subir les appréciations vraies ou fausses de la cause première.

§ III

APPRÉCIATION EXACTE DE LA CAUSE

L'appréciation exacte du rapport avec Dieu étant nécessairement conforme à la vérité, ne fournit pas l'occasion aux notes discordantes de se produire. Tout dans la société est ce qu'il doit être, eu égard à la nature finie. L'individualité n'étant ni déprimée ni exaltée, accomplit sa tâche entièrement, et elle emploie ses forces à son complet développement, au lieu de les dilapider en efforts impuissants pour soutenir l'erreur.

La doctrine est simple comme la vérité. S'appuyant sur une formule évidente, elle contient, en concordance avec celle-ci, une série de préceptes formant un système harmonique. L'enseignement qu'elle comporte a le même caractère. Rien dans ses parties n'est en contradiction, qu'il s'agisse de religion, de philosophie ou de science.

Le droit est la règle véritablement humaine donnant la plus grande compétence à l'individualité. Il étend le permis a tout ce qui ne rompt pas l'équilibre. Cette tolérance n'est cependant pas dangereuse, grâce à l'appui de la formule évidente, qui peut servir de point de départ immuable pour déterminer la limite extrême de la liberté personnelle.

La morale étant affranchie de toute obligation vis-à-vis des règles imaginaires inventées par l'erreur, est aussi près que possible de l'absolu. Les devoirs sont d'accord avec la conscience, ce qui les rend facilement intelligibles pour tous. Ils comportent une règle fixe qui permet de distinguer le bien du mal. D'après cette règle, le moral est ce qui mène l'individualité à s'harmoniser complètement, conformément au vrai, et l'immoral est ce qui conduit à une prédominance déréglée.

La religion comporte une adoration réelle et pratique, que ne gêne pas la crainte du respect humain. Pourquoi, en effet, l'homme trouverait-il puéril ou simplement étonnant l'accomplissement de devoirs envers Dieu, dont il est intéressé à admettre l'existence. Supprimer Dieu quand il représente une puissance protectrice, reviendrait à détruire volontairement la synthèse heureuse dont on jouit, en en rejetant un des termes. On ne voit pas, d'ailleurs, ce qui solliciterait à chercher ainsi l'impossible. L'homme en possession de la certitude, quand il s'occupe de ses destinées, pense et ne rêve pas.

L'accomplissement des devoirs envers Dieu est donc aussi volontaire que logique. Il s'étale au grand jour, et il comporte un culte composé de pratiques peu nombreuses, mais compréhensibles, et répondant à des besoins réels.

Les vérités dogmatiques aussi sont intelligibles, et elles peuvent être examinées et admises par un raisonnement sain. Ce qu'elles proclament, tout homme comme tel le ressent, indépendamment des pays, des races ou des positions sociales. Elles sont uniformément vraies, ce qui permet à leur application d'être réellement universelle.

Dans le courant harmonique, l'autorité peut se concevoir comme une application favorable et librement consentie, du pouvoir formé par la réunion des parts de souveraineté personnelle. La prédominance y étant inconnue, les abus tyranniques ne sont pas à craindre. Quand des hommes, connaissant la vérité, tendent à se développer dans la mesure du réel, ils ne se laissent pas plus absorber qu'ils ne cherchent à abaisser les autres. Ils admettent volontiers l'autorité parce qu'ils la savent indispensable, mais, ayant à leur disposition le moyen de déterminer les compétences, ils lui tracent des limites qu'elle ne saurait dépasser sans rencontrer à l'instant une résistance efficace.

L'infini et même l'indéfini dans les droits n'existe alors en faveur de personne. Ceux qui abandonnent une part de leur pouvoir savent limiter l'importance de la concession consentie, et apprécier par conséquent, ce qu'ils ont conservé. Quant à ceux à qui est confiée la pratique de l'autorité, ils ne pourraient prétendre trouver dans le mandat qu'ils reçoivent un pouvoir hors de proportion avec la nature humaine harmonisée.

Dans ce courant, la souveraineté réside incontestablement dans chacun des membres de la société, et la part que ceux-ci en abandonnent est une délégation de pouvoirs faite pour en retirer un avantage. L'autorité produite par l'ensemble de ces délagations, comporte une centralisation dont le rôle consiste à favoriser le développement, proportionnellement à la valeur de chacun. Ce pouvoir ne doit pas fonctionner comme un ensemble indivisible, en le faisant il manquerait de contre-poids et il risquerait de s'égarer. Il comporte, au contraire des parties qui, tout en étant en accord logique, ont cependant des compétences spéciales et complètes.

Les besoins humains sont d'accord avec la classification suivante.

Un pouvoir religieux chargé de diriger les pratiques du culte.

Un pouvoir législatif spécialement en possession du droit d'élaborer des lois en rapport avec les besoins.

Un pouvoir judiciaire qui doit empêcher par des décisions

définitives, ou punir par une répression légale, les usurpations de l'individualité.

Un pouvoir administratif dont le rôle est d'appliquer les lois en les faisant fonctionner dans la masse.

Enfin, un pouvoir exécutif qui représente effectivement la souveraineté générale, et qui est chargé d'actualiser les actes des autres pouvoirs, lorsqu'il les trouve réguliers.

La forme applicable à une société dans laquelle chacun doit chercher à se compléter dans le sens de la vérité, est nécessairement une aristocratie. Le mot aristocratie va sans doute effrayer notre époque égalitaire. Mais il faut remarquer que nous lui donnons son sens littéral, et qu'il répond dans notre pensée à une action puissante accordée aux meilleurs. Nous ne prétendons pas qu'il faille restreindre cette aristocratie à un mode unique d'existence. L'action favorable qu'elle représente peut être obtenue de différentes manières. Il est vrai qu'une civilisation en l'admettant ne peut plus repousser une hiérarchie entre les hommes, et par suite une noblesse composée des plus distingués. Mais une fois cette condition remplie, il est d'une importance relative que le mode sous lequel l'aristocratie fonctionne, s'appelle une royauté ou une république. Cela dépend du caractère des différents peuples, ou de circonstances locales qu'il est impossible de déterminer d'avance.

En résumé, le résultat amené par l'activité de ce courant est un état heureux dans lequel l'homme acquiert sur lui-même une puissance sereine, qui est le plus grand bonheur auquel il puisse atteindre ici-bas.

L'homme s'élève dans le bien, et ainsi il se prépare à mériter après la mort un avenir favorable.

§ IV

APPRÉCIATION EXAGÉRÉE DE LA CAUSE
RÉVÉLATION MERVEILLEUSE

Lorsque, dans la recherche de la vérité, l'intelligence est réduite à ses seules forces, n'ayant aucun guide pour se diriger, elle place toujours l'homme en-deçà ou au-delà de la limite exacte.

Dans le commencement des sociétés, se sentant encore inférieure, elle a une grande propension à tomber dans la première de ces fautes, et à remplacer par une crainte superstitieuse l'amour confiant qu'on doit avoir pour Dieu. La cause première est entrevue alors comme répondant à un être incompréhensible, créateur absolu, dégagé envers son œuvre de la loi qui oblige le principe vis-à-vis de ses conséquences.

L'importance du terme supérieur dans le rapport est donc exagérée. Il se forme une prédominance, et dès lors rien n'est explicable par la logique ordinaire. La vérité n'est plus compréhensible pour tous, elle réside uniquement en Dieu qui peut s'en réserver l'usage. Elle lui est spéciale. Elle n'est pas la vérité, mais une vérité appropriée aux besoins du Dieu inventé, et les hommes ne peuvent la posséder que si elle leur est révélée par un effet tout gratuit de la bonne volonté divine.

Or, cette vérité étant surnaturelle, ne peut être introduite sur notre terre par le fonctionnement des facultés intellectuelles ordinaires. Il faut donc que la révélation qu'elle nécessite soit à son tour surnaturelle.

Cette obligation fixe le point de départ de ces civilisations qui exagèrent l'importance de la cause. Elles sont toutes infailliblement basées sur une révélation merveilleuse qui devient leur principe. Dès lors, elles sont des conséquences, dont les manifestations doivent être conformes aux tendances de l'erreur admise.

Voici, en effet, l'individualité qui, sous l'influence de ce principe, subit une transformation radicale. Elle s'amoindrit proportionnellement à l'exagération d'importance attribuée à Dieu. L'homme n'est plus lui, il est moins que lui. Il perd sa confiance légitime dans un raisonnement régulier, et il la remplace par une foi aveugle et servile, appliquée à tout ce qui se rattache au Dieu prédominant.

La doctrine se compose d'une suite d'affirmations qui, loin de former un ensemble compréhensible, sont incohérentes et comme juxtaposées. La simplicité lui fait complétement défaut, comme au principe dont elle dérive. L'enseignement qu'on en peut tirer ne comporte pas l'harmonie entre ses différentes parties, il y règne une prédominance, mais non au profit du savoir. La science, en effet, devient sans objet, puisque ses indications les plus certaines se transforment en coupables erreurs quand elles contredisent ce qui est miraculeusement connu. Il n'y a d'autre science que la vérité révélée dont tout le reste est une dépendance.

Le droit cesse d'être une régle conforme à la nature humaine. Il n'est plus définissable par l'homme qui, devenant un être incapable et sans nécessité, n'a plus à distinguer lui-même le permis du défendu. La volonté de Dieu fait seule le droit comme elle fait la vérité. Elle ordonne ou elle défend suivant son caprice et elle ne peut jamais avoir tort.

Le droit devient donc essentiellement divin, ce qui l'affranchit de toute relation obligée avec le raisonnable. Il peut être illogique, inutile, malfaisant même. Il est au-dessus de toute critique, s'il se trouve en conformité avec la doctrine religieuse. Est-il besoin de dire que toute détermination devient impossible dans ce droit. Il s'étend à l'infini, car une prédominance ne peut poser à elle-même ni à ses applications, un terme premier ou un terme extrême.

La morale, à son tour, est une simple suite de la religion. Les devoirs créés par la vérité révélée sont les seuls qui obligent. Leur accomplissement est l'unique objectif, et il tend à l'isolement dans une vie complétement religieuse. Les devoirs envers soi-même n'ont plus de raison d'être, puisque l'homme doit considérer son individualité comme digne de mépris. Les devoirs envers les autres sont par la même raison tout aussi inexplicables, à moins qu'ils ne comportent des applications utiles aux intérêts des représentants du Dieu. L'homme ne conçoit pas lui-même cette morale relative, il doit l'apprendre comme une science, au grand dommage de la conscience vraie.

La religion est le principal intérêt de la civilisation, mais elle ne répond pas au véritable besoin de l'adoration. En rapport avec le Dieu miraculeux, elle doit comporter des dogmes non-seulement inintelligibles, mais complétement déraisonnables.

En effet, si les vérités étaient d'accord avec un raisonnement sain, elles seraient trouvables par l'intelligence ordinaire. Elles appartiendraient au courant régulier, et le Dieu prédominant avec toute sa suite devrait disparaître.

Dans ce courant les dogmes présentent d'ailleurs cette particularité curieuse que du moment qu'on les a fait admettre, ils persistent d'autant plus longtemps qu'ils sont plus absurdes. L'homme n'y comprenant absolument rien, laisse placer la doctrine entière au-dessus de toute discussion, et il renonce sur ce point à son droit d'analyse.

L'adoration adressée à ce dieu déréglé ne peut être normale. Elle dégénère forcément en idolâtrie, et le culte extérieur prend d'autant plus d'importance et de relief, qu'il faut bien cacher la faiblesse du fond sous le brillant de la forme.

Quand on pratique une religion miraculeuse, on est fortement tenté de sacrifier au respect humain dès qu'on se trouve dans un milieu indépendant de ce culte. Cela se conçoit. Les vérités miraculeuses sont des étrangères en nous, elles ne correspondent à aucune faculté. L'homme peut apprécier avec son jugement, recevoir des impressions par les sens et s'élever vers Dieu par l'adoration. Mais comment fera-t-il pour comprendre un enseignement forcément en opposition avec les seuls guides qu'il ait pour régler sa conduite. Il n'a pas le sens de la révélation merveilleuse, et c'est pourquoi il éprouve une sorte de honte quand il doit accomplir le déraisonnable que celle-ci comporte.

Le dernier terme des religions de ce genre est le désir inspiré à l'homme d'une union certaine et complète avec Dieu. Ainsi se trouve confirmée en partie l'affirmation que toute erreur sur la Cause amène une absorption panthéiste au profit du terme dont l'importance est exagérée.

L'autorité suit les conditions du droit. Etant essentiellement divine, elle n'a plus besoin d'être ni raisonnable ni humaine. Elle n'est plus la réunion des souverainetés personnelles, puisque l'homme appartient à Dieu avant de s'appartenir à lui-même.

Dieu seul étant, l'autorité est un de ses attributs. Elle lui revient toute entière, et la part qui peut en être exercée sur terre est le produit d'une délégation directe accordée par la divinité. Cela nécessite l'existence d'un clergé formant une caste supérieure, car Dieu ne pourrait révéler à tous la vérité, sans donner à celle-ci la clarté et la simplicité nécessaires pour la rendre intelligible pour chacun. Or, dans ce cas, le merveilleux est inutile, et le principe apparaît comme une fausseté.

Ces élus deviennent seuls capables d'une autorité légitime ici bas, car, possédant à l'exclusion des autres la clef de l'indéchiffrable énigme, ils peuvent seuls diriger l'humanité dans la voie conforme à la doctrine. Si donc l'autorité de droit divin comporte encore des divisions dans les pouvoirs, elle ne doit plus attribuer à ceux-ci une compétence définie et rationnelle. En dernière analyse, elle divise les hommes en deux classes. D'une part, le clergé en possession d'un pouvoir sans contrôle, et au-dessous de lui tous les rangs se confondant dans un égal abaissement vis-à-vis de la grandeur de ces représentants de Dieu. Dès lors un pouvoir législatif laïque n'a plus sa raison d'être. Le clergé est plus compétent que lui pour décider comment doivent être conçues les lois, pour n'être pas en désaccord avec la règle suprême.

La même observation peut s'appliquer aux pouvoirs administratifs et judiciaires. Leur maintien dans le système ne peut exister, s'ils sont autre chose que les fidèles exécuteurs des ordres du clergé.

Quant au pouvoir souverain, son existence indépendante est non moins impossible. N'ayant pas à opposer une délégation divine supérieure ou même égale, à celle dont jouissent les prêtres, il ne peut pas s'élever jusqu'à leur compétence, et il doit par conséquent leur être inférieur en autorité.

L'expression d'un pouvoir qui revient uniquement à Dieu est nécessairement une théocratie. Cette forme serait applicable dans sa pureté si le Dieu inventé gouvernait personnellement les hommes. Mais comme pour d'excellentes raisons cela lui est impossible, c'est aux gardiens de la doctrine qu'il appartient de le représenter.

Cependant le pouvoir du clergé subit lui-même une réduction résultant de l'obligation où est la théocratie d'actualiser sur terre l'unité divine et ses droits absolus. Un semblable résultat ne peut être atteint sans que du sein du clergé il s'élève une centralisation de pouvoir prenant une position suprême. Alors seulement se rencontre la force capable de fixer toute vérité contestée, et d'imposer une autorité indiscutable à l'humanité entière sans aucune exception.

§ V

APPRÉCIATION AMOINDRIE DE LA CAUSE
LE RATIONALISME

Pour qu'on soit amené, en traitant la question de la cause, à diminuer l'importance de Dieu au profit de la sienne propre, il faut que l'état social contienne un degré de culture intellectuelle déjà avancé. On ne voit pas ce qui provoquerait chez l'homme primitif le désir insensé de se substituer à Dieu, tandis que l'homme du progrès peut être facilement entraîné à admettre cette absurdité.

C'est en cherchant à réagir contre le principe miraculeux qu'il s'expose principalement à ce danger. L'intelligence dans ce cas, humiliée du rôle qu'elle a joué, se réveille et ose regarder en face ces dogmes dont on lui faisait peur.

Elle s'aperçoit bientôt qu'en raisonnant régulièrement, elle fait crouler sans peine l'édifice que la révélation merveilleuse avait basé sur le vide. Elle ne remarque pas que son succès provient de ce qu'elle a critiqué une erreur appartenant au relatif, ce qui est entièrement dans son rôle.

Aveuglé par le triomphe, le moi se croit capable d'aborder avec la même supériorité les questions de tous les ordres. Il aime à se dire que si son raisonnement ne lui fait pas dans tous les cas découvrir la vérité, la faute en est moins à la faiblesse humaine qu'à une expérience encore insuffisante. Et bientôt, rapprochant cette idée de l'évidence du progrès continu, il conclut à la possibilité d'un moment où son raisonnement sera forcément d'accord avec le vrai.

Faisant ainsi de la réalité entière une masse qui devient l'objectif auquel il peut appliquer son analyse, il élargit sa compétence, au point de savoir saisir l'absolu. En un mot, il s'accorde la Raison qui est l'ensemble de ses forces intellectuelles élevées à une puissance infinie.

Quand on veut, au moyen de la Raison, définir le rapport existant avec la cause première, on dédaigne l'aide préalable de la formule certaine, puisqu'on a la conviction de pouvoir faire sortir, par un effort suffisant, la vérité de l'instrument qu'on emploie. Mais on arrive infailliblement à l'erreur qui exagère l'importance de l'homme. En effet, si la raison contient l'absolu, elle s'identifie avec lui, elle est la suprême perfection en tout. Donc, l'homme peut égaler Dieu, puisqu'il a la raison en puissance, et qu'il pourra plus tard l'actualiser complétement.

La conséquence à tirer de ce raisonnement permet de déterminer la base des civilisations qui amoindrissent la cause première. Toutes ont un principe dépendant de l'existence de la Raison, elles sont donc les produits du rationalisme.

Quand on examine ainsi le rationalisme dans son origine, rien n'est plus facile que d'en apprécier le vice radical et d'en prévoir les conséquences. Il apparait de suite que cette erreur s'appuie sur une abstraction. En effet, la raison absolue dont elle prétend avoir l'usage n'existe pas, c'est un mythe. Il n'y a pas un être appelé la Raison. Il y a le raisonnement, faisant partie des facultés intellectuelles, qui suffit, quand il est régulier, pour permettre à l'homme d'aborder dans le raisonnable toute la part utile au développement du moi. Il y a Dieu, cause première, absolue et infinie, qui est par conséquent absolu dans le raisonnable comme dans tout le reste.

Voilà le réel. Mais la Raison n'est que le raisonnement ordinaire, dévoyé et agrandi outre mesure pour les besoins d'un système erroné.

Le rationalisme n'a aucune base dans ce qui existe, et son terme extrême doit se perdre dans des hauteurs inabordables.

Il n'a donc ni commencement ni fin, ce qui empêche de rien trouver en lui qui soit déterminable. Il est condamné à égarer la réalité dans l'indéfini.

Cette tendance s'accuse dans l'enseignement. En vain, pour démontrer la vérité de l'avenir surnaturel de l'homme, le rationalisme produit-il des conceptions philosophiques dont il explique le manque de clarté par l'élévation du sujet traité. Son effort est impuissant contre le bon sens, qui découvre sans peine que la difficulté de comprendre ces théories tient uniquement au vide que celles-ci présentent.

Et en même temps que le rationalisme est sans certitude dans l'enseignement, il est sans règle fixe dans le développement de ses applications, car il doit aboutir au désordre irrémédiable correspondant au nihilisme d'un panthéisme humanitaire. Dès lors, on comprend facilement que les éléments sociaux subissent des transformations profondes. Nous allons les examiner, et nous les trouverons influencés dans le sens de l'indéterminé et du manque d'harmonie.

Nous rencontrons d'abord l'individualité commençant la série des négations rationalistes. L'homme devenu immense, est la victime de sa propre grandeur. Sa personnalité naturelle, trop étroite pour contenir l'absolu, ne peut lui suffire. Il la méconnait, ou du moins il cherche à lui attribuer un développement infini. Mais pour atteindre ce résultat il doit s'assimiler les qualités qu'il réserve au tout, et il ne peut y parvenir sans annuler son être dans cet ensemble. Que devient-il dès lors. Est-il une part de l'absolu ou l'absolu lui-même ? En tous cas il n'est plus lui. Et voilà que le rationalisme, à force de vouloir faire grand, détruit si bien la réalité qu'il ne conserve même plus les hommes pour composer une société.

Il faudrait une naïveté étrange pour espérer rencontrer des formules claires et précises, dans une doctrine basée sur l'indétermination. Le principe rationaliste est sans fin, il doit en être de même des déductions qu'on en tire. Il ne faut donc pas chercher dans cette doctrine des vérités de bon sens que chacun comprend, et sait d'intuition. La grandeur du principe défend de s'abaisser ainsi, car il s'agit d'énoncer en langage relatif un ordre d'idées contenant l'absolu.

D'accord avec cette tendance, les formules sont composées de grands mots à effet qui semblent appelés à résoudre les problèmes sociaux les plus difficiles, et qui, au fond, sont aussi vides que l'enseignement. L'apparence est leur principale qualité, et on s'en apercevrait facilement si on n'aimait mieux donner cours forcé à toute cette fausse monnaie, pour pouvoir conserver des illusions qui flattent l'orgueil.

Le caractère essentiel du droit rationaliste, est d'obéir à une tendance vague ne comportant pas une différence fixe entre le permis et le défendu. Ces deux points extrêmes s'étendent à l'infini comme cela doit être quand l'homme a l'absolu en puissance.

D'un côté en effet on cherche vainement au nom de quelle force supérieure on pourrait apporter une restriction quelconque à la liberté complète de l'individualité. Ce n'est certes pas au nom de l'obéissance envers Dieu dont la puissance est anéantie du moment que la raison a su renverser la barrière qui sépare l'absolu du relatif. Serait-ce au nom des besoins de l'ordre social. Mais en l'absence d'une certitude déterminée, l'appréciation de ces besoins est de la compétence de chacun, et cela produit sur l'étendue du permis une variété indéfinie d'opinions. Le point d'arrêt qu'on voudrait fixer au permis s'éloigne donc constamment, en même temps qu'il s'efface dans le défendu à mesure que l'homme a besoin de plus de latitude pour atteindre son idéal. Ce double courant est significatif, car il est facile de voir qu'en le continuant on aboutit au *même*, par l'égalité qui se fait entre le permis et le défendu.

Mais d'un autre côté, par une contradiction inconcevable dans un autre système, l'homme rationaliste réclame lui-même contre l'illimité dans le permis. Il veut le maintien du défendu, pour empêcher les autres de gêner par leur action son entière liberté.

De ce singulier imbroglio il résulte des lois qui, même en étant excellentes, ne semblent aux yeux d'un vrai rationaliste n'obliger que les autres. Vis-à-vis de lui-même il les trouve restrictives, et par conséquent illégitimes.

Cette situation est pleine de dangers, car elle conduit à considérer une conscience délicate comme un objet de luxe. En effet l'habileté à frauder la loi ne peut être logiquement reprochée à quiconque se prétend parvenu à un degré suffisant de progrès pour n'avoir plus besoin de règles.

Où chercher la morale dans le rationalisme. Dieu étant abaissé au niveau de l'humanité, les devoirs envers lui sont théoriques, en admettant qu'ils existent. L'homme au contraire prenant toute l'importance, il semble que les obligations à remplir s'appliquent uniquement, ou du moins principalement à lui. Mais l'individualité terrestre ne compte pour rien dans ce système. Elle se perd dans un ensemble imaginaire qui l'absorbe, et qui disparaît ensuite dans l'unité du *même*.

C'est donc en dernière analyse envers un fantôme sans consistance que les devoirs existent. Dès lors leur maintien n'est plus explicable. La ligne de démarcation s'efface entre le moral et l'immoral, comme elle l'a fait entre le permis et le défendu, et l'homme ne sachant plus distinguer ses droits et ses devoirs, résume toute la morale dans un égoïsme sceptique, ou dans son dévouement à l'erreur qu'il admet.

Quant à la religion il est facile de comprendre pourquoi elle n'existe plus que de nom. A quoi servirait-elle quand l'absolu est ailleurs qu'en Dieu. L'inconnu à qui on doit les prières n'est plus l'être divin admis par l'homme du courant régulier. Il est le bien suprême, la vérité complète contenue dans cette Raison que l'homme possédera totalement plus tard, et dont il a déjà actualisé une part considérable.

La religion se résume donc dans un culte que le raisonnement humain rend à la raison humaine, ce qui revient à l'adoration de soi-même.

Il va de soi que tout culte devient inutile, puisque la prière est sans objet. Il suffit pour remplacer tout cela que l'homme divinisé se rende hommage à lui-même, et qu'il le fasse avec la dignité majestueuse proportionnelle à son immensité.

En réalité, le rationalisme est condamné à l'athéisme, et s'il admet dans la pratique une religion positive quelconque, il le fait sans foi, sans logique et sans franchise.

L'autorité est modifiée dans son essence et dans ses applications.

Pour ce qui concerne l'essence, en raisonnant rigoureusement on doit conclure plutôt à la suppression qu'au changement, car l'autorité comme telle, forme antithèse avec le principe rationaliste. D'après celui-ci la Raison est Dieu. Mais aucune loi n'établissant qui a la raison, chacun est autorisé à la considérer comme étant le partage de tous. Or dans ce cas, l'égalité devient effective sur terre, ce qui supprime la légitimité des hiérarchies et de tout pouvoir imposant l'obéissance. Il n'est pas juste d'exiger que des hommes égaux, acceptent bénévolement les ordres de quelques-uns d'entre eux, dont la supériorité n'est pas explicable.

La suppression est donc radicalement légitime en théorie. Mais les besoins de la réalité s'opposant à ce qu'elle soit effective, le rationalisme ne peut que transformer l'essence de l'autorité.

Le changement consiste en ceci. La souveraineté personnelle de l'unité humaine cesse d'être la véritable base de l'autorité, parce que l'individualité ne valant que comme ensemble, n'est rien par elle-même. Une fiction formée par cette union des souverainetés, devient l'origine de la force autoritaire.

De ce déplacement du point de départ, il résulte en application des conséquences importantes. L'autorité se trouve dégagée de toute obligation envers chacun, et elle ne conserve de devoirs qu'envers la généralité. De plus, dérivant d'une indétermination, elle ne peut attribuer au pouvoir qu'elle possède une étendue raisonnable. Elle est tyrannique ou sans force. C'est pourquoi, plus on approche du désordre correspondant au panthéisme humanitaire, plus l'homme rationaliste exige que l'autorité soit amoindrie et plus celle-ci devient cruelle.

La forme correspondant au principe rationaliste est la démocratie, c'est-à-dire le pouvoir exercé par tous. Le mot démocratie ne semble pas effrayant de nos jours, parce qu'on l'a faussement appliqué à des institutions auxquelles il ne répond pas. Mais en réalité, il représente une forme pleine de négation et d'impraticable.

Pour qu'une démocratie puisse se produire, il faut que tous les hommes soient effectivement égaux. Alors il n'y a plus de meilleurs et partant plus de hiérarchie, d'autorité, de pouvoir ou de progrès. Il y a l'égalité entière, c'est-à-dire le *même*.

Quand il s'agit d'actualiser cette théorie, comment faire. Rien de ce qui empêche l'individualité de devenir absolue ne peut être conservé. Il faut donc rejeter sans réserve ce qui apporte l'entrave la plus légère à la liberté. Il faut sacrifier non-seulement les monarchies, mais les royautés quelconques et toutes les aristocraties. On ne peut pas même s'adresser à la République possible, à celle où se rencontre une différence entre le bien et le mal, entre les meilleurs et les plus mauvais. Ces classements sont incompatibles avec la véritable forme du rationalisme, ils sont de la hiérarchie et de l'inégalité. La République vraiment rationaliste est absolue ; elle s'affranchit de toute organisation. Elle actualise les droits complets de chacun sans restriction d'aucun genre. Elle est, en un mot, le moment ou chacun exerce dans son entier sa souveraineté personnelle, c'est-à-dire qu'elle répond à une République irréalisable.

Une forme semblable n'en est pas une, elle se résume en une explosion de désordre qui ne saurait être durable, car le nihilisme est essentiellement temporaire.

CHAPITRE II

LES CIVILISATIONS ANCIENNES

§ I

AVANT JÉSUS

Les règles qui viennent d'être énoncées, peuvent servir à analyser dès maintenant notre état social. Cependant il est utile d'examiner leurs précédentes applications pour comprendre la nécessité d'institutions encore existantes. Nous allons donc commencer par établir brièvement qu'elles ont été les diverses appréciations de la Cause première dans les époques antérieures. Nous trouverons ainsi un enchaînement régulier qui nous mènera à étudier la civilisation chrétienne, après laquelle la nôtre se placera comme une suite obligée.

Les premières recherches sur la cause, s'égarent dans un certain nombre de systèmes, qui peuvent être ramenés à trois types. On a signalé une cause absolue et infinie produisant par émanation ce qui, en composant le monde *du même,* conduit logiquement au panthéisme naturaliste.

On a aussi conçu une cause multiple, composée d'un principe actif et favorable représentant le bien, d'un autre principe également actif mais défavorable représentant le mal, et d'un troisième principe rapprochant ces extrêmes et produisant l'harmonie. Les conceptions de cet ordre sont les bases des trinités. Elles ne supportent pas un instant l'examen puisque la cause première doit être unique sous peine de ne pas être.

Dans ces deux types il est impossible de concevoir un Dieu déterminé, et par conséquent de pouvoir définir la position de l'homme.

Le troisième type est celui de monothéisme.

Cette fois il y a progrès. Dieu est déterminé, mais ayant été entrevu en dehors des règles nécessaires, il dépasse ses limites et il devient fantaisiste. Il est, comme dans la conception de Moïse, atteint d'anthropomorphisme, il commande son peuple comme le ferait un roi terrestre, en un mot il est miraculeux.

Dans tous ces cas le rapport vrai n'est pas saisi, l'homme reste au-dessous de sa place. Il est incapable de trouver par lui-même une vérité proportionnelle à ces Dieux éxagérés. Donc toutes les religions attachées à ces conceptions ne sauraient s'empêcher de comporter la révélation merveilleuse. Elles produisent un clergé miraculeux, l'idolatrie, et l'abaissement individuel.

Quelqu'élevé et incontestable que soit le génie des producteurs de ces systèmes, il faut qu'une réaction plus réellement philosophique se produise contre leurs œuvres. C'est la philosophie grecque qui fera cet effort. Socrate va à son tour aborder la recherche du vrai. Il veut s'affranchir des erreurs anciennes, et il le fait avec une puissance telle que le mouvement imprimé par lui à la philosophie se continue jusqu'à nous. Voyons donc sa conception.

Socrate comprend si bien la nécessité d'une règle pour rechercher la cause, qu'il s'assure l'aide d'une formule certaine, mais il ne choisit pas la bonne, et il ne la met pas à sa véritable place. Il ramène avec vérité l'effort de l'intelligence à son point de départ, c'est-à-dire à l'individualité. Il veut que chacun sache d'une manière complète ce qu'il est et ce qu'il sait, et il résume cette obligation dans l'axiôme : *connais-toi toi-même.*

Son appréciation de la cause première comporte un Dieu unique et providentiel, et il envisage l'être humain comme étant composé d'un corps, et d'une âme, distincte, immortelle, et reliée à Dieu.

Il apparaît de suite que ce système tout en contenant une notable portion de vérité, ne satisfait pas comme une évidence. Il contient du vague, il ne détermine pas le rapport avec Dieu, il explique mal la possibilité de cette âme. En un mot il manque de certitude parce qu'il n'a pas à sa base une formule indiscutable. En effet le célèbre connais-toi toi-même n'est pas un point de départ. C'est un excellent conseil que Socrate donne, mais sans indiquer le moyen de le suivre. Il ne dit pas comment on parvient à se connaître sans risquer de verser dans l'erreur. Sa conception est le produit du raisonnement laissé à ses propres forces et qui compte trop sur lui-même. Or nous savons que dans ce cas le danger du rationalisme est imminent, et le génie de Socrate n'est pas suffisant pour l'éviter.

Le grand philosophe le sent, il voit venir l'indéterminé inséparable du rationalisme, c'est pourquoi il préconise la dialectique qui est l'art de raisonner méthodiquement. Or il n'est pas douteux qu'à un certain point de vue ce moyen de se garantir de l'erreur ne soit un expédient. Certes nous n'entendons pas dire qu'il faille méconnaître l'importance de la méthode qui est indispensable. Mais il faut cependant avouer qu'elle ne peut remplacer les règles immuables attachées à la recherche du vrai. On aura beau raisonner méthodiquement sur une base fausse, il n'est pas moins certain qu'on aboutira à l'erreur d'une manière plus ou moins rapide, mais inévitable.

Ce qui s'est produit pour le système de Socrate, et la hauteur même ou le grand homme était parvenu, ont présenté ce désavantage de faire croire à la possibilité d'atteindre la synthèse vraie en suivant la voie nouvellement ouverte. En réalité Socrate remplaçant la formule certaine par la méthode, n'a pu définir ni la nature humaine, ni le rapport avec Dieu, et ceux qui ont suivi sa trace ont été condamnés à dégager une inconnue devenue introuvable.

L'enseignement de Socrate comporte si peu une vérité certaine et nettement définie, qu'il a produit deux courants contraires, celui de Platon et celui d'Aristote. Tous les deux ont suivi les errements du maître. Ils ont ignoré la nécessité de la formule certaine, ils ont cru à l'infaillibilité de la méthode, et ils ont fait un pas nouveau dans la voie qui mène au rationalisme.

Platon ébloui par la grandeur de Dieu et par ce qu'il y a d'immuable et de général dans la réalité, croit voir celle-ci dans les idées tranformées en êtres manifestant Dieu lui-même. Ces idées sont les types auxquels on peut rapporter les choses conçues par la raison humaine. En dernière analyse elles font partie de la raison divine. Dieu est donc l'ensemble des idées, ce qui lui donne un caractère de spiritualisme absolument affranchi de ce qui est matériel.

Platon admet l'âme humaine, et il la compose de deux parties mortelles et d'une partie immortelle qui est divine et par conséquent immatérielle.

Cette conception a toujours été considérée comme tenant du sublime. Mais à notre avis elle s'élève à une telle hauteur, que pour la comprendre il faut quitter la terre et demeurer au-dessus du réel dans la région du surhumain. C'est trop immense pour pouvoir servir aux hommes. A force de monter on se perd dans l'éther, et on s'absorbe dans un panthéisme idéaliste. On cherche vainement la certitude dans ce système où on ne rencontre même rien à quoi on puisse se retenir. C'est une ascension vertigineuse vers un point culminant qu'on ne saurait atteindre.

Il y a dans le système de Platon égalité entre certaines parties des natures divines et humaines, comment dès lors pourrait-on établir la place de chacun des termes et les conditions du rapport. Il est incontestable que la certitude fait défaut, aussi n'est-ce pas sur l'évidence de ses affirmations que Platon peut compter pour parvenir à la vérité. Comme Socrate, il prend ses précautions contre l'erreur. Il augmente la méthode et fortifie la dialectique, mais cela n'empêche pas qu'après lui son système puisse conduire aux deux formes de l'erreur sur la cause. Il produira l'idéalisme, le mysticisme et par suite la révélation merveilleuse, quand on ne donnera d'importance qu'à l'idée pure résumée en Dieu. Il mènera bien plus sûrement encore au rationalisme, si on considère ces mêmes idées comme n'ayant d'existence réelle que parce qu'elles sont conçues par la raison humaine.

Aristote produit un enseignement absolument opposé à celui de Platon. Il descend des hauteurs insondables pour revenir sur terre. Il n'accorde plus à l'homme l'intuition des vérités universelles, et il ne s'élève jusqu'à Dieu que par le raisonnement appuyé sur l'expérience. C'est donc en lui-même que l'homme va trouver toute la vérité, et il se conçoit dès lors qu'Aristote accorde une importance de plus en plus grande à la dialectique et à la méthode.

L'âme et le corps réunis constituent l'être vivant, mais comme substances ils sont séparés. L'âme est la forme du corps naturel ayant la vie en puissance. Elle contient à côté d'une partie sensible, une autre partie intelligente, à laquelle elle doit d'être raisonnable. L'intelligence comprend un intellect qui, comme la matière, peut devenir tout ce qui est dans le genre. Puis l'intellect actif, exempt de tout mélange, essentiellement en acte et qui, étant séparé, est purement ce qu'il est par lui-même. Ce dernier intellect est donc immortel et éternel, mais l'union des deux est nécessaire dans l'homme.

Dieu est le premier moteur et comme tel il est immobile, parce que ce qui se meut a dû être actualisé par une cause antérieure. Or Dieu est l'acte en soi, la vie, la pensée, le bien, c'est l'intelligence qui se pense elle-même. Cette essence unique est placée à part. Dieu n'est pas la cause immédiate du monde, parce que la matière n'existant pas sans la forme, quand la première est éternelle, la seconde l'est aussi. Or la matière est éternelle et Dieu n'est que la cause initiale du mouvement et la cause finale, le suprême désirable.

Cette fois le doute n'est pas possible. Dieu n'est plus déterminable. Il est une cause théorique, et ce qu'il conserve de réel se confond avec la raison humaine au moyen de l'intellect actif. Comment dès lors fera-t-on pour ne pas en déduire le droit, pour le raisonnement, d'atteindre l'absolu. Au nom de quoi dira-t-on à l'homme qu'il ne peut pas tout aborder et tout résoudre. Evidemment cette conception contient, déjà développée, la prédominance de la raison. Cela est si vrai que Dieu y est atteint, et condamné à un état de passivité qui diminue son rôle en-deça du réel.

Tout le mouvement intellectuel, pendant de longs siècles, se développe sur les données qui viennent d'être indiquées. Aucune appréciation de la Cause n'est produite dans des conditions qui assurent son exactitude. L'humanité est sans cesse rejetée de l'une à l'autre des divisions du courant de l'erreur. Elle trouve d'un côté la révélation merveilleuse impuissante à satisfaire aux besoins de l'adoration, soit qu'elle se présente sous les différents modes de polythéisme, soit qu'elle affecte la forme immuable du monothéisme juif.

Quand elle échappe à ce danger, c'est pour rencontrer le rationalisme, grandissant et cherchant vainement un type pour ses systèmes, depuis le haut du ciel idéaliste jusqu'au fond des ténèbres où gît le scepticisme.

Enfin le temps arrive où le monde ancien doit se modifier. Les civilisations se sont usées dans leurs efforts impuissants pour saisir le vrai. La société romaine, comme bien d'autres avant elle, s'est vainement élevée à un niveau brillant. Son succès a été partiel, et déjà on aperçoit en elle les signes d'une destruction certaine. La prédominance de l'élément civil dont elle est un type, a pu lui faire concevoir justement la manière de sauvegarder les intérêts matériels; elle est impuissante en présence des devoirs envers Dieu. Sa religion est un grossier paganisme, auquel plus personne ne croit, et la philosophie n'est pas en état de lui fournir un mode meilleur de satisfaire le sentiment d'adoration. L'insuffisance de la vérité connue est devenue évidente. Il faut qu'une appréciation nouvelle et supérieure de la Cause première se produise, et qu'elle fasse crouler ces institutions vieillies, par l'effet de sa supériorité.

CHAPITRE III

LA CIVILISATION CHRÉTIENNE

§ I

LE PRINCIPE DE JÉSUS

Pour répondre à la nécessité sociale indiquée par la décadence religieuse et philosophique au commencement de l'empire romain, le principe de Jésus apparaît dans les conditions requises pour assurer son triomphe.

Il est d'une simplicité extrême. A l'absurde idolatrie des romains et au scepticisme philosophique, il oppose le Dieu déterminé des juifs, mais en le présentant sous des aspects nouveaux qui suppriment en partie ce qui le rend inacceptable dans le Mosaïsme. Dieu est un père affectueux pour les hommes. Il doit les juger tous, mais en présence du repentir il fait taire sa justice devant sa bienveillance, et il n'emploie sa rigueur que si on refuse de le connaître. Les hommes sont des enfants qui doivent l'aimer et le servir, et entre eux ils sont frères. Enfin, l'ensemble de la conception se résume dans cette formule : « Aimez-vous les uns les autres, et aimez Dieu plus que vous-même. »

A la suite de ce mode touchant d'apprécier la cause première, apparaissent des vérités utiles qui sont conformes à la nature humaine. Elles sont : l'obligation de prier et de se repentir, l'égalité des rangs devant la justice divine, l'abnégation personnelle et le besoin de s'aider les uns les autres.

Voilà certes un progrès important acquis à l'humanité, et devant lequel les dieux dissolus et immoraux des temps anciens, ainsi que l'inégalité produisant l'esclavage, doivent disparaître. Le principe de Jésus vaut une civilisation.

Mais que sera cette civilisation. Va-t-elle être le développement produit par le courant du vrai. Evidemment non. Le principe de Jésus n'a pas cette portée. Il ne faut pas se leurrer à cet égard d'un espoir chimérique, et prendre ses désirs pour la réalité. Cette conception est émise en dehors des règles imposées à la recherche de la cause première. Elle ne s'appuie pas sur une formule évidente. Elle est une de celles qui cherchent à saisir Dieu directement, et à cause de cela elle est une affirmation que la foi peut admettre, mais qui n'a pris aucune précaution pour satisfaire le raisonnement.

Où est, en effet, l'analyse régulière mettant à leur vraie place les termes du rapport. Où est l'explication rendant concevable une harmonie entre deux extrêmes aussi opposés que l'absolu et le relatif. Rien de cela n'existe. La logique du rapport est remplacée par un lien uniquement sentimental. Le système entier est une morale, non une philosophie, et pour apprécier la nature des devoirs correspondant à cette morale, il suffit de connaître la manière dont Jésus apprécie les termes du rapport, c'est-à-dire Dieu et la créature.

Son Dieu est essentiellement miraculeux. Il est une voix qui se fait entendre à Pierre et à d'autres. Il envoie des anges à Zacharie ou à Marie. Il est une puissance indéfinissable et que les hommes ne peuvent concevoir.

« Je te loue, dit Jésus, ô Seigneur, Père du ciel et de la
« terre, de ce que, ayant caché ces choses aux sages et aux
« intelligents, tu les aies révélées aux petits enfants. Il en
« est ainsi, ô Père, parce que telle a été ta bonne volonté.

« Toutes choses m'ont été données en mains par mon Père
« et personne ne connait qui est le Fils, sinon le Père, et qui
« est le Père sinon le Fils et celui a qui le Fils l'a voulu
« révéler. (1) »

D'ailleurs, Jésus lui-même, comme Fils de Dieu, est miraculeux. Au nom de son Père, il chasse les démons, il guérit les malades, il bouleverse à sa volonté l'ordre naturel des faits. Voilà donc, en faveur du terme supérieur, une compétence absolue et affranchie du raisonnable.

Quelle est a position du terme inférieur. Est-il conçu comme ayant un rôle actif. A-t-il une valeur proportionnelle à celle de Dieu. Jésus lui-même nous fournira la réponse.

« Considérez les corbeaux, dit-il, ils ne sèment ni ne mois-
« sonnent, ils n'ont point de cellier ni de grenier, et cepen-
« dant Dieu les nourrit. Combien valez-vous mieux que les
« oiseaux.

« Considérez comment croissent les lys. Ils ne travaillent
« ni ne filent, et cependant je vous dis que Salomon, même
« dans toute sa gloire n'a jamais été vêtu comme l'un d'eux.

« Que si Dieu revêt ainsi l'herbe qui est aujourd'hui aux

____

(1) Evang. Saint-Luc, chap. x, vers. 21, 22.

« champs et qui demain est mise au four, combien plus ne
« vous vêtira-t-il pas, ô gens de petite foi.

« Ne dites donc pas que mangerons-nous, et que boirons-
« nous... mais plutôt cherchez le royaume des cieux, et toutes
« ces choses vous seront données par-dessus. (1). »

Ainsi, le véritable rôle de l'homme est de s'occuper uniquement des choses de la religion en dédaignant les intérêts
d'ici-bas. Dès lors il n'y a aucun doute possible sur la valeur
réelle de la conception de Jésus. Dieu y est trop grand,
l'homme trop déprimé, le rapport entre eux est incompréhensible, donc elle appartient au courant de l'erreur, et elle
contient le principe de la révélation merveilleuse. Elle apporte
il est vrai au monde un progrès très réel, mais qui est essentiellement relatif, puisqu'il doit se développer en subissant
l'influence du faux.

Nous pouvons maintenant classer la civilisation qui va
naître, puisque ses conditions d'existence sont forcées.

L'action prédominante y appartient au principe miraculeux
qui dirige, dans le sens de ses tendances, l'activité des vérités
nouvellement introduites et celle de tous les éléments
sociaux.

Et comme réaction contre cet entraînement dangereux, la
société n'a à sa disposition, si aucun principe nouveau n'apparaît, que le rationalisme demeuré à l'état latent dans les
débris de la philosophie.

Cela est inévitable, et ces conséquences fâcheuses ne sont
à reprocher à personne. En vain s'efforcerait-on d'accuser
l'Eglise chrétienne, comme continuateur de l'œuvre de Jésus,

---

(1) Evang. Saint-Luc, chap xii, vers, 24, 27, 29, 31.

.de n'avoir pas su corriger le défaut du principe. Cette Eglise n'est pas coupable, car la masse du bien introduit répondait au besoin du temps. Personne n'était donc sollicité à commencer des recherches dans la voie de la spéculation pour détruire ce qui semblait favorable. Chacun a agi consciencieusement, mais comme rien n'arrête l'action de la loi de causalité, les principes, malgré les résistances, ont produit leurs effets.

Nous allons le voir en nous occupant d'abord du principe prédominant.

§ II

INDIVIDUALITÉ ET DOCTRINE

Pour prouver que la civilisation chrétienne est influencée dans le sens de la révélation merveilleuse, il suffirait d'examiner l'individualité avant et après l'action du principe.

On trouve à l'origine la forte personnalité germaine s'opposant au citoyen affaibli du peuple romain. L'être humain compte pour quelque chose parmi ces guerriers quelque peu sauvages. Ils suivent sans contrainte leur chef à la guerre, et le dévoûment volontaire est la raison pour laquelle ils refusent de lui survivre s'il périt en combattant.

Ces sentiments honorables comportent d'ailleurs la réciprocité. Le rôle des chefs répond à une fonction qui les oblige, et il règne entre tous, sinon l'égalité, du moins un rapprochement qui éloigne toute idée d'absorption. C'est ainsi que les Ghildes réunissaient depuis le prince et le noble jusqu'au laboureur et à l'artisan libre, dans une communauté d'intérêts et de services réciproques.

Certes, dans ces populations il y a de la grossièreté et de la violence mêlées à de beaux sentiments. La force est trop en honneur, mais telle qu'elle est, cette individualité est fière. Elle demande une aristocratie, mais elle la veut régulière, et en s'assimilant l'enseignement d'une religion vraie, elle peut facilement s'équilibrer et devenir un élément de la synthèse harmonique.

Au lieu de cette religion bienfaisante, les Barbares rencontrent le christianisme. L'Eglise va à eux en leur offrant son aide. Elle prétend les civiliser, mais en même temps elle leur impose sa doctrine. Aussitôt la transformation commence dans le sens d'un abaissement général. L'égalité rêvée par Jésus dépasse l'esclavage, mais s'arrête au servage, et l'aristocratie se transforme en une noblesse affranchie de ses obligations.

Les Barbares cependant veulent résister. Ils vont d'abord à l'arianisme comme au moins déraisonnable. Mais n'ayant rien de supérieur à opposer au principe agissant, ils doivent se soumettre à l'Eglise et faire abstraction de leur volonté. Dès ce moment, c'en est fait de l'indépendance personnelle. Chacun croit à la révélation merveilleuse, sacrifie tout à sa foi, et s'abandonne à la direction catholique. Bientôt disparaissent l'initiative, et même le travail intellectuel. Et par une progression descendante, l'individualité s'affaisse à un tel point, que lorsque les événements provoquent son réveil, celui-ci est appelé une renaissance.

La doctrine chrétienne est une remarquable application de la loi de causalité. Elle montre combien il est inévitable que le principe d'une civilisation se développe jusqu'à ses conséquences extrêmes, et combien malgré les révoltes du bon sens, l'individualité doit obéir à ce mouvement.

L'Eglise primitive, en admettant la conception de Jésus, prenait le miraculeux pour base et n'était plus libre à l'avenir de choisir sa doctrine. Elle devait la former en dehors du réel et élever l'impossible à la hauteur d'un dogme indiscutable. Une fois entrée dans cette voie, elle ne pouvait plus s'arrêter avant d'être parvenue à l'impraticable. Il est même plus juste de dire qu'elle ne pouvait plus s'arrêter jamais, puisque l'impraticable n'existe pas pour le miraculeux.

Telle est en effet la route suivie. Malgré des résistances et

des protestations qui pendant trois siècles ont cherché à dégager du principe des conséquences moins déraisonnables, la
rigueur de la logique a constamment fait valoir ses droits. Elle
a étouffé le cri de la conscience, comme elle a fait méconnaître
l'évidence. Enfin, dans le concile de Nicée de 325, l'arianisme
a été vaincu, et l'Eglise chrétienne est sortie de sa période
transitoire. Adoptant une formule définitive qui impose une
foi qui ne raisonne plus, elle s'est transformée en Eglise
catholique, immuable, supérieure au progrès, et chargée de
développer complétement le principe miraculeux de **Jésus**.
Cette institution nouvelle s'est trouvée en possession de la
vérité révélée, ce qui a réservé à elle seule l'autorité légitime
pour fixer l'enseignement.

La doctrine de ce qu'on appelle la civilisation chrétienne
est donc composée des dogmes que la religion catholique a dû
émettre pour obéir à une tendance qu'elle n'aurait pu repousser. Nous allons examiner ces dogmes.

Le terme supérieur dans la conception catholique est un
Dieu absolument prédominant. Le terme inférieur est un
homme composé d'un corps mortel et méprisable et d'une âme
immatérielle et immortelle. Le rapport est une dépendance
servile. Voici le détail.

La cause première conserve et perd à la fois son identité.

Etant un, elle devient trois tout en restant unité. Les personnes de cette trinité sont distinctes et cependant consubstantielles. L'une d'elles en restant Dieu est un homme, et, en
demeurant Cause première, se trouve être le fils d'un autre.
Cet homme Dieu, naît et meurt en étant éternel, et il est relatif
en même temps qu'absolu. Enfin tout cet ensemble incompréhensible constitue un Dieu déterminé.

Cet être étrange a des caractères conformes à sa nature

spéciale. Il est affranchi de tout obligation vis-à-vis du raisonnable. On le proclame, il est vrai, éternel, tout puissant et parfait. Mais on le fait en même temps Créateur capricieux, ayant exécuté son œuvre en l'absence d'un plan conçu, et d'une raison suffisante et bien définie.

« Il a toujours été, dit saint Augustin, et il est encore
« vis-à-vis de son œuvre sans nécessité et sans obligation,
« car sa félicité réside en lui-même. »

Il a créé d'abord des êtres surhumains, des anges, dont quelques-uns s'étant révoltés par orgueil contre sa puissance, ont été précipités pour l'éternité dans l'enfer. Ils y sont devenus des démons, ennemis de Dieu, agents du mal et tentateurs des hommes.

La raison de justice et de convenance de cette première classe de production divine n'est pas expliquée dans la doctrine de l'Eglise. On n'y définit que la création produisant notre humanité actuelle. Et cette fois encore l'incompréhensible est la règle, car si tous les êtres de notre terre ont été dès l'origine ce qu'ils sont, l'homme fait exception à cette règle. Son état primitif offrait une supériorité qui n'est que faiblement représentée par sa nature actuelle.

Le premier homme avait été sanctifié, et destiné à posséder Dieu dans le ciel. Ayant la Foi l'Espérance et la Charité. Aidé par la grâce avec laquelle il pouvait persévérer, doué d'immortalité, exempt des misères de la vie (1). Cet état de nature complète permettait à l'homme de persister dans le bien. Cependant, tenté par le démon, lui aussi comme les anges rebelles il a désobéi à la loi. Pour cette faute Dieu dans sa colère l'a condamné à une nature diminuée et mortelle.

____

(1) Concile de Trente, cinquième session.

Voilà donc ce Dieu capable de colère. Il est de plus porté à exercer sur son œuvre elle-même une vengeance implacable. Pour la désobéissance qui constitue le péché d'Adam, l'humanité entière doit souffrir. Car ce péché n'a pas seulement nui au corps, il a aussi diminué les facultés de l'âme. Le Concile de Trente dit Anathème aux contradicteurs de cette proposition : « Adam par sa transgression est déchu de l'état « de Sainteté et de Justice. Il a encouru la colère de Dieu et « la peine de la mort avec la captivité sous la puissance du « diable, et il est devenu de pire condition selon le corps et « selon l'âme (1). » Or cet état malheureux ne peut être modifié par les forces de la nature humaine et il rend l'homme incapable de faire le bien (2).

Quant à l'individualité, soumise aux désastreux effets du péché originel, elle est misérable et infime. Le libre arbitre lui est conservé, le Concile de Trente le reconnait, mais la personnalité est diminuée depuis la chûte d'Adam. L'homme est libre de rejeter la grâce prévenante qui l'excite, et qui est le commencement de la justification (3). Il coopère avec Dieu pour obtenir cette grâce, et c'est bien lui qui est responsable du mal qui se fait, car Dieu n'opère pas les œuvres mauvaises (4). Mais sa liberté est loin d'être entière. L'homme n'est pas justifié par ses propres œuvres, faites selon les lumières de la nature, sans la grâce qui est indispensable pour qu'il puisse vivre dans la justice. Il ne peut faire des actes de foi, d'espérance, de charité et de repentir, sans être prévenu et aidé par le Saint-Esprit. Étant justifié, il ne saurait persé-

---

(1) Concile de Trente, cinquième session.
(2) Concile de Trente, cinquième session.
(3) Concile de Trente, sixième session.
(4) Concile de Trente, sixième session

vérer dans la justice sans l'aide particulière de Dieu, et s'il a péché depuis le baptême, il ne peut recevoir la grâce sans le Sacrement de pénitence (1).

Enfin la grâce n'est pas donnée à ceux qui l'invoquent, mais c'est elle qui fait qu'on l'invoque (2). Elle est le don surnaturel et gratuit accordé de Dieu à l'homme pour le conduire au salut éternel (3). Elle est le moyen par lequel Dieu donne le vouloir et le faire, en conservant sa toute puissance sur la volonté humaine dont, dit saint Augustin, Dieu est plus maître que l'homme lui-même.

Ces conditions singulières de faiblesse dans l'individualité, auraient rendu impossible l'existence d'une société, si Dieu n'était intervenu personnellement pour donner à l'homme l'occasion de se compléter. Mais ne pouvant agir par lui-même sur notre terre d'une manière continue, il a institué l'Eglise catholique pour le représenter, et il lui a délégué ses pouvoirs. Il a tenu à la fonder lui-même en prenant la forme de Jésus-Christ, l'homme-Dieu incompréhensible adoré par l'Eglise.

La doctrine reconnaît à l'homme une âme qu'il doit sauver ou perdre d'après sa conduite sur cette terre, mais elle ne détermine pas les conditions dans lesquelles cette âme se trouvera après la mort. On ne sait pas exactement ce qu'elle devient jusqu'au jour de la justice, placé à la fin des temps. Alors Dieu interviendra de nouveau, et cette fois officiellement, pour juger les vivants et les morts. Chaque âme sera jointe au corps mortel qu'elle animait sur terre, et cette indi-

---

(1) Concile de Trente, sixième session.
(2) Concile d'Orange, de 529.
(3) De Perrodil, Histoire des Hérésies. T. II, p. 423.

vidualité recevra de Dieu une récompense ou une punition éternelle.

Pour éviter un malheur sans fin, l'homme doit recourir à l'intermédiaire placé entre Dieu et lui, c'est-à-dire à l'Eglise catholique, infaillible comme étant dirigée par Dieu. S'il suit cette voie, il obéira sans murmurer. Il méprisera son corps comme une enveloppe grossière qui l'entraîne au mal. Il rejettera les richesses qui sont des occasions de perdition (1). Il donnera son bien aux pauvres dont l'Eglise gérera la fortune. Il aimera les humiliations, les chagrins, la misère, la haine des hommes. Il se fera humble et soumis comme un enfant, petit pour être grand (2) et il jouira enfin après sa mort d'un bonheur ineffable que lui aura procuré son obéissance.

Telle est la doctrine catholique. Elle est absolument conforme au principe de Jésus et à la nature des dogmes que doit produire la révélation merveilleuse. Est-il en effet possible de trouver une application plus logique du principe miraculeux. Tous les caractères obligés s'y rencontrent. L'exaltation déréglée de la cause première. L'abaissement de chacun devant un clergé prédominant. La suppression de l'harmonie dans le rapport. La réalité compréhensible remplacée par une série d'impossibilités repoussées par le bon sens. Toutes ces conséquences prennent leur place dans le système, et le raisonnement les rattache à leur base.

La production de ces dogmes absurdes est donc une chose régulière, mais elle est en même temps la preuve de la fai-

---

(1) Saint Luc, chap. xii, v. 22.
(2) Saint Luc, chap. x, v. 16.

blesse de l'homme quand il a fondé ses convictions sur une erreur.

Il a suffi pour sauvegarder ces dogmes que le catholicisme eût transformé leur déraison en transcendance mystérieuse d'un ordre trop élevé pour être accessible à l'entendement humain. On a cru sans réclamer. On n'a pas objecté que deux raisons différentes expliquent pourquoi l'homme ne peut comprendre le tout. La première est l'insuffisance de sa nature quand il s'agit de ce qui fait partie de l'absolu. Dans ce cas ce n'est pas seulement la conception qui fait défaut à l'homme, mais aussi l'expression, car il ne saurait traduire en langage humain ce qui est au-dessus de sa compréhension. La seconde raison est l'absurdité, ou le manque complet de réalité se rencontrant dans la proposition énoncée.

On eût pu de ces règles tirer cette conclusion que si les dogmes catholiques sont vrais, ils sont d'ordre absolu et dès lors non analysables. Que si au contraire on en peut faire la critique, ils sont simplement du relatif naviguant en pleine eau dans le courant de l'erreur.

Or, chacun peut s'assurer que l'expression ne manque jamais quand on cherche à se rendre compte de ces dogmes. Si on prend par exemple le mystère de la Sainte Trinité, dans lequel trois personnes différentes sont consubstantielles, on trouve que cette irréalisable invention est concevable comme une nécessité dans le système. Elle répond à l'obligation de conserver par la réunion des trois personnes, le monothéisme, sans lequel le christianisme n'existerait pas. En même temps elle permet de diviniser le Jésus miraculeux au moyen du Fils. Enfin elle rend certaine l'infaillibilité de l'Eglise grâce au Saint-Esprit qui l'inspire. Il n'y a rien dans tout cela qui ne réponde à des besoins purement relatifs et régulièrement dépendants du principe merveilleux.

Veut-on examiner le péché originel. On peut le faire avec la même facilité. Il est explicable comme moyen de forcer l'individualité à s'abaisser devant l'enseignement qu'on lui donne, et il n'est pas difficile de prouver que ce dogme n'a aucune consistance.

Pour s'en assurer, il suffit de se demander comment le premier homme a pu être tenté. Un démon, dit-on, a inspiré à Eve des idées de désobéissance, et le démon est un être malfaisant. Mais on oublie de nous dire d'où vient ce démon qui a été un ange. Dieu ne fait pas les œuvres mauvaises. Il a produit une création ne contenant pas le mal puisqu'il ne le contient pas lui-même. Cependant la révolte et l'orgueil sont apparus, et ils sont tellement du mal qu'ils ont fait déchoir les anges. D'où venait donc à ces êtres supérieurs ces idées de révolte et d'orgueil que leur nature ne comportait pas? Elle devait leur être transmise par un agent étranger. Mais alors il faut admettre une influence mauvaise primordiale, ce qui est destructif du monothéisme.

Quelle est donc cette force inconnue, supérieure à la volonté de Dieu, qui a pu gâter son œuvre et la faire procéder du bien au mal, alors qu'elle était destinée à procéder du bien au mieux. Pourquoi le Créateur n'a-t-il pas détruit ce qu'il avait fait puisque ce n'était plus ce qu'il avait voulu? Et surtout pourquoi n'a-t-il pas anéanti ce pouvoir malfaisant, lui qui est supérieur à tout!

L'origine des démons n'est donc pas explicable, mais que devient alors la théorie du péché originel? Elle est évidemment un produit uniquement imaginaire.

Les autres dogmes de cette doctrine se prêtent également à la critique. Ils sont donc, sans contestation possible, d'ordre relatif, et leur examen présente même cette curieuse particularité. Tandis que la formule surnaturelle offre à l'esprit l'idée d'une complète absurdité, les objections qui lui sont faites sont au contraire marquées au coin de l'évidence. Si donc ces dogmes étaient vrais, il en résulterait cette impossibilité, que la critique émise à leur sujet par l'homme relatif, serait plus près de la vérité absolue que la proposition produite par Dieu lui-même.

§ III

LE DROIT

Le droit de permettre et de défendre est profondément modifié par l'action du principe chrétien. Il dérive uniquement du Dieu prédominant; il est divin par essence, et étant attaché à la vérité révélée, il devient sur terre une dépendance de l'Eglise chargée de représenter Dieu.

L'autorité catholique doit donc être dans cette civilisation la source d'où découle le permis et le défendu. Cela l'autorise, quand elle cherche à soutenir sa doctrine ou à se défendre contre ses ennemis, à s'affranchir des règles normales qui obligent l'humanité ordinaire.

L'expérience montre qu'en effet l'Eglise a toujours prétendu imposer, comme une règle applicable au monde entier, son droit canon qui, étant formé par les décisions absolues des Conciles et les décrétales des Papes, est l'expression la plus entière du droit divin. Cependant le triomphe à cet égard n'a pas été complet. L'individualité, par un reste d'énergie, a opposé une résistance, suffisante pour empêcher la civilisation chrétienne de disparaître dans l'irréalisable tentative d'une théocratie pure. L'Eglise a dû abandonner une partie de ses prétentions, mais elle n'en a pas moins obtenu des résultats considérables.

D'abord, elle a su placer au-dessus de l'atteinte ou du contrôle des laïques, tout ce qu'elle considérait comme lui appartenant à un degré quelconque. Elle s'est réservée sur ce point un droit spécial et fantaisiste, concevable seulement en faveur d'une prédominance. En second lieu, elle a amoindri l'importance des droits naturels, en les soumettant au droit divin quand elle ne pouvait pas les absorber dans celui-ci. Il ne faut pas longtemps pour que les lois romaines tombent dans l'oubli. Quand aux règles au moyen desquelles les barbares entendaient sauvegarder l'indépendance individuelle, elles sont bientôt dépassées par le droit féodal.

Or, dans le droit féodal, ceux qui commandent et ceux qui obéissent ne sont plus rattachés entre eux par le lien régulier du consentement et de la délégation. Leurs positions réciproques comportent, au contraire, une supériorité fixe qui rappelle l'immutabilité de la vérité révélée.

Certes, on trouve encore dans le droit féodal des traces des aspirations primitives. Les chefs ont des devoirs, et quand ils les méconnaissent, ils peuvent être punis comme hommes et comme nobles. Mais cela est pour la masse une faible garantie, car si le noble qui transgresse la loi est, pour le faire, d'accord avec l'Eglise, les prescriptions du droit féodal perdant leur légitimité, tombent en désuétude.

C'est, en effet, ce qui s'est produit. Le respect dû à la vérité révélée a été plus fort que les droits attachés à la nature humaine, et c'est au nom de Jésus-Christ que se sont faits les actes et les cérémonies qui donnent la puissance.

Comment les privilégiés de cette civilisation auraient-ils pu contenir leur compétence dans une juste mesure, quand la source de leur droit était elle-même infinie et sans obligation. Evidemment ils ne le pouvaient pas, ils devaient, comme cela est arrivé, devenir prédominants.

On ne doit donc pas s'étonner si, en résumé, la règle du permis et du défendu est influencée dans cette période de la manière suivante. L'Eglise ne cesse de réclamer le libre exercice de ses droits absolus. L'aristocratie transformée en une noblesse héréditaire de droit divin comportant la royauté, applique des défenses et revendique des priviléges, inexplicables en droit humain. Quand à la masse, elle est complétement dominée par l'influence du principe.

Pour retrouver un peu d'indépendance, elle doit arracher aux privilégiés des lambeaux de puissance, dont elle se fait comme un rempart contre la tyrannie, sous le nom de franchises communales.

§ IV

LA MORALE

Le principe dirigeant, en absorbant à son profit toute l'activité, a autorisé l'Eglise catholique à présenter comme seul moyen de pouvoir faire le bien, l'exécution des prescriptions conformes à la vérité révélée. L'Eglise ne pouvait laisser échapper cette occasion d'accomplir sa tâche. Se basant sur ce fait, vrai dans le système, que tous les devoirs se rapportent uniquement à Dieu ou à ses représentants, elle a absorbé la morale humaine dans sa morale spéciale. Hors de celle-ci, aucune bonne action ne lui a semblé pouvoir conserver son caractère vertueux.

Il est donc légitime, en examinant la morale de cette civilisation, d'éliminer de son ensemble le bien produit conformément au vrai. Il reste alors ce qui appartient effectivement au catholicisme, c'est-à-dire la manière dont se sont accomplis les devoirs dépendant du principe.

En examinant à ce point de vue, on voit se dégager une morale particulière, dérivant des droits absolus que possède l'Eglise. Tout ce que celle-ci ordonne ou tolère est moral comme étant conforme à la vérité. Tout ce qu'elle condamne ou défend devient immoral et faux. La résistance à ses ordres est si bien une immoralité, qu'elle fait éclater sur la tête de l'audacieux qui ose l'entreprendre, les foudres de l'excommunication par l'effet de laquelle il devient incapable de remplir ses devoirs. La critique de l'enseignement religieux est une immoralité plus grande encore. Elle fait tomber l'homme dans l'hérésie, et elle lui prépare la mort dans des tortures ordonnées et réglées par l'inquisition. Les recherches scientifiques sont tout aussi contraires aux devoirs. Mettant les découvertes nouvelles en contradiction avec la vérité révélée, elles font périr leurs auteurs sur les bûchers des sorciers, où elles obligent Galilée à reconnaître à genoux devant un tribunal ecclésiastique, qu'il s'est trompé en disant que la terre tourne autour du soleil.

Ces étranges abus sont si bien dans le système, que l'individualité croit consciencieusement à l'immoralité de toutes ces manifestations de l'indépendance. Chacun assiste au supplice des condamnés de l'Église, en croyant accomplir une action agréable à Dieu. On s'engage avec foi dans des guerres d'extermination pour défendre la foi. A la voix du prêtre on massacre avec bonheur des hommes dont le seul tort est de prier Dieu autrement. On a le respect de ces excommunications qui mettent en interdit des royaumes, pour le plus grand avantage de l'autorité papale. Tout cela devient moral et même louable, parce que l'Église le décide ainsi.

Quand une morale est aussi fantaisiste elle ne peut être ni fixe ni rigide, car elle manque de type. Nous allons nous en assurer en examinant les actes, non de la masse, asservie et par conséquent moins responsable, mais du clergé lui-même qui, étant plus près de Dieu, doit avoir des grâces particulières pour bien accomplir la loi. Voici ce qu'à cet égard enseigne l'histoire.

L'enthousiasme pour l'idéal religieux s'empare d'abord de chacun. Mais la loi morale du christianisme est si spéciale, qu'elle semble inexécutable dans la vie ordinaire.

Pour servir Dieu, comme Jésus l'indique, c'est-à-dire

uniquement et en méprisant le reste de la réalité, il faut l'isolement et le silence du cloître. Voilà donc le parfait dans l'adoration, qui cherche sa voie de tous côtés, produisant les couvents, les solitaires, les ermites, et toutes les autres formes sous lesquelles le renoncement espère plaire à Dieu. Les règles surgissent, sévères, inflexibles, et détruisant l'indépendance et la vie intime dans le moi. L'homme essaie de pratiquer cette loi contre nature, mais il ne sait ni la comprendre ni la maintenir, et bientôt la perversité, la simonie, l'abus des richesses, les désordres de tous genres remplacent les règles les plus rigides. Il ne reste plus rien de commun entre la simplicité et la pauvreté de Jésus, et les habitudes prises par ses continuateurs. L'Eglise au moyen-âge possède en France et en Angleterre plus du cinquième de toutes les terres, et en Allemagne près du tiers. Depuis lors, cet amour des richesses n'a jamais diminué, et si l'Église a perdu une partie de ses biens, ce n'est certes pas à sa bonne volonté qu'on le doit.

Les conciles opposent leur autorité à ces explosions de désordre. Ils essaient en les condamnant de les corriger, mais leur effort est vain et sans cesse le mal renaît.

Il est défendu aux évêques, dit un concile de Tolède, sous peine d'un an d'excommunication, de donner à leurs parents ou à leurs amis des paroisses ou des monastères pour en tirer les revenus (1).

Il est défendu, comme un abus horrible, de rien exiger pour l'intronisation des évêques ou des abbés, pour l'installation des autres ecclésiastiques, ou la prise de possession

---

(1) Dixième concile de Tolède, en 656.

des curés. Pour les sépultures, les mariages et les autres sacrements, de sorte qu'on les refuse à ceux qui n'ont pas de quoi donner. Et il ne faut pas alléguer la longue coutume qui ne rend l'abus que plus criminel (1).

Enfin pour montrer que la simonie n'est pas la seule immoralité de l'époque, on peut citer un décret du pape Léon IX lors du concile de Rome de 1051. Il porte que les femmes qui se seraient prostituées à des prêtres, seraient à l'avenir adjugées au palais de Latran comme esclaves, ce qui fut depuis étendu à toutes les églises (2).

Le mal est si intense et si pernicieux, que les réformateurs sont considérés comme les plus grands saints. On peut dans cet ordre d'idées citer Grégoire-le-Grand (590) car de son temps déjà la simonie souillait l'Eglise, et les désordres de tous genres l'envahissaient (3). A sa suite viennent Charlemagne et saint François d'Aniane, saint Bernard, saint François-de-Paul, saint Robert le fondateur de la maison de Cîteaux, sainte Thérèse, l'abbé de Rancé le réformateur des désordres de la Trappe, etc.

Ainsi donc pendant une suite non interrompue de siècles, l'ordre et la sévérité de mœurs n'ont pu être respectés d'une manière permanente même dans le clergé catholique. Les besoins humains qu'on voulait déprimer au nom du merveilleux, ont été plus forts que la résistance qu'on leur opposait, et, comme ils étaient dévoyés, ils se sont transformés en passions prédominantes.

---

(1) Troisième conc. gén. de Latran, c. 7 (1179).
(2) Diction. des conciles, par Alletz, augmenté par l'abbé Filsjean, chan. de la cathéd. de Saint-Claude. Paris, 1829.
(3) Les moines d'occident, comte de Montalembert, 2 v. p. 102.

Mais voici qu'un autre genre d'exemples est encore à citer à propos de la manière d'envisager les devoirs dans le clergé. Il consiste dans l'enseignement moral conçu par les jésuites.

Sans doute, l'Eglise représentant un Dieu absolu peut faire la vérité comme bon lui semble, mais une conscience droite refusera-t-elle de dire que la morale chrétienne n'a pas à se vanter d'avoir inspiré les propositions de ces pères.

A propos du parjure il est dit : « Celui-ci ne pécherait pas « mortellement qui sans aucune fraude, mais par respect « pour le serment et par scrupule, ferait semblant de jurer, « de sorte que les assistants et le tabellion croiraient qu'il a « juré (1). »

On demande s'il est permis de céler la vérité dans un discours ambigu. On répond que cela est permis.

« Or le cas ou l'on peut céler la vérité par un discours « ambigu sans faire de mensonge, c'est quand ce qu'un « homme dit est vrai selon son intention, quoique cela soit « faux relativement à celle de la personne qui écoute et à « l'interprétation commune (2).

« Vous demandez si un juge est tenu de restituer ce qu'il a « reçu pour rendre la justice. Je réponds qu'il est tenu à res- « tituer s'il a reçu quelque chose pour rendre un jugement « juste et qu'il devait, lorsqu'il reçoit un honoraire légitime. « Parce que le droit naturel dicte qu'on ne peut vendre à qui « que ce soit ce qui lui est déjà dû par les règles de la justice.

---

(1) Thomas Sanchez (1614). Opus morale in precepta decologi part. 2, liv. 3, ch. 7, v. 2 p. 33.

(2) Valerius reginaldus. Praxis fori pœnitentialis, t. II l. 24, ch. 1, § 9, p. 383.

« Mais s'il a reçu de l'argent pour rendre un jugement injuste,
« il est probable qu'il peut conserver cet argent. C'est le
« sentiment que tiennent et défendent cinquante-huit doc-
« teurs (1). »

Voici enfin, concernant l'homicide, des opinions non moins
étranges.

« Il est tout-à-fait permis de tuer un faux témoin qui va
« déposer contre vous et dont le témoignage doit compro-
« mettre votre vie et votre honneur (2).

« Il est permis de mettre à mort ceux qui nuisent à votre
« honneur et vous couvrent d'infamie auprès des princes et
« des personnes de distinction (3). »

On peut avec raison blâmer les jésuites de ce qu'ils
appliquent avec une semblable désinvolture la fantaisie aux
règles morales. Mais il nous semble qu'il faut surtout accuser
de ce résultat, le principe dont le développement comporte de
semblables écarts.

----

(1) Jean-Bapt. Taberna (1736) synopsis theologiœ praticœ,
Part. 2, tr. 2, c. 31 p. 286.

(2) Ant. Escobar liber Theologiæ moralis 1663 t. VI, 1. 32 sect. 2
probl. 5 p. 27.

(3) Ant. Escobar liber Theologiæ moralis, probl. 372, p. 284.

§ V

LA RELIGION

L'action de la révélation merveilleuse se montre d'une manière aussi évidente dans la forme religieuse que dans la doctrine. Dans le développement du catholicisme, elle a tenté de détruire l'individualité. Elle a fait apparaître l'idolâtrie à la suite de l'anthropomorphisme. Elle a accordé aux monuments essentiellement relatifs de la révélation, une valeur absolue. Elle a donné toute importance à une forme extérieure mystique et brillante. Enfin elle a reconnu au clergé un caractère surnaturel.

Rien n'est plus aisé que de trouver la preuve de ces allégations.

Le catholicisme, en agissant sur l'individualité, modifie d'abord en elle les conditions de l'être sociable. La société est à ses yeux une réunion d'indignes et de coupables qui ne peuvent trouver grâce devant Dieu qu'en obéissant scrupuleusement à la loi merveilleuse. Or nous savons que pour parvenir à ce but vers lequel chacun doit tendre, il faut fuir le monde et se réfugier dans la vie religieuse. L'idéal à poursuivre et à développer est donc l'antithèse de l'état social, et dès lors celui-ci devient l'erreur, le mal, et il faut le supprimer.

Voilà certes l'individualité réduite à une situation déjà bien amoindrie, et cependant le catholicisme l'abat plus encore. La vie du couvent n'est pas forcément la perfection. Le vrai bien, le seul désirable, c'est la destruction complète du moi sortant de sa réalité pour s'absorber par l'extase dans le sein de Dieu lui-même.

Les exemples de cette tendance sont nombreux. D'abord, dans la communion, l'union de Dieu et de l'homme est certaine et réelle. Dans l'imitation de Jésus-Christ, un fidèle s'écrie à propos de ses dispositions quand il s'approche de la sainte Table :

« Seigneur j'ai honte d'être si sec, et sans affection pour
« vous dans le cœur. De n'être pas tout enflammé devant
« vous qui êtes mon Dieu, et de ne pas ressentir en moi ces
« attraits et ces mouvements affectueux qu'ont eu tant de
« personnes dévotes qui, pressées d'un désir extrême de la
« communion et du sentiment d'un amour tendre, n'ont pu
« retenir leurs larmes. Mais qui, vous ouvrant en même temps
« la bouche de leur cœur et de leur corps, comme à la source
« des eaux vives, aspiraient à vous de toutes leurs forces ne
« pouvant autrement apaiser leur faim et se rassasier que par
« la réception de votre corps qu'elles recevaient avec un
« transport de joie et avec une avidité spirituelle (1). »

Enfin le même livre nous donne aussi la preuve de l'absorption indiquée.

« Ah! Seigneur mon Dieu, dit encore le fidèle, quand vous
« serai-je parfaitement uni et comme absorbé en vous sans
« ne plus me souvenir de moi-même. Vous êtes en moi et je
« suis en vous. Accordez-moi la grâce de demeurer à jamais
« dans cette union avec vous (2). »

Cette annulation entière du moi a été considérée de tous

____

(1) Imitation de J.-C. Liv. IV, chap. XIV.
(2) Imitation de J.-C. Liv. IV, chap. XIII.

temps comme une grâce de Dieu par les catholiques, qui croient le Créateur satisfait si nous sommes lui, plutôt que nous. Ils ne voient pas qu'ils accordent leur admiration à une conséquence toute naturelle du principe merveilleux aboutissant à un panthéisme théiste.

On rencontre encore dans le catholicisme, avons-nous dit, l'anthropomorphisme et à sa suite l'idolâtrie. Est-il besoin d'insister sur ce point? Chacun sait, dans cette religion, à quoi s'en tenir à cet égard. Il est de foi qu'au ciel Dieu a notre forme puisque nous sommes faits à son image. Il a aussi nos haines et nos colères, il se venge, il est implacable quand il poursuit ses ennemis. Enfin il prend à sa fantaisie diverses formes selon qu'il veut être son Père, son Fils ou son Saint-Esprit, et après lui on voit se dérouler la suite des Archanges, des Anges et des Saints.

Sur terre l'Eglise catholique voit en Jésus-Christ une manifestation humaine de Dieu. Étendant sans limite l'anthropomorphisme, elle croit permis et méritoire de représenter par des images la parenté de Dieu, les saints ou la personnification des vertus. Elle ose même amoindrir notre grand Dieu absolu, en lui donnant les traits de ce vieillard que chacun connaît.

Au su de l'Eglise, et avec sa participation, l'adoration s'adresse à toutes ces images. On a beau prétendre que la prière dépasse l'idole pour monter directement vers Dieu, il est constant que tout objet matériel consacré par un prêtre catholique, a été considéré comme surnaturel, et comme pouvant produire des miracles.

Nul n'aurait pu, pendant l'action intensive du principe chrétien, détruire sans sacrilège quelque statue de saint guérissant de la peste. La masse elle-même, dira-t-on, le voulait ainsi ; elle se serait élevée contre cette profanation. Sans doute, mais qui donc avait fait croire à la masse que ces objets matériels peuvent être pour quelque chose dans l'obtention des grâces divines, sinon le clergé obligé d'appliquer partout le merveilleux de sa base.

Le catholicisme donne une importance exagérée aux monuments de la Foi. Cette inévitable conséquence de la fausseté d'un principe qu'on n'ose laisser analyser, se rencontre à l'évidence, dans la position faite aux Évangiles, à l'ancien Testament, et dans une certaine mesure aux écrits des Pères de l'Église. Ces livres sont placés par la piété des fidèles au-dessus des discussions. Oser mettre en doute leur sainteté, a toujours été une monstruosité immorale. Et cependant dans bien des pages on n'y rencontre que l'impossible et le merveilleux. La conviction ne s'y impose jamais à ceux qui ne sont pas déjà croyants. Et pour admettre comme exacts bien des faits qu'ils avancent, il faut que l'intelligence fasse abstraction de son droit d'analyse.

Et de même que les livres Saints gagnent une valeur absolue, de même les cérémonies religieuses applicables aux actions les plus importantes de la vie, dépassent la simple action humaine. Elles se transforment en Sacrements, qui ont un caractère surnaturel et même divin, et qui agissent sur la nature de l'homme, non au point de vue physique, mais pour améliorer vis-à-vis de Dieu la position de l'être ravalé. La civilisation chrétienne a d'autant plus volontiers conservé les Sacrements, que leur influence est souvent favorable. Mais elle n'a pas osé remarquer que la réaction utile qu'ils sont censés produire, est toujours accompagnée d'un effort de la volonté. Or l'emploi de ce mode naturel de résister au mal explique facilement le succès des Sacrements.

Rien n'est plus facile que de trouver dans la religion catholique une forme tellement brillante qu'on ne pense plus qu'à elle. Chacun connait ces cérémonies majestueuses, ces processions immenses dans lesquelles un vague mystérieux exalte l'imagination et impose aux masses. Chacun connait aussi ces splendides cathédrales élevées et remplies de trésors par la foi des fidèles. Pendant longtemps l'art sous toutes ses manifestations n'a eu d'autre idéal que le type catholique, et la perfection de certaines de ses œuvres a été un argument en faveur de la religion qui savait inspirer de semblables merveilles.

Enfin nous avons dit encore que le clergé est revêtu d'un caractère divin. Ceci est de nouveau confirmé par des faits nombreux. Depuis l'origine, les prêtres produits par l'expansion du principe chrétien, sont armés d'un pouvoir surnaturel. Ils connaissent les démons par leurs noms, ce qui ne serait possible aux hommes ordinaires que si les démons existaient. Ils peuvent lutter victorieusement contre ces producteurs du mal et les chasser des hommes dont ils ont pris possession. Parfois, ils prétendent obtenir des résultats surprenants par la seule imposition des mains. Cette opération est bien simple en elle-même, mais elle gagne une importance extrême quand elle est exécutée par un prêtre. Elle possède alors une puissance qui est un don de Dieu. Enfin on trouve encore dans le clergé catholique le pouvoir de ressusciter les morts ou de guérir les malades par le seul emploi des prières (1).

Ce caractère miraculeux persiste pendant toute cette civi-

----

(1) Evang. Mathieu, ch, x, v. 8.

lisation en s'affaiblissant bien entendu à mesure que l'importance du principe décroît. Cependant il ne disparaît pas assez pour que tous les saints ne puissent faire des miracles. Et parmi ceux-ci on en trouve de nombreux, dont la naïve impossibilité semble être un défi porté au bon sens le plus simple.

Mais il n'est pas même nécessaire pour rencontrer le surnaturel dans le clergé catholique de recourir au miracle. On le trouve existant essentiellement dans les pouvoirs résultant de la garde de la vérité révélée. La puissance attribuée de ce chef est telle, qu'à la voix du prêtre Dieu est obligé d'apparaître et d'être personnellement présent dans l'hostie consacrée. La toute puissance du créateur est même entravée par celle de ses délégués, car ce qui est lié ou délié sur la terre par l'Église, doit demeurer dans le même état pour l'éternité dans la vie future.

Rien mieux que ce trait d'audace du catholicisme ne montre le développement complet du principe merveilleux dans la civilisation chétienne. On a fait Dieu trop grand, et voilà que, victime de cette erreur, la Divinité elle-même est annulée au profit des intérêts matériels du clergé.

§ VI

L'AUTORITÉ

La manière dont l'autorité a été réglée est une preuve éclatante de l'action du principe. La centralisation théocratique qui doit accompagner la révélation merveilleuse se rencontre entière dans la papauté. Cette institution est uniquement catholique, et elle est inapplicable aux autres religions de cette période.

Rien dans l'histoire de cette papauté n'a été le résultat du hasard, et sa grandeur est la suite d'un développement progressif et régulier. Elle s'est assurée d'abord la prédominance dans l'ordre religieux. Mais, ne pouvant s'arrêter au milieu de sa route, elle a bientôt réclamé la supériorité dans l'ordre civil.

A ses débuts, la chrétienneté se divise en plusieurs églises qui s'administrent dans des assemblées diocésaines, et auxquelles appartient une autorité véritable et complète. Les évêques sont alors nommés par le peuple et le clergé ordinaire. Chaque groupe a une sorte d'autonomie et d'indépendance qui s'affirment souvent par des opinions différentes. Le pape n'est que l'évêque de Rome, et ses décisions ne sont pas toujours admises par les chefs des autres diocèses. Mais bientôt la force du principe modifie cette situation trop humaine. Les conciles provinciaux et nationaux mettent en péril par des désaccords toujours possibles, l'uniformité de la doctrine, et la vérité révélée elle-même.

L'établissement d'une centralisation devient inévitable, et

aussitôt la suprématie du pape s'organise. Bien avant le onzième siècle, la prédominance religieuse de la papauté est admise par le clergé et par la masse des fidèles depuis long-temps pliés à une obéissance passive. Déjà cette puissance est prête à s'élever contre toute autorité civile. La tutelle sous laquelle les empereurs d'Allemagne croyaient la tenir va disparaître, car ce semblant de pouvoir n'a de valeur qu'en théorie. Et voilà que se dégage et se met en lumière le véritable type de l'autorité dans la société chrétienne, c'est-à-dire le pape Grégoire VII.

Le règne de ce grand pape est le moment où le principe peut agir avec intensité. Les souverains comme les masses sont soumis à la foi catholique. Ils craignent l'excommunication, et ceux que cette peine a atteint se soumettent humblement. Le pape doit croire que le moment du triomphe est venu, et il se montre tel qu'il doit être. Certes, il n'a rien de commun avec la simplicité du prêtre. C'est lui qui pour relever Henri IV de son excommunication, le laisse attendre une audience pendant trois jours, les pieds dans la neige. C'est lui aussi qui adresse à saint Pierre et à saint Paul l'allocution suivante :

« Faites maintenant connaître à tout le monde que si vous
« pouvez lier et délier dans le ciel, vous pouvez aussi sur la
« terre ôter ou donner les empires, les royaumes et les prin-
« cipautés, les duchés, les marquisats, les comtés et les biens
« de tous les hommes selon leurs mérites..... Que votre justice
« s'exerce si promptement sur Henri, que tous sachent qu'il
« ne tombera pas par hasard, mais par votre puissance (1). »

—————

(1) Concile de Rome de 1080.

On dira peut-être, les actes de ce pape sont des fureurs, et la querelle des investitures est une question d'ambition. Non pas. Ces fureurs sont à leur place, et la lutte de la papauté et de l'empire est obligée. Aucun des deux adversaires n'aurait pu se soustraire à l'obligation de la continuer, car elle représente en dernière analyse les besoins de la réalité aux prises avec le développement régulier du principe dirigeant. Et non-seulement elle était inévitable, mais elle n'aurait pu avoir d'autre issue que l'épuisement réciproque qui a été sa fin. L'élément laïque devait, sous peine de disparaître, lutter jusqu'à l'abaissement de son ennemie, et cependant il ne pouvait abattre la révélation merveilleuse, puisqu'il n'avait aucun autre principe à lui opposer.

Il ne faut donc pas reprocher à la papauté, d'avoir pris une position qu'elle n'était pas libre d'éviter. Elle a suivi consciencieusement sa route après comme avant ces guerres. Dans sa conviction, elle possède seule la vérité d'où dépend le bonheur éternel de l'homme, elle est donc dans son rôle en réclamant pour elle seule le droit d'enseigner, et au besoin d'imposer sa doctrine.

La papauté est la grande autorité du monde chrétien, la seule qui soit dans la logique du système. En fait, d'autres pouvoirs se sont élevés en concurrence avec elle. Mais quand ils ont voulu être indépendants du pouvoir religieux, ils ont perdu leur base et ils se sont trouvés dans la position peu franche de toutes les institutions dévoyées.

§ VII

LA FORME

La forme sociale se compose d'applications qui répondent à
des besoins factices, comme cela doit être dans le courant de
l'erreur. Logiquement, elle eût dû être une théocratie. Mais
comme il est impossible de transformer le monde en un universel couvent, elle a dégénéré en une aristocratie déréglée,
comportant la royauté, et ayant la papauté pour sommet.

Cette modification s'est produite de la manière la plus
naturelle. L'Eglise, tout en cherchant à absorber l'ensemble
au profit de sa puissance, a dû tenir compte des éléments
existants. Elle rencontrait une aristocratie guerrière représentant une force considérable, qu'il était habile de soutenir,
pour l'empêcher de se révolter. Elle s'est empressée, non-
seulement de tolérer cette aristocratie, mais de l'admettre,
de la défendre et de l'exalter au nom de la religion elle-
même. La noblesse est ainsi entrée dans le droit divin qui
est devenu son droit. Le clergé l'a faite sienne, s'est mêlé à
elle, et il est arrivé de cette union que les privilégiés ont
semblé à leur tour avoir une nature supérieure et surhu-
maine.

L'auréole dont les entourait cette intervention du merveilleux, leur a valu la soumission respectueuse de la masse
entière. Ainsi les nobles ont pu établir partout en leur faveur,
des droits déraisonnables quant à leur étendue et à leur persistance. Sous l'influence de l'immutabilité du droit divin,
ils ont supprimé les devoirs qui correspondaient à leurs

charges, et ils ont perpétué leur illustration en rendant indéfiniment héréditaires les fiefs et les bénéfices.

L'effet direct du droit divin sur la forme, est donc de produire un état social donnant aux seigneurs une puissance personnelle presque complète aux dépens de la masse. L'Eglise seule leur fait contre-poids, car elle les domine en droit et quelquefois elle les absorbe en fait.

Cependant les seigneurs ne peuvent demeurer dans leur état de puissances isolées. Ils condamneraient le monde au désordre incessant produit par le choc de volontés contraires, et toutes souveraines. De plus, ils ne peuvent abdiquer leur pouvoir entre les mains du Pape, sans s'annuler dans une tentative de théocratie pure. Il faut un centre pour satisfaire aux besoins de la réalité.

Cette nécessité devenue évidente même pour l'Eglise, a fait reparaître la royauté, qui a pris dans le droit divin une place à part et particulièrement supérieure. L'Eglise, en effet, a donné à la royauté une consécration telle, que la personne royale s'est trouvée revêtue d'un caractère miraculeux, qui allait parfois jusqu'à prétendre guérir certaines maladies par la seule imposition des mains. Il en est résulté que l'espèce de principe représenté par la royauté de cette époque, a pu s'assimiler les mêmes droits que réclamait la noblesse, mais en leur donnant une valeur absolue.

L'aristocratie s'est donc trouvée dominée par deux supériorités qu'elle n'avait pas le droit de méconnaître. Les nobles, malgré une résistance parfois énergique, sont devenus les sujets les plus dévoués du roi, et les catholiques les plus soumis aux papes.

Leur devise : « Dieu et le Roi » est l'expression exacte de cette situation, elle n'est nullement une fantaisie.

C'est pourquoi on voit la noblesse entraînée dans les croisades à l'appel du clergé. Plus tard, la partie de la chevalerie, qui ne se perd pas dans des rêveries imaginaires, se transforme en ordres militaires religieux. Enfin, chaque fois que le Pape appelle les croyants à combattre les infidèles ou les dissidents, la noblesse met à son service une épée primitivement destinée à la protection de tous. D'un autre côté, elle montre une fidélité non moins grande à la royauté à laquelle elle voue une sorte de culte. Elle lui reconnaît une légitimité et des droits absolus et spéciaux, et elle se fait honneur de devenir une de ses dépendances.

Quant à la royauté, la position qu'elle occupe dans cette société est plus singulière qu'on ne le pense d'ordinaire. Elle a une supériorité incontestable sur la noblesse et sur la masse. Mais il n'en est pas de même sur la papauté qui, au contraire, la domine. Sa manière d'être vis-à-vis de l'Eglise est une inévitable et continuelle contradiction. Elle doit obéir au pape comme au suzerain universel de qui dérive toute puissance, et cependant elle prétend lui résister et même s'en affranchir, pour sauver la société civile et développer le progrès. Comment faire pour allier ces contraires. La seule solution pratique qui ait été trouvée est une sorte de biais sacrifiant la logique à la nécessité. La royauté a passé à côté de la difficulté. Elle est demeurée, en fait, dans le droit divin, tout en prétendant représenter la souveraineté personnelle. Et comme elle a appuyé cette opinion sur la force et sur l'assentiment de chaque nation, elle a pu accomplir l'œuvre à laquelle elle était destinée. Mais en vérité jamais elle n'a su dire, quand elle niait que son droit la soumît à l'Eglise, d'où venait celui en vertu duquel elle exerçait la puissance.

CHAPITRE IV

RÉACTION CONTRE LE PRINCIPE CHRÉTIEN

§ I

La révélation merveilleuse, si logiquement développée
dans la civilisation que nous venons de parcourir, amenait
avec elle un mal si évident que, pour sauver le monde de son
atteinte funeste, une réaction ne pouvait manquer de se produire. Il existe, en effet, à propos de la marche des principes
faux, une règle absolue qu'il est important de connaître.

Quand un des deux aperçus erronés de la cause première
forme une civilisation, il est inévitable que l'autre fausse
appréciation devienne la base d'une réaction. Sans cette condition nécessaire, la civilisation ne peut durer. Cela se
conçoit. La prédominance ne contenant pas en elle-même le
moyen de satisfaire à tous les besoins du terme qu'elle déprime dans le rapport universel, a besoin de se compléter
par le secours du principe qui représente ce terme. S'il était

privé de cette aide, le principe agissant s'annulerait dans tous les cas. Si en effet il est laissé à lui-même, il devient impuissant, car il parvient de suite à ses conséquences spéciales et extrêmes, et ses applications disparaissent dans l'irréalisable. Si, au contraire, il voit se dresser devant lui la vérité exacte, il s'annule encore plus vite, car c'est le propre du faux de ne pouvoir résister au vrai. Il ne reste dès lors d'autre possibilité de durée, que le moyen représenté par une opposition que l'erreur s'applique à elle-même.

Cette règle, toujours inévitable, peut cependant avoir des manifestations lentes et parfois à peine visibles. Il en est ainsi chaque fois qu'un écart considérable existe entre la valeur des deux fausses appréciations de la cause.

Telle est précisément la situation qui existe au moment où grandit la civilisation chrétienne. La révélation merveilleuse vient de rendre au monde un service signalé. Elle a introduit une vérité supérieure. C'est elle qui représente le progrès. Il est donc juste que la prédominance lui soit acquise, et que les masses la suivent avec confiance. Le rationalisme au contraire, après avoir usé tous les systèmes, s'est perdu avec la philosophie dans le scepticisme. Il est sans force, sans possibilité de conceptions nouvelles et acceptables. Surtout, lui qui est l'athéisme, il est sans aucun moyen de satisfaire aux besoins de l'adoration qu'on doit à Dieu. A cet égard, il dépend entièrement de l'adversaire qu'il doit combattre. C'est dans le camp ennemi qu'il est condamné à chercher ses conceptions religieuses, jusqu'au moment où il aura suffisamment grandi pour devenir lui-même prédominant.

Il est donc absolument régulier que les premières oppositions se traduisent sous formes d'hérésies, et que celles-ci ne soient jamais assez radicales pour oser nier le principe chrétien. Voici plusieurs exemples se conformant à cette loi.

Basilide, d'abord, admet que l'être suprême, pour aider les hommes rendus malheureux par l'ambition des anges, a envoyé son fils ou l'intelligence, Jésus ou le Christ, pour délivrer ceux qui croiraient en lui (1).

Valentin prend comme base huit éons ou principes premiers, dont il prétend trouver l'indication dans le commencement de l'Evangile de saint Jean (2).

Appelle reconnaît que Jésus-Christ est fils du Dieu souverain et qu'il est venu dans les derniers temps avec le Saint-Esprit pour sauver les croyants (3).

Enfin Manès, pour produire sa théorie du principe mauvais existant à côté du Dieu bon, s'appule sur l'Ecriture elle-même qui enseigne l'inexplicable pouvoir du démon.

Après lui, son hérésie se poursuit et s'épure à mesure que la raison s'élève, mais jamais elle ne méconnaît la vérité du principe de Jésus. Dans tous ces cas, le principe demeure prédominant, et il s'impose aux tentatives de son adversaire.

On peut encore citer comme un exemple frappant du même fait la lutte de l'arianisme contre l'idée catholique. Les critiques produites par les dissidents sont justes. Elles s'élèvent contre des impossibilités évidentes. Les convictions qu'elles inspirent sont tellement sincères qu'elles supportent sans faillir des persécutions sanglantes. Et cependant, cette partie de la réaction ne s'élève pas plus haut qu'un tempérament

----

(1) De Perrodil, Dict. des Hérésies, 1 vol., mot *Basilide*.
(2) De Perrodil, Dict. des Hérésies, 2 vol., mot *Valentin*.
(3) De Perrodil, Dict. des Hérésies, 1 vol., mot *Appelle*.

dans le mal. Les catholiques veulent dans la Trinité le Fils consubstantiel au Père, tout en restant une individualité séparée. Les Ariens, au concile de Rimini, admettent le Fils comme étant semblable en tout à son Père, non-seulement par un accord de volonté, mais encore en substance et en essence (1).

Tout le mouvement intellectuel suit la même voie. Ce qui reste de philosophie est réduit à la scholastique dominée et dirigée par l'Eglise catholique. Et l'influence du principe merveilleux est si puissante qu'elle modifie même les productions des anciens. C'est ainsi que les ouvrages d'Aristote, après avoir été considérés comme contraires à la foi, sont admis par l'Eglise, quand les dominicains et les franciscains leur ont donné une interprétation conforme aux besoins de la vérité religieuse.

Cet état d'infériorité de la réaction dure longtemps. Le catholicisme est si bien l'expression suprême de la révélation merveilleuse, qu'il résiste facilement aux autres conceptions qui cherchent à faire au moyen de la même base, des religions entièrement différentes. Un exemple de ce fait se rencontre dans la tentative de Mahomet qui, partant du Dieu de Moïse, produit la fatalité comme règle principale, et la négation de la vie de famille comme application pratique. Une conception semblable ne pouvait évidemment pas prévaloir. Elle était destinée à un succès local incapable d'abattre le principe dominant.

Cependant la réaction est bien plus sérieuse quand, tout en

----

(1) De Perrodil, Dict. des Hérésies, 1 vol., mot *Arius.*

conservant la révélation de Jésus, elle prétend en dégager le raisonnable et l'utile. Contre de telles exigences, l'Eglise se défend difficilement, et à chaque critique nouvelle, elle perd une partie de sa puissance. Voici même qu'il se produit un changement important. Les désordres de l'Eglise ont dépassé la mesure que pouvait tolérer la soumission des masses. L'adoration a honte d'être égarée aussi loin, et la raison est devenue assez puissante pour refuser de demeurer asservie. Elle veut examiner l'objet de sa foi, et sa résistance se personnifie dans Luther qui, pour mieux combattre le mal, se sépare de l'Eglise.

Luther veut affranchir l'adoration du faux enseignement qu'on lui inflige. Ses intentions sont excellentes. Son œuvre a une portée considérable. Cependant il ne faut pas exagérer son rôle. Luther ne s'isole pas du mouvement ordinaire. Il est un réformateur qui vient à son temps, non pour produire une révolution radicale, mais pour diminuer le faux qui inonde la religion révélée, et pour actualiser en même temps la somme du rationalisme compatible avec l'époque. Luther, en effet, n'émet pas une religion nouvelle. Il n'a garde d'abandonner le principe chrétien. Jésus-Christ n'est pas moins le Dieu des réformés que celui des catholiques, et l'Ecriture demeure la base de la foi. Toute la différence consiste dans les interprétations plus raisonnables que chacun est libre de faire de la vérité évangélique. Là est le tempérament. Mais qui donc inspire ainsi à la réforme l'idée de rejeter les impossibilités trop complètes. Évidemment c'est le rationalisme. Cela est tellement vrai, que l'atteinte portée par le protestantisme à la rigueur du dogme, prépare immanquablement le triomphe de l'athéisme. Comment, en effet, pourrait-on conserver un instant l'espoir de maintenir dans un ensemble une doctrine miraculeuse, quand on la jette en proie aux discussions et aux variations de l'esprit individuel? Il n'y a pas deux manières d'envisager ce genre de vérités. On doit les admettre sans discussions ou les rejeter tout à fait. En permettant l'examen personnel, on rend impossible le corps de doctrine. On supprime le point fixe qui empêchait les appréciations sans cesse nouvelles de se produire. Dès lors, des sectes différentes naissent constamment, formant un mouvement de séparation qui s'étend jusqu'à l'indéfini. Un tel démembrement aboutit à la suppression totale des formes religieuses, car, en éliminant ce qui est absurbe on finit par ne plus pouvoir rien conserver, puisque jusqu'à la base on rencontre du faux. Alors, la raison humaine se retrouve en face d'elle-même, la synthèse religieuse se perd, et l'athéisme du rationalisme apparaît comme une conséquence extrême et inévitable.

Tel est le premier mode de production de la réaction.

Cependant, après s'être dissimulée ainsi sous la forme religieuse, voilà que la raison s'enhardit. Elle aborde enfin franchement le terrain philosophique, et elle s'affirme d'une manière visible dans le système de Descartes. L'enseignement de ce grand philosophe présente donc un caractère bien autrement significatif que celui de Luther. Il marque un pas immense fait par le principe de la réaction, car, faisant table rase des convictions les mieux admises, il met en question toutes les vérités connues. Cette situation montre si bien la marche ascendante du rationalisme, qu'il est difficile de ne pas s'arrêter quelques instants à ce système.

D'accord avec Socrate, Descartes ramène les recherches à l'individualité et, reconnaissant l'importance d'une certitude à la base, il émet la célèbre formule : *Je pense, donc je suis.*

Mais il ne tire pas de cette évidence tout ce qu'elle contient. Il pose mal le sujet qu'il doit traiter, et dès lors, sa formule ne lui sert plus qu'à préparer le succès du rationalisme.

L'axiôme « Je pense, donc je suis, » a, dans le système, le défaut capital de ne pas être le véritable point de départ du raisonnement.

Il est précédé de l'obligation d'un doute général à la suite duquel il apparaît comme la première affirmation certaine.

Or, le moi, au moyen de ce doute complet, est séparé du reste de la réalité. Il rejette tout sans en excepter Dieu. C'est par le seul fonctionnement de ses facultés, agissant dans leur isolement, que l'être pensant va devoir trouver la vérité. Sa raison, pour suffire à cette tâche, est donc un résumé des forces absolues, une image du tout. Elle égale la sagesse infinie.

Dans une conception semblable, Dieu n'a plus de place sinon comme cause théorique, et aucun point n'est déterminable dans l'homme ou hors de lui. Dès lors rien n'est déterminable dans aucune des parties de la réalité, et les tendances absolues du rationalisme ont le droit de se produire.

Pour éviter ce danger qu'il prévoit, Descartes, comme ses prédécesseurs, a recours à la méthode. Il donne à ce sujet des conseils excellents. Il exige une attention appliquée à tout. Il veut admettre comme vrai cela seulement qui est évident. Il s'élève du plus simple au plus compliqué. Tout cela est éminemment utile. Mais ce n'est pas suffisant pour remplacer l'appréciation exacte de la cause. Descartes se trouve hors des conditions indispensables pour rencontrer la vérité, et, malgré l'excellence de sa méthode, il aboutit à l'inévitable résultat de se tromper sur Dieu et sur l'homme.

Il considère Dieu comme une immatérialité élevée à une

puissance absolument supérieure. Sa perfection vient de sa simplicité. Il est une nature pensante, affranchie de toute composition, et par suite de toute dépendance (1). Le moi est une substance dont la nature est aussi uniquement pensante. Pour être, il n'a besoin d'aucun lieu, d'aucune chose matérielle (2). Il est l'âme qui, dans sa supériorité, est entièrement distincte du corps.

N'est-il pas évident que cette manière d'apprécier les termes du rapport universel, est imposée par le rationalisme. Elle supprime toute différence concevable entre ces deux immatérialités pensantes. Elle les confond dans l'unité du même. Elle indique à l'homme la route qu'il va suivre pour escalader le ciel et pour supprimer Dieu.

Après Descartes, le mouvement de la raison vers la prédominance s'accentue de plus en plus. Leibnitz compose le monde de monades simples entre lesquelles existe une harmonie préalable.

L'âme est une monade simple et le moyen de connaître est l'expérience. Il ne faut rien repousser, mais au contraire tout comprendre pour tout employer. Evidemment, si le monde est ainsi fait, Dieu est inutile comme créateur et la raison humaine suffit pour atteindre la vérité absolue. Elle n'a même pas besoin de l'expérience pour cela, puisqu'elle doit avoir en elle la science complète, au moins en puissance.

Kant aspire à la raison pure. Il dit que tout doit être soumis à la critique. Les connaissances sont de deux ordres : celles qui sont fournies par l'expérience et qui répondent

---

(1) Descartes, discours sur la méthode, 4ᵉ partie.
(2) Descartes, discours sur la méthode, 4ᵉ partie.

aux objets de la pensée, et celles que l'esprit tire de son propre fond comme sujet pensant. La raison applique l'esprit à la matière, mais ce qu'elle croit voir par ce procédé ne réside réellement qu'en elle. D'après lui, Dieu, l'âme, la liberté, le temps et l'espace ne sont que des formes de la raison.

Ensuite apparaît Fitche qui considère le tout comme le simple développement du sujet moi. Il veut expliquer comment la raison peut contenir l'ensemble des connaissances. Il prend l'individualité comme base, et il s'appuie sur la formule évidente « *moi égale moi.* » Mais il ne cherche pas à en extraire le rapport qui mène à l'appréciation vraie. Il fait au contraire du moi identique à lui-même, la seule source de connaissance, et tout son effort tend à trouver dans cet être, l'absolu et l'infini existant simultanément avec le fini et le relatif.

Nous voilà bien loin de la foi à la doctrine chrétienne. La raison humaine est en possession des attributs de Dieu. Cependant elle ne peut pas encore proclamer l'athéisme, car sa prédominance n'est pas établie. Il faut d'abord que le sensualisme et le scepticisme des encyclopédistes aient donné un dernier coup au principe miraculeux. Jusque-là les règles ordinaires attachées à la marche de la réaction doivent être respectées. Voltaire lui-même y soumet son esprit sarcastique. Lui qui ne ménage pas les dogmes révélés, il conserve un respect qu'il ne cache pas pour le principe chrétien. En rêvant la religion théorique qu'il appelle le théisme, et qu'il présente comme étant l'expression naturelle de l'adoration qu'on doit à Dieu, il applique tout le bien qu'il en pense au catholicisme. Il dit : « Notre religion révélée n'est, et ne pourrait être que cette loi naturelle perfectionnée (1). »

____

(1) Voltaire, dictionnaire philosophique, au mot *théisme.*

Ce mouvement philosophique est le second mode sous lequel le principe réagissant se manifeste. Bientôt il en résulte des applications qui sont de plus en plus concluantes à mesure que la raison grandit. L'examen de ces applications forme le dernier aspect sous lequel nous devons examiner la réaction.

A cet égard, il est curieux d'observer combien, dans le développement des faits, la loi de causalité a été respectée. La réaction a existé partout, mais elle a réussi, là où le principe devait rencontrer le moins de résistance.

C'est ainsi qu'on voit l'Angleterre se garer autant que possible du danger de l'erreur rationaliste. Cette supériorité tient à un besoin d'indépendance pratique existant depuis les temps connus dans les races habitant ce pays. Le peuple anglais, par une sorte d'application inconsciente des règles de la synthèse vraie, a toujours tendu vers des lois qui ne supportent pas une absorption complète et durable de l'individualité. Il a cherché à harmoniser les éléments de la société, même quand la logique de l'époque portait à les disjoindre et à les asservir.

Alors que tout le reste de l'Europe est encore au mouvement communal, l'Angleterre obtient déjà dans la grande Charte des garanties sérieuses pour l'ordre et pour la paix. Dès cette époque l'aristocratie et la masse y comprennent leur rôle réciproque, elles s'accordent, se rapprochent, se complètent l'une par l'autre. Elle parviennent ainsi à former une force suffisante pour obliger la royauté à renoncer à une partie de ce qu'elle a d'abusif et à se rapprocher de son rôle légitime.

Ce n'est pas à dire que les principes faux n'aient pas exercé sur ce pays leur action délétère et funeste. Là comme ailleurs, les désordres sont grands, et le développement des erreurs

entasse des ruines sur des crimes. Mais ces explosions du mal
ne sont pas permanentes. Il y a des retours constants et progressivement importants, vers l'application du droit humain.
Ils mènent enfin à cette sage constitution de 1688 dans
laquelle aucun des éléments sociaux nécessaires n'est
sacrifié aux rêves théocratiques ou démocratiques. Atteindre
ce résultat était pour l'époque parvenir au sommet du bien.
C'était se placer aussi près que possible de l'harmonie. Sans
doute au point de vue du réel, cette organisation demeure
incomplète. Elle contient des applications de droit divin
inexplicables en droit humain, elle a en germe l'indéterminé
qui l'empêche d'établir ses institutions sur une base inattaquable. Mais elle est cependant assez près du vrai pour se
trouver à l'abri des premières atteintes du rationalisme, et ce
n'est pas sous l'action de ces libertés bien réglées que ce
principe faux progressera d'abord.

Plusieurs raisons se rencontrent pour lesquelles l'Allemagne, pas plus que l'Angleterre, n'a pu être le pays où la
réaction devait atteindre toute son intensité. L'homme y
tend naturellement vers l'indépendance, mais il ne demande
pas un affranchissement absolu. Il a des besoins religieux
contre lesquels il ne cherche pas à réagir, et il reconnaît
volontiers l'autorité comme étant indispensable. Il comporte,
en un mot, un mélange de liberté et d'inégalité. C'est pourquoi les anciennes traditions ont persisté, conservant dans
une certaine mesure les rapports si favorables qui existaient
naguère entre les privilégiés et la masse.

A cette première raison, il faut joindre la circonstance
fortuite du manque de persistance dans les familles impé-
riales, ce qui a neutralisé l'autorité souveraine obligée de
faire des concessions à chaque élection. Cependant l'Alle-

magne a puissamment contribué au triomphe de la raison, mais seulement d'une manière théorique. C'est au moyen du génie de ses penseurs, creusant la philosophie à des profondeurs insondables, qu'elle a aidé la réaction. Elle a volontiers joué avec le rationalisme dans les discussions, mais jamais elle n'a songé à faire sortir cette erreur du domaine de la théorie, pour entrer dans celui de la pratique.

Parmi les nations qui présentent au contraire les chances les plus favorables au développement de la réaction, il faut compter la France comme figurant au premier rang. Cette préférence lui est acquise par un côté spécial du caractère national. La race française ne doit pas, pour admettre une idée, la scruter jusque dans ses plus profonds replis. Elle l'analyse sommairement d'un coup d'œil intelligent. Elle l'admet d'enthousiasme si elle lui plait, et, s'en faisant une conviction sincère, elle la mène à ses dernières limites.

La France est, à cause de cela, le pays de l'absolu. La royauté s'y est attribuée un droit supérieur qui, pour être inexplicable, n'en est pas moins tellement réel que Louis XIV a pu dire avec vérité, l'Etat c'est moi. La noblesse n'a jamais cherché à y sortir de son droit divin pour s'allier avec le peuple. Quant au clergé, il est inutile d'en parler, attendu que l'Eglise, là comme ailleurs, n'a jamais cédé que ce qui lui a été repris. On peut donc dire que dans ce pays les privilégiés de tous ordres sont restés autant que possible enfermés dans leur isolement. La masse du peuple a dû par ses seules forces conquérir son indépendance.

Le rationalisme n'aurait su évidemment trouver ailleurs des conditions meilleures pour se développer sans rencontrer d'opposition. Il peut critiquer avec toutes les forces du raisonnable les institutions dirigeantes, et celles-ci ne lui oppo-

seront qu'une immobilité qui n'est pas une défense. D'un
autre côté, il est assuré de l'appui de la masse qui a besoin
de lui. Aussi, est-ce en France qu'il grandit et qu'il prépare
sa prédominance.

En vérité, on ne peut en vouloir à ce pays s'il est tombé dans
un piége et s'il n'a pas prévu que le délire démocratique devait
inévitablement apparaître chez lui : ce serait montrer envers
le passé une exigence injuste. La France, en toute bonne foi,
n'a jamais séparé dans sa pensée le progrès et la raison, et
en préparant le triomphe de celle-ci elle croyait assurer le
bonheur du monde. Du reste, cette tendance à considérer le
progrès comme dépendant du rationalisme a été générale, et
cela est concevable. Le moment était arrivé où le principe
réagissant était en position de former une civilisation nouvelle. Il a quelque chose à mettre en place des institutions
vieillies dont les défauts sont devenus évidents. Il oppose à
l'indignité de l'homme chrétien l'indépendance individuelle
qui est évidemment une amélioration. Comment songerait-on
a analyser froidement ce principe, quand il se présente sous
des dehors aussi favorables. Pourquoi s'inquiéterait-on des
lois de la Causalité, quand on peut de suite réaliser un
progrès. Il faut songer au plus pressé, et ce qui sollicite
principalement les hommes de cette époque, c'est moins le
besoin d'une autre synthèse religieuse que la nécessité d'affranchir le moi d'un trop long esclavage.

Toutes les transformations se font donc sous la direction
du rationalisme. Personne ne voit le danger, et les peuples
nouveaux appliquent avec d'autant plus de sécurité cette
erreur, que rien d'autre ne s'offre à eux s'ils ne veulent retomber sous le joug de l'ancien droit divin. Ils n'ont peur ni
de la démocratie ni de l'égalité. Les États-Unis d'Amérique,

dans leur Constitution de 1787, font même de ces applications de panthéisme humanitaire l'assise de leur édifice social. Cette imprudence est saluée comme le prélude d'une ère nouvelle pleine de bonheur et de prospérité. La France surtout applaudit à cette réalisation du système qu'elle préfère. Elle y aide de tout son pouvoir, et bientôt, suivant la même voie, elle fait crouler par un dernier effort les formes surannées de l'antique chrétienté. L'assemblage entier des usurpations illégitimes faites sur l'individualité par la Révélation merveilleuse disparaît en même temps, et la Constitution de 1791 intronise à sa place le rationalisme triomphant.

L'ancienne société chrétienne finit à cette époque. Après s'être développée d'une manière normale, et conformément aux lois de la Causalité, elle tombe par une nouvelle application logique de ces mêmes lois. Son existence et sa fin ne résultent donc pas d'une surprise ni d'une fantaisie, ces événements sont au contraire entièrement réguliers.

CHAPITRE V

LA CIVILISATION RATIONALISTE

§ I

SITUATION GÉNÉRALE

Pour apprécier sainement la civilisation contemporaine il est important d'en connaître toutes les forces agissantes, et de conserver à celles-ci la position qu'elles occupent dans la réalité. Il ne faut donc pas se méprendre sur la portée de l'évènement qui finit l'ère chrétienne, et qui commence la civilisation rationaliste. Ce fait considérable répond il est vrai à une révolution sociale. Il est le moment où la Raison prend la direction du mouvement général pour actualiser une nouvelle part de progrès. Le principe naguères réagissant a abattu son adversaire sous les coups de ses justes critiques. Il s'est élevé à la place de la révélation merveilleuse, et l'amélioration qu'il apporte au monde lui a valu la confiance de tous. En un mot il est devenu prédominant.

Mais cette position ne l'affranchit pas de la règle établie

plus haut, et en vertu de laquelle l'action d'une des fausses
appréciations de la cause demande à être complétée par
l'aide de l'autre forme de l'erreur. Il n'y a donc pas suppression d'un principe, mais seulement renversement de la situation qui se rencontrait au commencement de la société
chrétienne.

La révélation merveilleuse est, il est vrai, affaiblie au
point de ne pouvoir, pour le moment, opposer une résistance
sérieuse aux entreprises de la raison. Cependant elle existe
comme base d'une réaction nécessaire, et bientôt elle se
relèvera pour recommencer à lutter. La loi de causalité
demeure donc la règle immuable dans ce cas comme
toujours, et nous allons voir en effet les évènements se
produire conformément à la plus saine logique.

Au début, le rationalisme est sans contre-poids, puisque la
réaction ne représente plus une force effective. Eh bien, il
arrive à l'instant ce qui était inévitable. Le principe prédominant n'étant arrêté par rien, parvient d'emblée à ses conséquences extrêmes. Comment cela ne se serait-il pas produit. Quand on sème le vent, on récolte la tempête. Quand la
Raison dirige seule, comment pourrait-on éviter le désordre
La Raison est absolue, et cela l'oblige à créer des droits ayant
la même nature. Elle est forcément athée, et quand elle ne se
complète pas en empruntant le secours de la révélation merveilleuse, elle doit faire abstraction de Dieu. Or, cette situation se présentant à l'époque indiquée, n'était-il pas nécessaire qu'il se produisit une véritable débauche de crimes et
d'impiétés?

C'est en vain que le rationalisme aura rencontré le vrai,
en reconnaissant la souveraineté personnelle, et en affirmant
tous les droits qui en dérivent. C'est en vain que par ce

moyen, il aura procuré au monde civilisé les bienfaits suivants. La garantie de la liberté individuelle. L'égalité de tous devant la loi et devant la justice. Le droit de manifester librement sa pensée et de poursuivre la science sans devoir tenir compte d'aucun dogme religieux. Le droit de jouir de la liberté de conscience. Enfin celui de trouver un complément et non une tyrannie dans l'autorité formée par les délégations tacites ou effectives des souverainetés personnelles. Tout cet ensemble, qui contient beaucoup de bon, et qui est connu sous le nom prétentieux d'immortels principes de 89, tout cet ensemble est affecté d'un vice radical, parce qu'il est un dérivé de la Raison absolue. L'indéterminé lui est essentiel, et la fixation des compétences lui est inconnue. Les droits s'étendent au-delà du possible, vers un point invisible dont rien dans la pratique ne peut représenter le type. Le vague est partout, et il s'impose de telle façon, que pour condenser sa doctrine, le rationalisme trouve seulement ces mots plus sonores que compréhensibles : Liberté, Égalité, Fraternité.

En présence d'une formule aussi peu définissable, l'individualité ne se trompe pas un instant sur l'étendue du pouvoir que cet enseignement nouveau lui concède. Elle estime, que si aucune limite n'a été assignée à ces droits, c'est parce que la nature de ceux-ci n'en comporte pas. Forte de cette conviction, elle veut réaliser l'idéal entrevu, et former une nouvelle synthèse sociale. Mais aussitôt l'égalité démocratique dans toute sa pureté s'impose comme une nécessité, et en même temps l'athéisme grandit et demeure seul en face du sentiment d'adoration nié et méconnu. En vain la forme du gouvernement a été changée et la hiérarchie supprimée. En vain on a essayé de remplacer les religions anciennes par le culte de la Raison elle-même. Toutes ces tentatives pour atteindre l'idéal tombent dans l'impraticable ou dans le ridicule, et toujours le fantôme fuit sans se laisser atteindre.

Cependant l'individualité en délire n'abandonne pas sa poursuite insensée. Elle croit n'avoir pas fait assez encore. La formule « liberté, égalité, fraternité » lui semble manquer de sanction. Pour parvenir au but elle veut la compléter. Elle le fait, en lui ajoutant les mots « ou la mort, » et bientôt elle sait changer cette menace funèbre en une sanglante réalité. Du sang, de la démence et des ruines, voilà donc le résultat immédiat et obligé obtenu par le principe rationaliste agissant dans son isolement.

Les besoins de la réalité ne pouvaient pourtant pas laisser persister un semblable dérèglement d'une manière continue. La réaction devait rentrer dans son rôle, mais, aucun principe n'étant en position d'être opposé au rationalisme déchaîné, c'est la force qui est obligée de rétablir l'ordre. Napoléon Ier oppose sa puissante personnalité au torrent dévastateur, et il sait le renfermer dans des digues suffisantes pour assurer la tranquillité.

Examinant alors les immortels principes, ce réformateur en élimine les parties trop absolues, et concevables seulement dans un état révolutionnaire. Mais il en retient les vérités utiles, et il les condense dans un code qui est demeuré comme un précieux modèle.

Cependant la force est insuffisante pour s'opposer d'une manière durable à un principe agissant. Napoléon a pu s'en rendre compte lorsqu'appliquant le rationalisme, il a voulu satisfaire aux besoins religieux et à ceux de la hiérarchie sociale. Où trouver ces éléments qui manquent au rationalisme. Napoléon n'a pas eu à choisir, il ne restait devant lui que la révélation merveilleuse qui pût lui venir en aide. C'est pourquoi il a introduit officiellement ce principe dans la société contemporaine, en restaurant la religion catholique momentanément abattue, et en rétablissant les titres de la noblesse de droit divin.

Une fois cet acte posé, les conditions normales de la société contemporaine existent, et on peut apprécier l'avenir réservé à celle-ci. La situation se présente ainsi : le rationalisme demeure prédominant, mais cependant les deux principes ennemis sont juxtaposés comme base de l'édifice. Ayant des directions diamétralement opposées, ils doivent agir en commun et produire l'harmonie. La lutte acharnée a toujours été inévitable entre eux, et cependant on attend de leur action simultanée, l'ordre et la régularité. Le droit absolu de la souveraineté personnelle, et le droit divin non moins absolu, doivent se rencontrer dans des conditions d'égalité sur le même terrain. Dieu trop grand et l'homme trop grand ont à se confondre pour former un seul et même principe.

Est-il un instant possible d'imaginer qu'un semblable renversement des conditions du rapport réel puisse mener à la synthèse vraie! Chaque principe doit parvenir à ses conséquences extrêmes. On ne peut donc attendre de leur concours commun, autre chose qu'une séparation de plus en plus complète entre les doctrines, et un désaccord sans fin entre ceux qui les appliquent. La société rationaliste est à cause de cela condamnée à la lutte, et à un état progressivement intensif dans le mal. De plus elle est inévitablement destinée à subir l'action néfaste des partis.

Ce dernier danger demande à être expliqué pour devenir compréhensible. En effet, on ne se rend généralement pas un compte exact de ce que sont les partis. Voici l'explication de leur existence et de leur composition :

Quand une portion de la vérité vraie est rencontrée, il n'est besoin d'aucun effort pour qu'elle soit comprise et accueillie. Sans le secours de personne, elle trace sa voie, parce qu'elle est d'accord avec la nature réelle de l'homme. Une position moins favorable est réservée à l'erreur. Tout principe faux, manquant de certitude, réclame au contraire pour se maintenir l'aide de ceux qui sont intéressés à l'émettre et à le conserver. L'effort particulier du plus grand nombre possible d'adhérents n'est pas encore suffisant pour le défendre victorieusement contre les réclamations du bon sens, exploitées par ceux qui soutiennent l'idée contraire. Pour accomplir avec quelque succès cette tâche ingrate, il faut qu'une action centralisée demande à chacun de sacrifier son appréciation propre, aux nécessités réclamées par le maintien du principe. La réunion d'êtres humains mettant ainsi le convenu à la place du vrai, est ce qu'on appelle un parti.

Cette explication suffit pour faire comprendre que les partis étant inséparables des erreurs sur la cause, ne peuvent exister en nombre indéfini. Ils sont forcément ramenés à deux types représentant les deux principes faux. En se cachant sous des noms divers, ils ont constamment existé, mais non pas dans les conditions actuelles. Toujours une autorité prédominante avait gêné leur libre manifestation. Dans notre civilisation le contraire existe. Les deux bases erronées agissent sans contrainte au nom de la liberté introduite par le rationalisme. Dès lors les partis ne pouvaient manquer d'acquérir une immense importance. C'est pourquoi ils se sont établis et classés de manière à devenir les forces principales de la société. L'un d'eux chargé de la défense du rationalisme, s'appelle le parti libéral. L'autre, à qui revient la tâche de soutenir la révélation merveilleuse, se nomme le parti catholique, et parfois il se donne la dénomination de parti conservateur.

L'étude de la civilisation contemporaine consiste donc dans l'examen de ces deux partis. Nous allons en faire l'analyse en commençant par le parti libéral comme étant celui qui se rapporte au principe prédominant. Cette marche nouvelle nous forcera à modifier quelque peu le plan général. Pour bien concevoir l'individualité et la morale produites par les efforts des partis, nous reporterons à la fin de cette analyse ces deux éléments essentiels de l'organisation sociale.

CHAPITRE VI

PARTI LIBÉRAL

§ I

ESSENCE DU PARTI LIBÉRAL

Le parti libéral réclame d'abord l'attention puisque, représentant le principe prédominant, c'est en lui que résident les forces les plus actives de la civilisation. Forcément lié aux destinées de la base qu'il développe, comme elle il a une double action qui commence dans le bien pour finir dans le mal. D'un côté on doit le considérer comme étant le promoteur utile du progrès réalisable, la source des idées larges et généreuses qui affranchissent l'intelligence et font éclore tant de découvertes admirables, tant d'améliorations dans la vie humaine. Mais d'un autre côté il est incapable d'harmonie, et l'œuvre qu'il doit accomplir ne peut manquer en dernière analyse de se traduire en désordre. Cette œuvre consiste à conduire le progrès jusqu'à l'infini. A procurer à

l'humanité les destinées surhumaines promises par le rationalisme. A extraire de l'indéterminé, inséparable des productions de la Raison, un programme défini satisfaisant pour
tous et capable d'actualiser l'idéal rêvé.

Où donc le libéralisme trouvera-t-il dans son essence un
type représentant ce programme. Comment, étant relatif,
parviendra-t-il à actualiser l'absolu. Evidemment il ne saurait pas plus le faire dans l'avenir qu'au début de la Révolution française où les hommes du progrès ont vainement
cherché à dégager cette inconnue.

Il est dans les destinées du parti libéral de poursuivre
indéfiniment ce mythe sans jamais pouvoir l'atteindre. Usant
dans cette course sans résultat la confiance qu'on avait en
lui, et lassant la patience de ses adhérents, il ne saura empêcher une suite d'explosions d'un désordre semblable à celui
qui a ensanglanté les premiers pas du rationalisme. Cette
triste conséquence ne pourrait être évitée, et pour le prouver,
nous allons établir comment, sous l'influence de son principe,
le parti libéral transforme les divers éléments sociaux.
Toujours nous le verrons tendant de plus en plus vers les
conséquences extrêmes. Et cependant il ne saura pas s'affranchir de la réaction. Il demeurera forcé d'emprunter le
secours de la révélation merveilleuse, dès qu'il sera en présence de besoins dont la satisfaction n'est pas dans sa
possibilité.

§ II

DOCTRINE LIBÉRALE

Quand on cherche la doctrine libérale, il ne faut pas s'attendre à trouver un ensemble de propositions immuables et nettement déterminées. Pour dire vrai, une doctrine, comme telle, ne saurait exister dans ce courant, puisque jamais le mouvement du rationalisme vers son point extrême ne peut s'arrêter quelque part. Il faut se contenter d'un enseignement philosophique essentiellement variable, et se rapprochant de plus en plus de l'impraticable et du nihilisme humanitaire, à mesure que le principe se développe plus logiquement.

Cette décroissance fâcheuse est inévitable, car elle se produit en application de cette partie de la loi de causalité qui empêche de s'arrêter aux prémisses, sans parvenir à leur résultat complet. Ce qui suit le prouvera. Quelle que soit leur valeur, les hommes qui vont concevoir la doctrine libérale seront entraînés vers l'impraticable malgré leur bon sens protestant au nom de la réalité entière. Leur marche descendante sera régulière et progressive, et nous rencontrerons plus tard la même tendance se produisant dans les applications.

Nous allons suivre ce mouvement philosophique et choisir quatre exemples qui correspondent à des degrés divers dans l'intensité du mal. Plusieurs parmi ces systèmes réclament une analyse assez longue. Cela nous oblige à donner à cette partie du travail une importance peut-être exagérée.

7

Le début de l'enseignement libéral correspond au moment où la Raison mérite encore la confiance. Il est représenté par l'éclectisme de Victor Cousin. Quand ce système se produit, la croyance à la possibilité d'une doctrine libérale existe dans toute sa force. Aucune illusion n'est perdue, l'impossible n'est pas considéré comme nécessaire, et le bon sens conserve ses droits.

L'éclectisme pose l'humanité dans des proportions à peu près normales. Il laisse à Dieu sa grandeur et sa puissance. Il admet dans l'homme une nature finie, un avenir, des devoirs et l'immortalité. Il définit d'une manière honnête et qui impose la confiance, une grande partie de ce qui est en nous. Ses aperçus plaisent, et on les admet d'abord, et d'autant plus volontiers qu'il contiennent, à l'état d'immatérialité Dieu et l'âme, ce qui est conforme à l'enseignement des grands génies de l'antiquité.

Le but de ce système est d'arriver à la certitude au moyen d'une expérience acquise par des forces qui se trouvent entièrement dans l'être humain. Ces forces sont trois facultés toujours mêlées ensemble, et qui s'exercent simultanément (1). De ces facultés, deux sont laissées dans une sorte d'infériorité. La première est l'activité volontaire, mélange assez confus de volonté et d'une conscience dont le rôle est principalement d'affirmer notre identité. La seconde est la sensibilité, qui est la condition indispensable à la connaissance, mais non son fondement (2).

La troisième faculté a le rôle important. Elle est la Raison,

---

(1) V. Cousin. Le vrai, le beau, le bien, p. 31.
(2) V. Cousin. Le vrai, le beau, le bien, p. 463.

qui est définie la faculté même de connaître, et sous réserve
de l'aide indispensable du sentiment, la faculté du vrai, du
beau et du bien. « Cette raison contient, attachés à son exer-
« cice, des principes entièrement distincts des impressions
« des sens et des résolutions de la volonté, principes qui lui
« permettent de concevoir les vérités universelles et néces-
« saires (1). »

On voit facilement combien il est juste de placer cette philosophie au commencement de l'enseignement libéral.

Elle est encore compréhensible, mais l'indéterminé du
rationalisme lui imprime déjà sa marque d'une manière certaine. Si l'homme a une raison qui contient les vérités universelles et nécessaires, il se trouve à cet égard dans les
mêmes conditions que le créateur. Il est capable d'absolu au
moins dans son âme, immatérielle comme Dieu lui-même.

Dès lors rien ne pourrait empêcher les esprits logiques de
déduire de cette base d'enseignement les conséquences qu'elle
comporte. Aucune puissance ne saurait s'opposer à cette
nécessité. C'est pourquoi, malgré son honnêteté, l'éclectisme
ne va pas durer. Il sera bientôt dépassé, et voilà que nous
rencontrons après lui dans le pananthéisme, un système bien
autrement conforme aux tendances rationalistes.

Le pananthéisme est né de l'idéalisme d'Hégel. Le système
du maître est déjà une application intense du panthéisme.
On y explique la réalité par la nécessité en toutes choses de
contraires qui se réunissent dans une unité. Celle-ci les enveloppe et par là les surpasse. Il se forme ainsi en dernière

---

(1) V. Cousin. Le vrai, le beau, le bien, p. 32.

analyse un être, idée une et indivisible (1), et chaque élément concourt dans sa sphère à l'être et à l'harmonie.

L'âme concentre en elle tout ce qui existe, toute l'universalité des êtres, et pour cela elle aspire à tout devenir (2). Cependant elle-même est mue par l'idée, ou pensée idée ou mieux idée pensée (3).

La pensée et l'idée sont indivisibles. L'idée est l'essence et le principe supérieur des choses (4). La pensée non-seulement pense et entend les choses, mais elle les fait en les pensant (5). Enfin Dieu est l'absolue pensée, car la pensée qui pense le bien, la cause et la substance, est toutes ces choses.

Voilà, à n'en pas douter, le panthéisme humanitaire dans son entier, car il est impossible de comprendre la différence qui sépare Dieu de la pensée humaine. Il suffit donc à l'homme de penser le bien, la cause et la substance pour devenir l'égal de la divinité.

Le pananthéisme a choisi son temps et son lieu pour apparaître. Il est enseigné à l'Université de Bruxelles, c'est-à-dire dans cette Belgique où le bon sens est trop commun pour que l'erreur brutale et avouée puisse longtemps être en faveur. Le faux doit donc prendre certaines précautions pour passer dans ce pays à l'état d'enseignement. Aussi le pananthéisme se rapproche-t-il quand il le peut de ce que l'éclectisme comporte de raisonnable. Et il a bien soin de protester contre la possibilité d'être confondu avec le panthéisme.

---

(1) Essais de phil. hégélienne, Pera, p. 57.
(2) Essais de phil. hégélienne, p. 85.
(3) Essais de phil. hégélienne, p. 88.
(4) Essais de phil. hégélienne, p. 89.
(5) Essais de phil. hégélienne, p. 88

L'examen du système va nous édifier sur la valeur de ces affirmations. Comme Hégel, le pananthéisme cherche une harmonie générale dans laquelle tout a sa place, le particulier comme l'universel. L'individu se complète dans le genre, qui est lui-même contenu dans un infini relatif. Celui-ci à son tour fait partie de l'essence même de l'infini. Enfin cet infini qui est en même temps l'absolu est Dieu.

La science constitue un système, et comme tel un organisme. Elle est fondée sur la connaissance acquise par la raison au moyen de la sensibilité, et d'une connaissance intuitive. Toute connaissance comprend un sujet qui connaît, il est toujours l'esprit, et un objet qui est connu. Celui-ci est une chose quelconque finie ou infinie (1).

La raison ne peut-être autre chose que le vrai absolu, et cependant elle fait partie de nos facultés. C'est elle qui permet de s'élever jusqu'aux principes d'une valeur universelle applicables à la vie sans limites, et de percevoir l'infini, l'absolu, l'essence et la cause, le bien, le beau, le vrai, le juste (2).

Voilà ce que l'homme possède quand il est parvenu à la raison, c'est-à-dire à un état qui est le troisième degré de perfection. Avant cette période, l'homme a déjà la raison en puissance, mais il obéit à l'impulsion de la sensibilité d'abord, puis de l'entendement dont la perfection suprême est le bon sens (3).

On voit que la vérité pananthéiste s'élève jusqu'à la

---

(1) Introd. à la phil., G. Tiberghien, p. 70.
(2) Introd. à la phil., G. Tiberghien, p. 180.
(3) Introd. à la phil., G. Tiberghien, p. 179.

transcendance, ce qui l'oblige à dédaigner le bon sens. En cela elle a tort, car c'est déjà très bien de parvenir au bon sens, et quand on le possède il est dangereux de vouloir le dépasser. En cherchant à s'élever au-dessus du réel, on risque de rencontrer ces conceptions philosophiques dont l'énoncé a été présenté comme étant le moment où le professeur ne comprend déjà plus, et où l'élève ne comprend pas encore. Le pananthéisme ferait bien d'examiner s'il ne se trouve pas dans cette situation.

Cette irrévérencieuse observation étant faite, voyons le détail.

Puisque l'homme, grâce à sa raison, se trouve dans des conditions surnaturelles, il semble qu'il n'y ait plus qu'à supprimer Dieu. Il n'en est rien cependant. Le rationalisme n'oserait pas encore enseigner cette déduction de son principe. Le pananthéisme a absolument besoin de Dieu, il ne peut s'en passer. Mais, si Dieu conserve l'existence, il doit se contenter de cette faveur et ne pas être trop exigeant. Il lui est impossible, quand il est apprécié par la transcendance, de demeurer ce qu'il était aux yeux du bon sens. Il doit se transformer en un Dieu spécial et inconcevable.

Voici en effet que le pananthéisme définit Dieu, l'Etre un, entier, infini, absolu, *objet* total de la pensée. Sa notion est celle de l'Etre un, entier qui est tout d'une manière pure et simple, et qui comprend dans son essence ce qui est déterminé. C'est pourquoi on lui donne les attributs de l'infini et de l'absolu inséparables de son unité (1).

Dieu est le tout, la réalité une et entière. Dans son contenu

____

(1) Introd. à la phil., G. Tiberghien, p. 95.

se trouve l'univers qui se compose de deux parties opposées, le monde physique et le monde spirituel, correspondant aux attributs divins de l'infini et de l'absolu.

Dieu est l'Être, et non un être déterminé. Dieu est l'essence, et non une essence (1).

D'après ces citations il semblerait établi que Dieu étant le tout, ne peut être autre chose, et que la diversité n'a plus la possibilité d'exister. Mais ce raisonnement, qui est sans doute de l'âge du bon sens, est sans valeur aux yeux du pananthéisme.

« Étant tout, le principe peut encore être la cause de quelque
« chose par suite de la distinction du tout et des parties
« considérées comme tels. Le tout est aussi chacune de ses
« parties, mais non réciproquement. Car il n'est pas seule-
« ment une partie plutôt qu'une autre, il est le tout (2). »

Ce raisonnement peu clair a la prétention de sauver la diversité. Mais en l'admettant comme vrai, on est autorisé à se demander comment Dieu fait pour demeurer le tout. Il paraît cependant que rien n'est plus simple, et que la difficulté est seulement apparente. Dieu ne se contente pas d'être l'unité indivise de l'essence, il est en même temps l'unité supérieure. Sous le rapport de l'unité indivise, il est indéterminé, il est l'Être. Sous le rapport de l'unité supérieure, il est déterminé, il est l'Être suprême. L'Être supérieur est une détermination de l'Être. Il est vrai que comme tel il est indéterminé, mais c'est là une qualité qui le distingue particulièrement. Dieu seul est indéterminé, et cela le détermine (3).

---

(1) Introd. à la phil., G. Tiberghien, p. 496.
(2) Introd. à la phil., G. Tiberghien, p. 108.
(3) Introd. à la phil., G. Tiberghien, p. 256.

Ainsi donc Dieu a une détermination en même temps qu'il en manque. Il est et il n'est pas!... Comme lucidité, cette conception vaut celle du mystère de la Sainte-Trinité.

Le pananthéisme se rend probablement compte du peu de sérieux de son système, car pour le rendre intelligible, il croit devoir le représenter d'une manière sensible. Cela se fait au moyen d'un grand cercle en contenant trois autres que le premier enveloppe et dépasse. Le grand cercle est l'unité indivise, un des trois placés à l'intérieur est l'unité supérieure, les deux autres représentent la variété.

Nous ne savons quel avantage le pananthéisme compte tirer de cette figure, dont on doit conclure que la partie est égale au tout, puisque l'unité supérieure est, en même temps, l'unité indivise (1).

Malgré les évidentes contradictions que nous avons rencontrées dans cette manière d'apprécier la cause, admettons ce Dieu impossible, et voyons comment le pananthéisme lui fait employer la détermination qu'il lui accorde. Puisque Dieu comme être suprême est absolument supérieur et puissant, il doit être la cause, et par conséquent le Créateur de ce qui n'est pas lui.

Le système émet à cet égard une opinion en même temps affirmative et négative. Sans doute, il reconnaît que Dieu est la cause, mais à la condition qu'on n'attache pas à ce mot sa signification ordinaire. La transcendance n'a plus besoin d'une cause active, il lui suffit que le monde ait une base qui en fasse un système au point de vue scientifique. Or tout système complet, comprend la thèse, l'antithèse et la synthèse.

---

(1) Introd. à la phil., G. Tiberghien, p. 109.

Dieu est utile pour former la thèse, mais on ne lui accorde que ce rôle passif. L'esprit et la matière forment l'antithèse, et l'humanité devient la synthèse (1).

Ce rôle étrange est continué à Dieu à propos de la création. Celle-ci est conservée, mais elle cesse d'être temporelle pour devenir éternelle, car le monde pananthéiste est lui-même éternel, il n'a ni commencement ni fin (2).

Hélas, pourquoi faut-il que nous soyons encore à ce temps d'incapacité, où la conception d'une création éternelle est considérée comme un jeu d'esprit manquant de sérieux? On se dit qu'une création existant comme telle, suppose un moment où elle n'était pas, ce qui, en la rendant inséparable d'un commencement, lui enlève toute possibilité d'être éternelle. On se dit aussi qu'un Créateur qui ne crée pas, n'est pas un Créateur.

Le pananthéisme cherche cependant à donner de ce fait impossible une explication qui laisse un rôle à Dieu. Nos étonnements viennent uniquement d'après lui de ce que nous comprenons mal ce que c'est que créer. Créer n'est pas comme on le croit généralement faire quelque chose de rien. C'est seulement agir comme cause (3).

Il est difficile d'admettre que cette explication satisfasse son auteur, mais nous devons avouer qu'elle nous semble peu sérieuse et absolument incompréhensible. C'est du reste avec une égale lucidité que le pananthéisme en est réduit à expliquer le mouvement initial dans sa création sans début. Il est

---

(1) Introd. à la phil., G. Tiberghien, p. 240.
(2) Introd. à la phil., G. Tiberghien, p. 152.
(3) Introd. à la phil., G. Tiberghien, p. 152.

vrai que le cas est embarrassant. Si, en effet, on admet le mouvement imprimé au monde comme étant le résultat d'une force existant antérieurement, l'univers est le produit de cette force, et la création éternelle devient impossible.

Si, au contraire, le mouvement existe sans cause, il devient une force fatale, toujours égale à elle-même, et le progrès ne se comprend plus.

La transcendance espère éviter cet écueil, grâce à son dogmatisme qu'elle ne permet pas de discuter. « La nature, dit-« elle, étant infinie dans le temps et dans l'espace, l'est aussi « dans le mouvement qui est une combinaison de l'es-« pace et du temps (1). » Et voilà comment on résout le problème. On voit que cela est d'une limpidité complète. Pour obtenir du mouvement on prend de l'espace, on y ajoute une partie convenable de temps. Il se forme inévitablement une combinaison intelligente et progressiste, et la machine se meut. On se demande comment les chercheurs de mouvement perpétuel n'ont pas pensé à cela.

Voilà donc le principe posé. Il se résume en une cause théorique, admettant la diversité par un inconcevable illogisme. On ne comprend vraiment pas comment les termes du rapport universel peuvent être conservés, car il semble inévitable qu'il y ait absorption de l'un dans l'autre. On va voir cependant, comment le pananthéisme espère se soustraire à cette conséquence.

Sa diversité se compose du monde corporel, du monde spirituel, de l'humanité et de Dieu. Le monde corporel comprend la matière qui existe si bien qu'elle fait opposition à

---

(1) Introd. à la phil., O. Tiberghien, p. 155.

l'esprit. Elle ne se confond pas avec Dieu, elle est un genre de la réalité, une moitié de l'univers (1). Elle est un tout infini dans son genre, composé d'une infinité d'astres circulant de toute éternité dans l'espace sans bornes. Cette partie de la création, obéissant donc à des lois fixes et éternelles, nous semble n'avoir aucun besoin de Dieu.

Le monde spirituel est défini l'ensemble des substances immatérielles ou intelligentes de quelque nom qu'on les appelle, esprits, âmes, anges ou démons (2). A son tour il forme un infini dans son genre. Ce monde immatériel mérite l'attention, car il va nous mettre sur la voie de l'inconnu que nous cherchons, en nous donnant de précieux renseignements au sujet de l'âme.

L'âme prise en général, pour être d'accord avec la création, doit exister éternellement comme la matière (3). « Elle « est une substance simple dont l'essence et les propriétés « sans en excepter l'individualité sont inséparables. « De là dérive un principe éternel d'individualité, en « vertu duquel chaque être raisonnable est un représentant « unique, un exemplaire original de la raison univer- « selle (4). »

Voilà une indication importante. Le terme inférieur est déjà de beaucoup au-delà de ses limites possibles. Son âme, capable d'absolu, répond à une individualité qui est avec celle de Dieu dans un rapport d'égalité. S'il en était autrement, il faudrait admettre la possibilité de deux genres diffé-

---

(1) Introd. à la phil., G. Tiberghien, p. 143.
(2) Introd. à la phil., G. Tiberghien, p. 170.
(3) Introd. à la phil., G. Tiberghien, p. 107.
(4) Introd. à la phil., G. Tiberghien, p. 107.

rents, et cependant identiques dans la simplicité, l'immatérialité, la raison et l'absolu. Il est donc peu important que, par une contradiction nouvelle et destructive du moi, le système exige que nos âmes aient de toute éternité vécu d'autres existences pour en vivre éternellement d'autres encore après notre mort. Cette anomalie, qui doit servir à expliquer le progrès, n'empêche pas que l'essence de l'âme soit identique à celle de Dieu.

Nous voici donc parvenus à l'égalité des termes du rapport, mais nous ne connaissons pas encore la valeur réelle attribuée aux parties de cette égalité. Dieu sera-t-il un homme ou l'homme sera-t-il un Dieu. Le troisième genre de la réalité, en fournissant des données sur l'humanité, va décider ce point.

L'humanité est définie, « *l'ensemble des êtres raisonnables* « formés par l'union d'un esprit et d'un corps en quelque « temps et en quelque lieu qu'ils existent, et quelle que soit « la forme matérielle qu'ils revêtent (1). » Comme l'esprit et comme la matière, elle forme un infini dans son genre, qui se compose d'une infinité d'humanités particulières à tous les degrés de civilisation. Chacune de ces divisions, avec des forces et des aptitudes originales, poursuit l'œuvre de la destinée commune, qui est de cultiver la religion, la science, l'art, la morale et l'industrie (2).

Ces applications de l'activité sont les seules qui existent, et dans toutes l'idéal sera atteint.

Après cet énoncé la question qui se présente de suite à

____

(1) Introd. à la phil., G. Tiberghien, p. 124.
(2) Introd. à la phil., G. Tiberghien, p. 130.

l'esprit est celle-ci : Dieu fait-il partie de cet être raisonnable.

Le pananthéisme ne répond pas affirmativement. Mais il
nous semble que rien dans la définition qui vient d'être faite
ne place Dieu hors de l'humanité. Il est immatériel, dira-t-
on. Cela est vrai quelquefois, mais pas toujours. Comme
être suprême il est déterminé. Il occupe comme tel une
portion limitée de l'espace, ce qui l'oblige au moins à une
forme. D'ailleurs le *tout étant aussi chacune de ses parties,*
Dieu sous cet aspect est la matière. N'est-ce pas suffisant
pour qu'il puisse avoir un corps ?

Il est donc dans la logique de considérer le Dieu du
pananthéisme comme étant un homme. D'ailleurs des
preuves existent dans le système lui-même en faveur de
cette opinion. Nous en rencontrons une dans cette proposition formelle. « Il existe probablement des hommes plus
« parfaits que ceux qui appartiennent à la terre. Mais on ne
« peut pas concevoir d'êtres plus parfaits que les hommes dans
« les limites de la création (1). » Or Dieu n'est pas au-delà
des limites de la création puisque celle-ci est éternelle. S'il
était en dehors, il serait un créateur temporaire, et le système du monde pananthéiste perdrait son point d'appui.

Mais voici une autre citation qui va fixer les doutes, et
décider victorieusement en faveur de notre opinion.
« L'homme est dans le monde comme un trait d'union. Il est
« plus qu'un esprit. Il a une position privilégiée qui lui
« permet d'entrer avec Dieu dans un rapport de personna-
« lité à personnalité, d'ami à ami (2). » Ce trait est vrai-

----

(1) Introd. à la phil., G. Tiberghien, p. 125.
(2) Introd. à la phil., G. Tiberghien, p. 220.

ment superbe. Il apporte une douce joie au milieu du sérieux des études philosophiques, et on peut être certain qu'au point de vue de la singularité il ne sera jamais dépassé. Si un jour Dieu et l'homme se rencontrent, causant ainsi amicalement dans une douce intimité, ils ne pourront se regarder sans rire de la position ridicule qui leur aura été faite. S'ils conservent leur sérieux, c'est que le majestueux pananthéisme aura banni toute gaité du monde.

Dieu fait donc partie de l'humanité, il amoindrit son absolu, il est l'égal de l'homme. L'orgueil rationaliste doit être content. Mais sait-il du moins tirer parti de la position pour assurer un avenir grandiose à cette société à la fois divine et humaine.

Hélas l'avenir promis n'est pas en rapport avec la grandeur de l'espérance. L'idéal pananthéiste ne dépasse pas la perfection appliquée à notre activité humaine actuelle. Il s'agit d'être pour l'éternité un parfait commerçant ou un artiste toujours inspiré. Le bonheur n'a rien de commun avec une aspiration plus complète vers Dieu. L'homme le rencontre dans sa propre grandeur représentée par l'exercice de droits absolus. Les proportions de ce bonheur peuvent déjà être appréciées maintenant. Elles imposent à chacun comme un devoir « le respect des personnes sans distinction « de races, de pays, de cultes, de sexe, d'âge, de condition « d'amis ou d'ennemis, de bons ou de méchants... Le carac- « tère peut être mauvais, la volonté perverse, les actes « coupables, rien de tout cela n'empêche que l'homme « doive être traité comme tel, c'est-à-dire comme un être « raisonnable (1) ».

---

(1) Introd. à la phil,, G. Tiberghien, p. 125.

Il est à supposer que ce respect des droits absolus étant devenu général, les temps pananthéistes seront arrivés, et l'idéal atteint. Que se passera-t-il dans ce cas? « Alors il n'y « aura plus de mal, l'harmonie règnera, la société sera une, « elle aura un seul pouvoir, un seul esprit, un seul cœur, un « seul intérêt... et la volonté individuelle sera soumise au « bien de la communauté (1) ».

En un mot, l'individualité n'existera plus, Dieu n'existera guère, l'humanité constituera l'ensemble et deviendra le même, comme cela doit être dans tout panthéisme.

Tel est le pananthéisme, conception mixte, sans franchise et sans logique, qui devait inévitablement apparaître à l'époque intermédiaire du développement rationaliste. Loin de comporter la certitude, il ne saurait inspirer des convictions profondes et durables, car la conscience repousse un dieu humanisé. Le pananthéisme n'est qu'un point d'arrêt. Il devait donc être devancé par des systèmes plus absolus, et nous allons voir en effet cette prévision s'actualiser dans le positivisme.

Le positivisme est la troisième partie de la philosophie libérale que nous devons examiner. Il a été émis en France, dans le pays des conséquences rigoureuses, par Auguste Comte, vers 1830, et depuis, c'est là encore qu'il est principalement défendu.

Il se présente à nous comme une philosophie, c'est-à-dire d'après lui-même, comme une conception complète du monde. Cette prétention fait d'abord espérer rencontrer une explication certaine de ce qui est. Mais il ne faut pas longtemps pour être détrompé à cet égard, car le rejet d'une

---

(1) Introd. à la phil., G. Tiberghien, p. 430.

partie de la réalité est essentiel au système. Sa base, dès l'origine, est l'incompétence de l'homme en présence de l'absolu, et hors des questions d'ordre expérimental et relatif. Il ne recherche que le comment des choses et jamais le pourquoi (1), ce qui le force à restreindre d'une manière importante l'étendue de la réalité. Aussi ne faut-il pas s'étonner s'il borne l'univers à « toute la portion de l'ensemble des « choses qui est accessible à nos investigations (2). »

L'homme ne peut acquérir des connaissances qu'au moyen des sens (3); mais puisqu'il ne peut spéculer que sur le relatif, les sens sont ceux ordinairement admis dans le matérialisme. Il n'y a donc plus moyen de concevoir Dieu, la cause, l'infini et tous les types absolus universels et nécessaires, considérés par les autres philosophies comme étant représentés dans la nature humaine. Cela nous permet de diviser avec raison l'enseignement positif en deux parts, et d'examiner d'abord ce qu'il rejette et ensuite ce qu'il conserve.

Dieu, la cause et les types absolus ont eu naguère leur utilité. Ils sont cependant repoussés par le positivisme, parce qu'ils sont devenus sans objet, vu l'état suffisamment avancé du progrès scientifique. Aujourd'hui, par suite de l'effort énergique et incessant de l'intelligence, l'homme ne doit plus appuyer ses convictions sur des croyances exigeant la foi. Il sait, et il donne pour point de

____

(1) Phil. posit. (Revue), tome IX, p. 163. Doctrine du réel, P. Pichard.

(2) Phil. posit. (Revue), tome IX, p. 163. Doctrine du réel, P. Pichard.

(3) Phil. posit. (Revue), tome IX, p. 162. Doctrine du réel, P. Pichard.

départ à son savoir les sciences. Celles-ci sont considérées comme telles, dès quelles ont été ramenées à un fait, admis comme irréductible par le positivisme (1). Enfin, les sciences obéissent à des lois naturelles et inévitables.

Avant l'époque actuelle, le mode positif d'envisager l'univers n'était pas possible. L'homme avait besoin de Dieu et des types absolus, car il a dû passer par trois états intellectuels consécutifs et fort différents. Le premier est l'âge des intelligences rudimentaires. Il répond à l'instinct et il se manifeste par les théologies (2). Le second état se dégage des langes de la philosophie et il demande au pur raisonnement la solution des grands problèmes. C'est l'âge des combinaisons subjectives de l'intelligence qui rationalise l'univers à sa façon (3). Le troisième état est celui qui, rejetant la métaphysique comme la théologie, généralise à son profit la méthode de la science positive. L'homme sait alors que le monde est régi non par des volontés ou par des idées qui nous apparaissent comme étant universelles et nécessaires, mais par des lois au sens scientifique du mot (4).

Ces trois modes d'apprécier le monde se remplacent de manière à ne pouvoir coexister sur la même question. Une solution métaphysique rend superflue ou détruit la solution théologique, et une solution positive élimine l'une et l'autre. Dans cette succession, il n'y a jamais de retour offensif ni

---

(1) Phil. posit. (Revue), tome IX, p. 165. Doctrine du réel, P. Pichard.

(2) Phil. posit. Littré, t. Ier, p. 1.

(3) Phil. posit. Littré, t. Ier, p. 1.

(4) Phil. posit. Littré, t. Ier, p. 1.

pour la théologie ni pour la métaphysique. Les positions une fois perdues le sont pour toujours (1).

Contre ces états inférieurs de l'ancienne humanité le positivisme est sans haine. Il se pique même envers eux d'une certaine bienveillance, parce qu'il les considère comme étant produits par l'évolution spontanée de l'humanité en général. Son sentiment à leur égard n'est cependant pas exempt d'une certaine dose de mépris, qui se dégage de plus en plus à mesure que le système, par le fait même de sa marche logique, rejette plus franchement Dieu et la subjectivité.

Il n'est pas sans intérêt de voir comment cette progression se produit.

Au temps d'Auguste Comte, le positivisme ne prétend pas qu'il n'y ait rien en deçà et au-delà de ce qu'il examine. « Dans l'état positif, dit cet auteur, l'esprit humain, recon-« naissant l'impossibilité d'obtenir des notions absolues, *re-« nonce* à chercher l'origine et la destination de l'univers et à « reconnaître les causes intimes des phénomènes (2). » Ailleurs il affirme que nous n'avons pas à exposer les causes génératrices des phénomènes, puisque nous ne ferions que reculer la difficulté (3). Il considère comme absolument inaccessible et vide de sens la recherche de ce qu'on appelle les causes, soit premières, soit finales. Ces questions ne sont plus du domaine de la philosophie positive, et il les abandonne à l'imagination des théologiens et aux subtilités des métaphysiciens (4).

---

(1) Phil. posit. Littré, t. Ier, p. 1.
(2) Cours de phil. posit., Aug. Comte, t. Ier, p. 5.
(3) Cours de phil. posit., Aug. Comte, t. Ier, p. 16.
(4) Cours de phil. posit., Aug. Comte, t. Ier, p. 16.

Certes, il y a du dédain dans ⟨cette⟩ manière d'envisager la Cause, mais il y a, en même tem⟨ps⟩, ⟨u⟩ne reconnaissance implicite de l'existence de la divinité.

Plus tard, pour éloigner Dieu, on considère l'idée de la Cause absolue comme n'étant ni dans l'existence ni par conséquent dans l'esprit de l'homme. On le prouve en constatant que la science positive montre toujours du relatif et jamais de l'absolu, des faits irréductibles et jamais des causes premières, des lois et jamais des volontés (1). Cette preuve est cependant loin d'être péremptoire. S'il plaît au positivisme de négliger une partie des points d'attache et de raccord des sciences exactes, ce n'est pas une raison pour que chacun doive admettre les faits irréductibles comme existant sans cause. Le positivisme connaît sans doute sa faiblesse à cet égard, car il semble vouloir se ménager avec cet absolu qu'il condamne, la possibilité d'un rapprochement qui permet d'espérer dans l'avenir une réaction heureuse.

En parlant de la position indépendante et supérieure des sciences positives vis-à-vis de la théologie et de la subjectivité, il est dit : « Cela serait étrange, serait inexplicable, « serait insensé, si, en effet, elles avaient devant elles des « vérités issues de l'universelle vérité et non des doctrines « plus ou moins rudimentaires et préparatoires (2). »

Quelques années plus tard, le système plus développé rejette sans restriction la cause divine. L'existence de la divinité est considérée comme n'ayant pas de réalité, parce qu'elle repose sur des faits qui n'ont aucun caractère de cor-

---

(1) Phil. posit. (Revue). Les trois philosophies. Littré., t. Ier, p. 14.
(2) Phil. posit. Littré, t. Ier, p. 22.

titude et partant aucune valeur. Ces faits sont les actes surnaturels, les miracles qui n'ont été admis comme tels, que grâce à l'ignorance ou à la surexcitation des cerveaux (1).

On voit qu'il faut au positivisme un temps relativement assez long pour qu'il ose nier Dieu. Mais lorsque, quittant la théologie, il s'adresse à la métaphysique subjective, il n'a plus de semblables réserves, et sa décision est invariable et complète. Cette ancienne forme de l'idéal est radicalement repoussée. Elle est appelée un état purement intermédiaire entre la théocratie et le savoir positif (2). Elle est considérée comme n'ayant rien à décider sur la question de savoir si les miracles produits par la théocratie existent ou non (3). Elle est sans autorité, car elle agit « au nom de cette raison trom-
« peuse qui prend son point d'appui en elle-même (4). »

Est-il rien de plus remarquable que cette double élimina-
tion faite au nom du progrès. Que Dieu disparaisse, cela se conçoit. Il ne peut rien attendre de mieux du rationalisme. Mais il en est autrement de la métaphysique. La subjectivité, c'était l'esprit, l'âme, la raison, ce quelque chose indéterminé, immatériel et absolu que l'homme avait comme Dieu, et dont tout le reste était l'objet. Voilà la raison qui se dévore elle-même. Voilà la subjectivité qui disparaît, entraî-
nant le sujet dans sa ruine pour ne conserver que l'objet.

Après Dieu et la cause, après l'âme et la raison, les autres types de l'absolu doivent être atteints à leur tour. L'infini est en même temps supprimé et modifié, il est l'illimité,

---

(1) Phil. posit. Doctrine du réel. P. Pichard. T. X, p. 12 (1873).
(2) Phil. posit. Les trois philos. Littré. T. Iᵉʳ, p. 14.
(3) Phil. posit. Littré. 1 vol., p. 8.
(4) Phil. posit. Littré. 1 vol., p. 8.

mais avec cette restriction que rien n'autorise l'homme à affirmer que l'univers soit infini (1). L'harmonie générale n'est plus considérée comme nécessaire, car il est douteux que l'ordre existe dans l'univers (2). Le droit devient un idéal de rétribution des services, et de répartition du bien-être suivant les mérites de chacun. Il n'a rien d'absolu, et sa notion n'est pas innée (3). Quant à la morale et à la justice, elles subissent des modifications du même genre.

Telle est, en résumé, la partie de la réalité rejetée par le positivisme. Voyons ce que devient celle qu'il a conservée.

Les sciences positives partant du fait irréductible, et régies par leurs lois, commencent effectivemnt la série du réel.

Leur origine reste entourée d'un voile opaque dont la vue humaine ne perce pas l'épaisseur. Cependant, la nécessité d'une origine quelconque s'impose avec une telle évidence, qu'on indique vaguement un commencement du monde, non sous forme d'une création même éternelle, mais comme résultant d'un développement cosmique (4). Notre terre est conçue en imagination comme sortant d'un chaos de feu (5), d'où on peut conclure que le reste de l'univers est dans le même cas.

Cette concession ou plutôt cette insinuation manque cependant d'autorité, car on ne dit pas d'où vient ce chaos, ni ce qu'il peut être. On profite à cet égard de la position facile prise par le positivisme, qui lui permet d'émettre n'importe

---

(1) Phil. posit. Doctrine du réel. Prosper Pichard. T. X, p. 163.
(2) Phil. posit. Doctrine du réel. Prosper Pichard. T. X, p. 163.
(3) Phil. posit. Doctrine du réel; Prosper Pichard. T. X, p. 25.
(4) Phil. posit. Les trois philosophies. Littré. T. I, p. 23.
(5) Phil. posit. Littré. 1 vol., p. 23.

quelle proposition risquée en restant dégagé de l'obligation de la prouver.

Les sciences comportent une hiérarchie à la fois naturelle et didactique, et elles sont coordonnées conformément à cette hiérarchie, qui est, la mathémathique, la physique, avec l'astronomie incluse, la chimie, la biologie et la sociologie (1). Nous n'avons pas à rechercher si cet ordre de succession est parfaitement régulier. Nous n'avons pas plus à nous inquiéter du développement de ces sciences en tant qu'elles ne traitent que d'objets d'ordre expérimental. Mais nous restons dans notre sujet en examinant ce que la biologie fait de l'individualité, et ce que la sociologie fait de la réunion naturelle des hommes en groupes constitués.

L'homme, comme tout ce qui vit, comporte un organisme et un milieu. Il est un animal vertébré qui est supérieur aux autres par sa conformation générale, et aussi par le volume relativement considérable de ses lobes cérébraux (2). Le degré le plus simple et le premier de son organisation, est la molécule organique produite par l'union intime d'un ou de plusieurs principes chimiques immédiats, associés en diverses proportions (3).

Cette matière organisée est en soi inerte comme la matière brute. Elle vit quand le milieu agit sur l'organisme, et que celui-ci réagit d'une certaine façon (4).

Quant à la vie en elle-même, elle est le résultat du jeu

---

(1) Phil. posit. Littré. 1 vol., p. 23.
(2) Phil. posit. Doctrine du réel. P. Pichard. T. IX, p. 331.
(3) Phil. posit. Doctrine du réel. P. Pichard. T. IX, p. 323.
(4) Phil. posit. Doctrine du réel. P. Pichard. T. IX, p. 324.

combiné des organes élémentaires, et des tissus manifestant leurs propriétés respectives (1).

Les instincts et l'intelligence existent dans l'homme. Les premiers semblent devoir être considérés comme les véritables bases de toute l'activité intellectuelle. Ils sont compris sans exception dans les instincts qui assurent la conservation de l'individu, et dans ceux qui assurent la conservation de l'espèce (2). Les facultés mentales en dérivent. Elles sont les facultés affectives, esthétiques, et intellectuelles, qui répondent au sentiment, au goût du beau, et à la pensée (3).

Le sentiment vient de l'instinct. Il se forme quand l'instinct de conservation de l'individu ou de l'espèce, envoie des impressions à une partie de l'encéphale appelée le *sensorium commune*. De là ces impressions sont distribuées par d'autres filets nerveux dans les réseaux cellulaires de la substance corticale grise du cerveau proprement dit. Les cellules, en vertu de leur mode spécial d'irritabilité, réagissent automatiquement contre l'impression reçue, et transforment cette impression en sensation ou en sentiment. Les cellules possèdent la rétention ou propriété de reproduire les sentiments déjà formés antérieurement.

L'opération intellectuelle a pour éléments les idées. Celles-ci ont leur point de départ dans une impression sensorielle qui se transforme en idée par un procédé semblable à celui qui change l'impression instinctive en sentiment. Les cellules peuvent aussi retenir les idées (4).

Il y a deux sortes de sentiments. On nomme égoïstes ceux

---

(1) Phil. posit. Doctrine du réel. P. Pichard. T. IX, p. 325.
(2) Phil. posit. Doctrine du réel. P. Pichard. T. IX, p. 329.
(3) Phil. posit. Doctrine du réel. P. Pichard. T. IX, p. 333.
(4) Phil. posit. Doctrine du réel. P. Pichard. T. IX, p. 334.

qui se rapportent à l'instinct de la conservation de l'individu, et altruistes ou sentiments moraux ceux qui dérivent de la conservation de l'espèce (1).

En rapport avec ce classement des sentiments, la moralité devient « la subordination des actes que suscitent les senti-« ments égoïstes à l'égard de ceux que suscitent les sentiments « altruistes. Plus cet accord et cette subordination s'accen-« tuent, plus la moralité est haute (2). »

La justice est l'idéal dans la moralité, c'est-à-dire, selon nous, un sentiment de renoncement sans réserve de l'indi-vidu à l'ensemble.

Enfin la conscience est l'émotion particulière, agréable ou pénible, qui précède, accompagne, ou suit, l'accomplissement d'un acte ayant un caractère moral (3).

On aperçoit déjà combien dans cette composition singulière de l'homme le moi a peu d'action. Voici qu'on lui enlève le reste de son importance. La volonté n'existe plus que d'une manière théorique. « Elle est toujours précédée de la volition « qui est une réaction particulière des cellules cérébrales, « provoquée par une impression sensorielle présente ou « passée. Si cette réaction s'arrête aux confins de la couche « corticale de cerveau, elle produit le phénomène de l'atten-« tion ou celui de la détermination. Si elle s'étend aux « autres parties de l'encéphale et arrive aux nerfs moteurs, « elle produit le phénomène du mouvement volontaire (4). »

Il n'y a donc plus d'initiative dans l'homme, le moi n'agit

---

(1) Phil. posit. Doctrine du réel. P. Pichard. T. IX, p. 337.
(2) Phil. posit. Doctrine du réel. P. Pichard. T. IX, p. 337.
(3) Phil. posit. Doctrine du réel. P. Pichard. T. IX, p. 340.
(4) Phil. posit. Doctrine du réel. P. Pichard. T. IX, p. 336.

pas sur les sens, c'est le contraire qui se produit. Il ne prend pas spontanément ses déterminations. Cela est si vrai, que la volonté est considérée comme cédant toujours au motif le plus fort, c'est-à-dire à l'action supérieure résultant d'un concours de l'idée et du sentiment, et que le libre arbitre est défini, le *pouvoir d'obéir* au motif le plus fort (1).

Ces citations font suffisamment connaître la partie anthropologique, voyons maintenant la partie sociale.

La Société qu'invente le positivisme est une démocratie, c'est-à-dire un mode de gouvernement, suivant lequel le pouvoir est essentiellement temporaire, accessible à tous et délégué par tous (2). L'importance y est uniquement réservée à la science. Celle-ci sert de base pour établir une sorte de hiérarchie. Les fonctions scientifiques doivent donc être en possession de la direction. Le rôle pratique auquel elles répondent n'est pas défini, mais il est permis de croire qu'il consiste à concevoir le rêve positif. Il ne doit pas se rapporter à une profession autrement classée, car c'est au-dessous de cette première catégorie qu'on rencontre la véritable activité. A ce degré relativement inférieur sont placés, l'enseignement des sciences et la pratique des beaux arts. Puis viennent les industries et les professions quelconques, dont la liste comprend l'agriculteur quel que soit son rang, à côté de l'homme d'Etat ou du jurisconsulte le plus distingué. Enfin au dernier rang sont les fonctions accessoires subordonnées aux précédentes.

Il semble, à première vue, que cette hiérarchie dans le rang des fonctions doive correspondre à une inégalité entre

---

(1) Phil. posit. Doctrine du réel. P. Pichard. T. IX, p. 338.
(2) Phil. posit. Doctrine du réel. T. X, p. 22.

ceux qui les exercent. Il n'en est pas ainsi dans le positivisme,
parce que l'homme a un mérite qui y est en rapport régulier non
pas avec l'importance des fonctions, mais avec la manière dont
il les remplit. D'où nous pouvons conclure qu'un homme exerçant d'une manière supérieure les fonctions ordinairement
considérées comme les plus difficiles et les plus élevées, ne
vaut guère mieux qu'un gâcheur qui sait parfaitement son
métier. Le premier sera placé plus haut, mais le second sera
absolument son égal, ce qui revient à dire que dans le positivisme le moins vaut le plus.

Cette égalité effective rend humiliant aux yeux des positivistes le mode actuel de paiement des fonctions. Dans les anciennes civilisations, il y avait des esclaves et des serfs. Dans
la nôtre il y a des salariés, et la fixation des salaires est établie
d'après la loi de l'offre et de la demande. Or le système
n'accorde aucune valeur ni à l'économie politique comme
science, ni à la loi régulatrice de l'offre et de la demande.
« Elle considère cette loi comme un expédient temporaire
« qui disparaîtra quand existera l'idéal commun ralliant les
« esprits et les cœurs (1). »

Cette dernière phrase est ronflante mais elle est vague.
Elle est une affirmation sans preuves, et elle nous laisse le droit
de demander quel mode équitable de rétribution produira le
triomphe des idées positives.

Sur ce point nous ne pourrions obtenir aucune satisfaction.
Nul ne sait quel sera ce mode. C'est un problème considéré
comme étant des plus difficiles à résoudre (2). C'est pourquoi
on ne le résout pas, et on se contente d'indiquer une tendance

----

(1) Phil. posit. Doctrine du réel. T. X, p. 24.
(2) Phil. posit. Doctrine du réel. T. X, p. 171.

indéterminée vers un droit égal à la fortune générale. La seule chose qui soit affirmée comme certaine, est que la solution actuelle est détestable, et que le positivisme entend bien la changer dans le sens du progrès réel qui est l'augmentation du bien être.

Si la question relative au salaire est insondable pour le positivisme, il en est de même de celle qui traite de la forme que prendra la Société sous l'empire de la conception positive.

On avoue que la constitution sociale future est un résultat dont les éléments sont encore inconnus ou indéterminés (1). Mais il ne faudrait pas considérer cette déclaration comme équivalant à un aveu d'impuissance. Si le positivisme ne sait pas où il va, la faute en est à Dieu et à l'absolu qui sont encore admis à un degré quelconque. Dès que la rénovation sera complète, c'est-à-dire quand tous les esprits seront affranchis des conceptions théologiques et métaphysiques, la forme réelle sera trouvée, et appliquée du consentement de tous (2).

Cette tentative d'expliquer l'avenir est fort imprudente, car les positivistes actuels sont déjà affranchis de ces erreurs, et cependant ils sont à propos de la forme aussi ignorants que chacun de nous. Par quel miracle leur ignorance multipliée par celle des autres se changera-t-elle en une lumineuse clarté.

On voit que sous prétexte de réel, le vague et l'indéterminé se montrent dès que le positivisme doit traiter des sujets directement rattachés à l'absolu. Il est impuissant à y rien dé-

***

(1) Phil. posit. Doctrine du réel. T. X, p. 174.
(2) Phil. posit. Doctrine du réel. T. X, p. 170.

finir, et il pourrait dans cet ordre d'idées prendre la maxime suivante. Détruisons d'abord, détruisons toujours, et laissons au hasard d'un avenir inconnu le soin de reconstruire comme il l'entendra.

Cette philosophie n'est pas conciliable avec l'ordre social, car elle annule si bien l'individualité que, comme nous l'avons dit, il ne reste même plus des hommes pour former une société. Le moi n'est plus ni un être personnel ni un citoyen. Son devoir pendant cette vie est de compter son individualité pour rien. Après sa mort il est sans avenir « car il n'a plus à faire entrer dans ses rêves de bonheur les « radieuses espérances d'une félicité imaginaire placée « au-delà du tombeau (1). Il n'atteindra jamais d'autre « félicité que les jouissances nobles et pures qu'il trouvera « dans son dévouement à cette humanité réelle, à laquelle « tant de liens l'unissent (2). »

L'idéal demeure donc une absorption complète de l'individualité. Auguste Comte lui-même d'ailleurs, enseigne « que sous le rapport statique aussi bien que sous le rapport « dynamique, l'homme proprement dit n'est au fond qu'une « pure abstraction. Il n'y a de réel que l'humanité surtout « dans l'ordre intellectuel et moral (3). »

Tel est le cadre du positivisme. Nous y trouvons des éléments qui permettent de porter en toute connaissance de cause un jugement raisonné sur cette partie de l'enseignement libéral. Le système consiste à extraire d'un tout qui ne peut être harmonisé qu'à condition de rester entier, une

---

(1) Phil. posit. (Revue). Doctrine du réel. T. X, p. 179.
(2) Phil. posit. (Revue). Doctrine du réel. T. X, p. 180.
(3) Cours de phil. posit. Auguste Comte, t. VI, p. 692.

partie qui doit valoir autant que l'ensemble. Cette partie est pour cela affranchie de ce qui la précède et de ce qui la suit. Elle est absolument complète et indépendante par elle-même au point de représenter seule le réel.

Si un tel mode de concevoir le monde était exact, il permettrait de prétendre : Que l'harmonie est également possible quand elle possède ses éléments essentiels et quand elle en est privée. Qu'il y a dans l'univers des portions existantes, mais inutiles. Que la partie est égale au tout, d'où on peut conclure qu'elle lui est supérieure. Que la causalité n'est pas la règle indispensable qui s'impose à toute intelligence, et que dès lors un raisonnement peut être constitué par une conséquence, en l'absence des prémisses. Enfin que la vérité diminuée est l'équivalent de la vérité entière, ce qui supprime dans celle-ci l'unité, et l'abaisse au niveau de l'erreur.

Quand un enseignement est basé sur un semblable renversement du bon sens, il ne comporte pas un accord logique. Il peut produire des raisonnements réguliers dans la partie de la réalité qu'il ne rejette pas, c'est-à-dire dans la classification scientifique, mais ses affirmations sont forcément imaginaires quand il doit aborder des questions dont la solution dépend de ce qu'il méconnait.

Aussi voyez comme tout croule autour de la vérité positive, et quel entassement de ruines sert de piédestal au pâle fantôme de l'individualité de l'avenir. Dans l'univers, Dieu, la cause, les types absolus, le progrès compréhensible. Dans l'homme, son moi, son origine, ses liens d'attache à l'ensemble, ses aspirations vers le bien réel, son espoir d'un bonheur personnel. Dans l'ordre social une hiérarchie admissible, la famille et la patrie absorbées comme l'individualité dans l'humanité. En un mot partout disparaît ce qui constitue les meilleures raisons pour lutter contre le mal et pour souffrir patiemment.

Ce qu'on offre comme l'homme réel est un être sans volonté et sans responsabilité, dont l'unique rôle est de savoir comment le monde fonctionne, et comment il fonctionne lui-même. Il est à son moi un étranger qui n'a aucune raison pour ne pas être indifférent. Il doit, en sentant en lui les aspirations les plus élevées, méconnaître ce qu'il sent et en faire abstraction. Il doit expliquer le tout en se niant lui-même, et en s'anéantissant dans l'humanité. Cet homme, s'il est de bonne foi, s'il pousse ses recherches avec une conscience désireuse de bien faire, n'atteindra jamais le but qu'il poursuit. Mais il aura des chances sérieuses de perdre la raison, car il est hors de la compréhension de se concevoir comme étant en même temps soi, et moins que soi.

C'est donc avec une certitude entière d'être approuvés par la conscience de ceux qui sont désintéressés dans la question, que nous considérons le positivisme comme une philosophie des plus dangereuses. Comme toutes les erreurs il est condamné à l'illogisme, et il va si loin dans cette voie, que sans s'en apercevoir il plaide contre sa thèse. Lui qui cherche la grandeur de l'homme, il ne remarque pas qu'en lui enlevant la possibilité de comprendre ses rapports avec Dieu et avec l'absolu, il le ravale à un degré intermédiaire entre les grands animaux et l'homme que nous prétendons être. Les animaux ne songent ni à Dieu ni à l'absolu, parce que leur nature ne comporte pas des connaissances d'un ordre aussi élevé. Et l'homme ordinaire à qui la conscience affirme l'existence d'un inconnu qui le dépasse, ne renonce pas à se rapprocher de ce but de ses aspirations. Oui, philosophes positivistes Dieu existe malgré vos dédains, sa nécessité est

Inscrite partout. Elle est en vous comme dans le reste de la réalité. Vous le savez, et c'est pourquoi sur ce sujet vous affirmez en même temps que vous niez. Mais en méconnaissant l'absolu vous vous condamnez à l'indéterminé et à l'impuissance, et c'est pour cacher cette irrémédiable faiblesse que vous mettez votre système sous la protection d'un nom qui ne lui appartient pas.

Quelle est-elle donc enfin cette philosophie sans nom légitime?

Elle n'est pas le matérialisme qu'elle dédaigne comme étant entaché de subjectivisme. « La science positive ne « connait dans le monde à elle accessible que la matière et « les propriétés de la matière. Mais elle n'est pas cependant « le matérialisme, car celui-ci attribuant à la matière certaines propriétés, en tire par voie déductive une philosophie, et ce procédé est purement métaphysique (1). »

Elle ne veut pas même être l'athéisme car « l'athéisme n'est « pas seulement la négation de Dieu, il est aussi l'affirmation « d'une cause créatrice matérielle, d'une origine du monde « et de l'homme (2), » et cela suffit pour être contraire au système.

Ce qu'est cette philosophie, nous le dirons enfin. Elle est une faible partie du vrai surnageant au milieu d'un déluge de négations. Elle est le rationalisme approchant de ses conséquences extrêmes, et détruisant la réalité pour aboutir au panthéisme humanitaire par la route du nihilisme.

Il est impossible de fixer exactement la dernière limite

---

(1) Phil. posit. (Revue). Littré, t. I, p. 21.
(2) Phil. posit. (Revue). Littré, t. I, p. 167.

atteinte par l'enseignement philosophique du rationalisme. Il existe probablement un livre émettant comme seule doctrine vraie, un nihilisme assez complet pour supprimer sans réserve le tout dans son ensemble comme dans ses parties. Nous regrettons de ne pouvoir citer ce livre éminemment logique, mais du moins nous rencontrons un ouvrage qui nous fait faire un pas nouveau vers les conséquences extrêmes du principe.

Cette fois Dieu disparaît complètement. Il n'est plus l'ami de l'avenir comme dans le pananthéisme, ou l'ami du passé comme dans certain positivisme. Il est une impossibilité si clairement démontrée qu'il devient l'absurde élevé à sa plus haute puissance (1). Il est, ou plutôt il serait s'il existait, l'obstacle à la réalisation de l'homme, car Dieu et l'homme libre sont incompatibles. Il vaut même mieux pour Dieu qu'on lui dénie l'existence, car un Dieu personnel c'est quelqu'un, et quelqu'un est nécessairement un homme, de sorte que le seul moyen de ne pas faire de Dieu un homme, c'est d'en faire une chose, un chou, un oignon, à la manière des Egyptiens (2).

Cette appréciation de la divinité ne nous éloigne pas beaucoup d'un positivisme régulier. Mais l'auteur ne cherche pas cependant à s'attacher à cette philosophie. Il réagit, au contraire, contre la suppression de l'absolu pour se rapprocher d'une sorte d'idéalisme. L'absolu existe donc, ainsi que tout ce qui est ordinairement conçu comme inhérent à la nature divine. Seulement, tout cela appartient non à Dieu, qui est supprimé, mais à l'homme qui peut développer sa nature par

---

(1) Dieu selon la science, V. Poulain, Bruxelles, 1871.
(2) Dieu selon la science, p. 11.

le savoir dans une proportion illimitée. « Il n'y a ni bonté ni
« justice infinie. Il y a la justice, et elle ne peut être plus
« grande en Dieu qu'ailleurs, car pour être juste, il faut
« pouvoir lutter. Or, Dieu étant nécessairement juste, n'a
« pas de mérite, il vaut moins qu'un homme (1). »

Les qualités absolues sont les attributs des âmes humaines
qui sont des immatérialités. Voilà donc l'homme assuré,
cette fois, de la réalité de ses raisonnements. Il a enfin la
pleine raison dans la pensée de l'auteur. Hélas! loin qu'il en
soit ainsi, l'idéal rêvé s'éloigne plus encore.

Voici d'abord que le monde est conçu comme étant le résultat d'une force à qui le mouvement est essentiel, et qui
est le principe de la matière. Il serait inutile de demander
sur quoi ce mouvement agit quand il n'existe rien qui puisse
servir d'aliment à son activité. La réponse se trouve dans le
livre, et elle n'est pas encourageante, la voici. « Nous
« constatons l'existence des forces et leur action à distance,
« nous n'expliquons pas le comment de leur corporation. »

Voici encore de l'imaginaire et du faux à propos de l'immatérialité de l'âme humaine. Cette condition exige le sacrifice de la sensibilité dans les animaux. De cette manière
seulement une différence radicale peut être établie entre
eux. « Il faut que les bêtes n'aient pas de sensibilité pour que
l'âme humaine soit possible. »

Toutes les qualités que nous reconnaissons aux animaux
n'existent donc pas. « Cela n'est pas, cela n'a pas le droit
« d'être, parce que les conditions de notre être sont l'élimi-
« nation de Dieu et le nihilisme des bêtes (2). »

---

(1) Dieu selon la science. V. Poulain. Bruxelles, 1871, p. 11.
(2) Dieu selon la science. V. Poulain. Bruxelles, 1871, p. 31.

Enfin, l'idéal de l'homme va nous donner le dernier mot de cette philosophie : « Dans ce temps, il n'y a plus de « systèmes, plus d'hypothèses, plus de foi, plus de croyances « toujours variables. Nous n'espérons plus, nous ne croyons « plus. Nous savons, et notre certitude est qu'il y a des âmes « humaines, et avec elles un ordre moral qui en est la dé- « duction nécessaire ..... C'est pour cela que chacun de nous « a un compte ouvert où notre doit et notre avoir, rigoureu- « sement établis sans *l'intervention d'aucun comptable,* « sont rigoureusement exigés et payés (1). »

Sans nous étendre sur la possibilité et l'utilité de ce juge- ment sans juge, nous faisons remarquer qu'après toutes les ruines faites au nom du positivisme, voilà que le rationa- lisme supprime encore les animaux. Dans la réalité, il ne reste plus rien que l'immatérialité des âmes. Or, il n'y a pas deux genres d'immatérialité. Les âmes humaines ne peuvent être, en dernière analyse, que l'âme humaine, et ainsi par l'indéterminé on aboutit au même, qui est inséparable du panthéisme humanitaire.

---

(1) Dieu selon la science. V. Poulain. Bruxelles, 1871, p. 140.

§ III

DROIT LIBÉRAL

C'est dans l'enseignement de la doctrine que nous venons d'examiner, que le libéralisme doit trouver la règle fixe au moyen de laquelle il pourra tracer la limite certaine entre le permis et le défendu. N'est-il pas évident que l'indéterminé qui s'impose au système va de nouveau empêcher de tracer aux droits et aux compétences des limites fixes et certaines. Le mal ordinaire atteindra cette partie de l'essence sociale comme toutes les autres, et sans cesse il ira grandissant.

On trouve à l'origine de notre société, et en concordance avec la souveraineté personnelle reconnue, une série de lois utiles, claires et compréhensibles. Ces lois sont d'intérêt réellement humain, et elles sont indépendantes de tout esprit de parti.

Pour fournir des exemples de ce fait, il suffit de citer les lois qui confient l'état-civil à des autorités désintéressées et sévèrement contrôlées. Celles qui assurent la liberté individuelle ou la liberté de conscience. Celles enfin qui établissent une justice indépendante. Ces lois, par leur évidence même, comportent une fixité suffisante.

Plus tard, alors que le rationalisme a déjà grandi et qu'il est entré dans les mœurs, la situation se modifie. L'égalité se fait dans la philosophie entre l'homme et Dieu, et voilà quelle se produit aussitôt entre le bien et le mal. On ne sait plus ce qui doit être défendu et ce qui peut être permis. Et en effet, quand l'homme possède l'absolu et égale Dieu, chacun n'a plus de devoirs qu'envers soi-même. Les actions ne sont plus bonnes ou mauvaises, elles sont des actions humaines, et cela suffit pour les soustraire à toute critique. Le mal n'est plus le mal, il disparaît comme le reste dans la tendance vers le même.

Les preuves de cette égalité forcée se montrent partout. Dans les conceptions d'Hégel, on trouve les contraires s'unissant pour former les êtres. On en peut tirer cette conclusion que le mal y est indestructible, sous peine de suppression du bien. Or, dans ce cas, le mal est plus qu'utile, il est indispensable. Il n'est donc plus le mal, et on ne peut en vouloir à ceux qui le commettent. Aussi rencontre-t-on dans le pananthéïsme l'obligation de traiter avec une considération distinguée les hommes méchants ou coupables.

En même temps que le mal se transforme ainsi, la faute perd chaque jour de son importance, et le coupable devient une victime. Voici que la punition méritée est un piédestal, une occasion de grandeur pour celui qui la subit. Nous trouvons dans un admirateur d'Hégel cette phrase significative. « Il n'y a pas de peine qui soit par elle-même infâmante, car « elle ne pourrait l'être qu'en étant le signe de la faute. Or, « l'infâmie n'est que dans la faute et non dans la peine « qui, au contraire, l'efface et même glorifie le coupable (1). »

Mais bientôt la philosophie a dépassé l'égalité entre l'homme et Dieu. Celui-ci n'est plus. L'homme reste seul, prêt à disparaître lui-même dans l'humanité positive. L'équilibre entre le bien et le mal se rompt à l'instant, et des publicistes im-

----

(1) Essai de phil. hégélienne. Vera.

portants contestent à la société le droit de réprimer les actes
considérés comme mauvais.

« Hormis, dit un auteur français, le cas de légitime dé-
« fense, la société ne reconnaît pas à l'homme le droit d'en
« punir un autre.

« Si l'homme n'a pas le droit de punir, à quel titre la so-
« ciété l'aurait-elle et l'exercerait-elle?

« Si la société le tient de Dieu, que d'abord elle démontre
« l'existence de Dieu, et qu'ensuite elle justifie que Dieu lui
« a délégué ce droit. Si la société ne le tient que d'elle-
« même, qu'elle dise si elle l'ose comment elle l'a exercé,
« comment elle en a légitimé la possession par l'usage. Si
« cet usage n'a été qu'un long et cruel abus, plus profitable
« à la barbarie et à l'oppression qu'à la civilisation et à
« la liberté, sur quoi se fonderait sa légitimité. Cette légiti-
« mité, rien ne l'atteste, cet abus, tout le constate (1). »

Et non-seulement on défend à la société de punir le mal,
mais on prétend lui prouver le bien fondé de cette défense.
Dans l'avenir que nous prépare le rationalisme triomphant,
le mal devient parfois le bien lui-même.

« Les mêmes faits constituent le mal ou le bien selon qu'on
« les considère par rapport à l'ordre du temps ou par rapport
« à l'ordre de l'éternité. Par rapport au temps, un assassinat
« est un mal. Par rapport à l'ordre d'éternité, relativement
« au tout, il est la justice même, parce que personne n'est
« assassiné qui n'ait à quelque moment mérité de l'être (2). »

Voilà donc les criminels élevés à la hauteur d'exécuteurs

---

(1) Le droit de punir. Emile de Girardin, p. 32.
(2) Dieu selon la science. V. Poulain, p. 82.

de la justice éternelle. Ils ne sont plus des malfaiteurs, ils sont des fonctionnaires qui, pour remplir une mission dont ils n'ont pas conscience, n'en sont pas moins indispensables à la société. Il ne peut donc plus être question de les punir, et on ne voit pas de quel droit on les priverait de l'estime générale, puisque ce sont leurs victimes qui ont tort.

Nous citerons encore dans le même ordre d'idées ce tableau de la justice de l'avenir correspondant aux temps socialistes où l'homme amélioré et devenu parfait, n'aura plus besoin du droit. Cette justice est présentée comme devant être exercée « au moyen d'un jury choisi par l'élection, et renou- « velable dans un délai très court. Alors il n'y aura plus de « chicaniers, de juges, de procureurs, d'avocats. Le même « droit pour tous et la justice basée non plus sur tel ou tel « texte plus ou moins embrouillé autour duquel on dispute, « mais sur la raison et la droiture (1). »

Le dernier mot de l'extrême libéralisme en fait de droit est donc la suppression de la science qui y correspond, et l'abandon des règles les plus indispensables pour obtenir une justice équitable. La doctrine n'est plus seulement variable, elle disparaît. L'expérience de magistrats vieillis dans la pratique est supprimée à son tour, et elle devient inutile en présence de décisions absolues, rendues contre toute possibilité par des intelligences non préparées. A cela correspond l'écroulement de toute organisation concevable de la justice. Et voilà que de nouveau nous nous retrouvons en présence d'une complète négation, d'un essai d'application du nihilisme, c'est-à-dire d'un mythe sans réalité.

---

(1) L'Internationale, par Oscar Testu, p. 48. Citant le journal l'*International* de Bruxelles.

Dans le domaine des faits on trouve la même progression descendante. La réaction contre les supplices atroces des civilisations antérieures, a d'abord établi dans une juste mesure le respect de la liberté individuelle. De là est né le désir d'améliorer le sort des prisonniers. Mais jusqu'où doit s'étendre cette tendance. Les libéraux naïfs, qui espèrent extraire la fameuse formule universelle des éléments rationalistes, indiquent comme réponse à cette question la bienveillance, l'instruction et la moralisation. C'est grâce à eux que la philanthropie a fait accorder aux prisonniers des installations excellentes, une nourriture que bien des pauvres honnêtes doivent envier, et l'apprentissage de métiers. Jusque-là tout est bien, et les libéraux parviendraient sans doute à inspirer aux malfaiteurs la honte de leurs crimes et celle de la prison, s'ils pouvaient leur apprendre une règle certaine de morale. Mais comment le libéralisme trouverait-il cette règle, lui qui ne comporte que des devoirs envers soi-même. Lui qui est impuissant à prouver aux malfaiteurs que la société a le droit incontestable de restreindre leur liberté absolue. Evidemment il ne le peut pas, et c'est pourquoi les conversions durables après être sorti de prison sont aussi rares que les récidives sont au contraire fréquentes.

Cependant, malgré cet échec, les libéraux cherchent autant que possible à réduire la durée des peines. Toujours poussés en avant par ceux qui veulent appliquer rigoureusement le principe rationaliste, les doctrinaires eux-mêmes ne peuvent s'arrêter à la bienveillance. Dépassant ce sentiment, ils sont entraînés à considérer le repentir, vrai ou faux, comme donnant le droit au pardon. Ainsi ils entrent dans la voie dangereuse d'une large application du droit de grâce, s'exerçant même à propos d'évènements qui n'ont rien de commun avec la conscience des criminels.

Les doctrinaires conservent, il est vrai, dans les codes des défenses et des répressions rigoureuses. Ils condamnent même, en vertu de ces lois pénales. Cependant, aussitôt après, ils annulent l'heureux effet de cette rigueur, en commuant les peines les plus justement appliquées. On reconnaît bien là le caractère indéterminé, hésitant et illogique des applications rationalistes. Pauvre libéralisme, il voudrait punir et il n'ose pas. Il voudrait moraliser, et il ne voit pas que rien n'est plus démoralisant que l'habitude qu'il donne à tous, de considérer la loi comme n'ayant qu'une valeur théorique.

Sans doute il est des punitions trop absolues qu'il est prudent de ne pas conserver. Cette raison appliquée à la peine de mort nous semble excellente. La société étant incapable de rendre la vie à l'innocent condamné, doit refuser de s'exposer à commettre un mal irréparable. Il est donc raisonnable de modifier cette peine, à condition toutefois de la remplacer par une répression effective. La société n'a pas seulement des devoirs envers les prévenus et les coupables. Elle doit à tous la sécurité.

Les malfaiteurs de notre temps savent que l'égalité libérale rend la diminution des peines obligatoire. Ils savent aussi qu'à la négation de la faute correspond l'affaiblissement de l'autorité chargée de la répression du mal. Ils sont appuyés par une partie de l'opinion publique lorsqu'ils considèrent les agents chargés de faire respecter la loi comme des suppôts de la tyrannie, opposant une intervention illégitime à l'exercice de la liberté entière. Aussi la partie n'est-elle pas égale entre les représentants de la loi et les malfaiteurs. Les premiers sont obligés envers les seconds à tous les égards. Ils ne peuvent que dans le cas de la plus évidente légitime défense employer leurs armes contre leurs adversaires. S'il leur arrive de tuer ou de blesser quelque coupable, ils soulèvent contre eux les colères menaçantes des admirateurs de la liberté sans limites. Mais au contraire, qu'un criminel tue de sang-froid un représentant de l'autorité, l'intérêt à l'instant se porte sur l'assassin. De la victime on parle peu, il arrive même qu'on la considère comme ayant mérité son sort. En tous cas on l'oublie bien vite, pour s'occuper de tendre des mains secourables et sympathiques au malheureux sans conscience qui vient de commettre un horrible forfait. Quand cet assassin est poursuivi en justice, il trouve pour le défendre des avocats éloquents et distingués. Et si, comme cela arrive souvent, un jury oublieux de ses devoirs l'acquitte, c'est par les applaudissements de l'auditoire que ce triomphe du mal est accueilli.

§ IV

RELIGION LIBÉRALE

C'est naturellement à propos de religion qu'apparaît le mieux l'impossibilité où est le libéralisme de satisfaire tous les besoins de la réalité. Hors de l'athéisme il n'a rien à offrir au sentiment d'adoration, et toujours il doit adopter les formes religieuses qu'affecte la révélation merveilleuse.

Cependant, en se soumettant ainsi à une nécessité inévitable, il proteste de son mieux contre ces mêmes applications des devoirs envers Dieu, dont il ne sait pas s'affranchir. Aussi rien n'est curieux comme la manière d'être des libéraux en face de ces devoirs. Dans les pays protestants, la maxime du libre examen pouvant toujours être appliquée à la vérité révélée, permet à chacun d'abandonner de l'enseignement reçu la partie qui lui semble évidemment impossible, pour conserver celle qui paraît plus acceptable par la raison.

Dans ces conditions, le travail du principe rationaliste s'accomplit lentement et d'une manière détournée. Avant d'étaler ses conséquences extrêmes et de rejeter absolument tout, il doit produire dans ces religions une série de subdivisions allant jusqu'à l'indéfini, et abandonnant à chaque fois un lambeau de la doctrine. Il est donc pour quelque temps possible dans ce cas d'être consciencieusement membre actif d'une religion pratique, et en même temps libéral convaincu et agissant.

Mais la situation est différente lorsque le libéralisme se

trouve en rapport avec la véritable représentation de la révélation merveilleuse, c'est-à-dire avec le catholicisme.

Cette fois, il y a antithèse complète entre les besoins de la religion et ceux de la liberté de l'homme rationaliste.

Cependant, les libéraux doctrinaires, qui demeurent attachés à ce culte, ont l'espoir et même la prétention de pouvoir allier ces contraires. Ils veulent conserver leur principe rationaliste tout en demeurant d'excellents catholiques. Il ne leur faudrait même qu'une légère dose d'audace en plus, pour soutenir qu'ils sont les seuls bons, c'est-à-dire les seuls véritablement intelligents des besoins de l'adoration. Leur illusion à cet égard est complète, et ils rêvent toutes sortes de modifications progressistes, qu'ils voudraient imposer à l'immuable révélation merveilleuse du catholicisme.

Si, en effet, ils comptent parmi les catholiques, il faut du moins admettre que ce doit être parmi les plus fantaisistes, car ils n'entendent être liés par aucune règle. Ils veulent bien ne pas repousser les dogmes dont on ne parle pas, ceux-là qu'on admet par une sorte d'accord tacite, et parce que si on les analysait tout croulerait dans le système. Mais du moment qu'un dogme, par un événement quelconque, est mis en lumière, ils le jugent et le raillent.

Leur demander de prier serait aller trop loin, un semblable abaissement de la grandeur humaine est indigne d'un esprit véritablement fort. Ils font envers Dieu acte de déférence en assistant d'un air distrait à certaines cérémonies, à condition que celles-ci soient peu gênantes et qu'elles ne se présentent pas trop souvent. Quand cela est fait, ils estiment que leur devoir est accompli. Si Dieu exige un culte plus parfait il n'a qu'à s'arranger avec ses prêtres pour l'obtenir.

Les libéraux sont disposés à ne pas se mêler à ce genre d'affaires, à condition bien entendu que la réciproque existe. Ils entendent par là qu'eux seuls resteront chargés des intérêts politiques et sociaux, qu'ils considèrent comme ayant l'importance principale, et qui pour cela demandent à être réglés par l'intervention de la Raison.

Sous cette réserve, ils ne sont pas systématiquement hostiles au catholicisme. Ils avouent qu'il faut une religion pour les femmes et les enfants. Ils l'admettent aussi pour maintenir le peuple, dont l'obéissance est singulièrement amoindrie, d'après eux-mêmes, depuis qu'il a perdu sa foi aveugle. Ils affirment d'ailleurs avoir ce qu'ils appellent des principes religieux. Souvent on ne s'en aperçoit pas, surtout quand leur santé est bonne. Ils vivent absolument comme si ces fameux principes n'existaient pas. Mais quand vient la maladie et la crainte de la mort, ils les retrouvent à mesure que leur frayeur augmente. Ils se réfugient alors dans les bras de l'Eglise, qui, au moyen d'une seule absolution, se charge de leur assurer un bonheur éternel.

Rien de tout cela n'est conséquent avec un raisonnement rigoureux, mais ces illogiques se contentent souvent d'aussi peu parce qu'ils ne trouvent pas mieux, et qu'ils s'efforcent de s'arrêter sur la pente de l'athéisme. Ils sont d'ailleurs à leur place dans la progression descendante que suit le libéralisme. Si leur quasi-religion est impuissante à empêcher le rationalisme d'aboutir au nihilisme, elle se produit cependant de bonne foi. Elle est concevable comme celle des sectes protestantes, des vieux catholiques, ou même des spirites qui chargent les tables, ou tout autre meuble, de traduire la pensée des morts pour le meilleur enseignement des vivants.

Ce n'est qu'après avoir dépassé ces divers essais de synthèse religieuse, qu'on rencontre enfin la véritable religion libérale, c'est-à-dire la libre-pensée. Cette fois, le principe agit dans son entier. Plus de Dieu et plus de culte. Dieu n'a été inventé que par la faiblesse humaine, et on le prouve par cette phrase tirée du positivisme. Quand deux hommes se battant, l'un s'est trouvé le plus faible, il a été porté à inventer Dieu pour faire peur au plus fort.

Il ne reste donc plus que l'athéisme pratique, et cette conséquence n'effraie pas les libéraux véritablement progressistes. Ceux-ci se vantent au contraire d'être athées, et le socialisme qui applique la philosophie positive, exige que les hommes dignes de diriger l'avenir n'aient aucune religion. Les exemples à citer de ce fait sont fort communs. Nous prenons au hasard.

L'*International* du 5 septembre 1869, en excusant les fondateurs de l'association internationale de ce qu'ils ont écarté de leur programme toute question religieuse ou politique, fait la déclaration suivante : « Ils se sont abstenus, de « les émettre dans ce programme, parce que leur but principal était d'unir toutes les masses ouvrières du monde « civilisé, mais sans doute, il n'ont manqué eux-mêmes ni « d'opinions politiques, ni d'opinions *anti-religieuses* bien . « marquées (1). »

Pendant leur vie, les vrais libéraux progressistes ne doivent avoir d'autre religion que celle de l'humanité représentée sur terre par la fraternité. Ce n'est pas à dire que leur charité soit plus grande et surtout plus donnante que celle des autres hommes. Quand les intérêts personnels sont en

---

(1) L'Internationale, Oscar Testu, p. 12.

jeu, la fraternité est bien vite oubliée même par les frères et amis. Mais si cette fraternité n'est pas effective, il reste du moins le mot, qui est ronflant, et le droit qui semble y être attaché.

L'acte religieux le plus solennel posé par les libres-penseurs se rencontre au moment de la mort. Beaucoup parmi ces égarés se font une triste gloire de soutenir jusqu'au bout leur malheureuse croyance. Ils meurent en dehors de tout culte, de toute religion quelque simplifiée qu'elle puisse être.

La raison pour laquelle ils méconnaissent à ce point le besoin de l'adoration, n'est pas un excès de conscience leur faisant repousser des formes religieuses qui leur semblent indignes de la grandeur de Dieu. Ils ne se sont pas fait pendant leur vie un culte spécial et intime leur permettant de mourir en priant. Oh non! ils obéissent à un sentiment d'un ordre entièrement contraire. Ils meurent dans l'orgueil de l'homme rationaliste qui a supprimé Dieu et qui est sans espoir en quittant notre terre.

Ces malheureux êtres, quand ils regardent en eux-mêmes, doivent cependant se trouver infirmes, faillibles, incapables comme les autres hommes. Il n'est rien en eux qui ne leur crie combien l'ignorance où ils sont de leur origine et de leur fin, nécessite un avenir continuant l'existence après la mort. Et cependant ils rejettent ces pensées salutaires, et ils s'en vont sans même espérer s'absorber dans une humanité heureuse.

En persistant ainsi dans leurs convictions, ils croient s'envelopper dans une grandeur majestueuse et infinie. Ils se trouvent immenses, alors qu'ils ne sont qu'incomplets.

Ah! le libéralisme qui enseigne à mourir ainsi a dû causer bien des mécomptes et bien des désespoirs!

Par quelle singularité cette mort sans lendemain devient-elle l'occasion de cérémonies incompatibles avec l'athéisme? Pourquoi les libres-penseurs accompagnent-ils ce cadavre jusqu'à la tombe? Pourquoi parlent-ils de cet homme au point de vue de ses vertus et même de son avenir? S'il a été un bon rationaliste, un athée convaincu, le mérite en revient aux lois nécessaires qui ont montré en le produisant qu'elles possédaient déjà une perfection suffisante pour faire éclore les temps socialistes. Il a été un instrument inconscient de la marche régulière de l'humanité. Il est mort avec la conviction qu'après lui le même mouvement progressif sera continué. Il a donc accompli sa tâche, et maintenant que l'être n'est plus, il n'y a plus rien de lui qui mérite tant de protestations. Ce corps est un peu de matière. Les lois physiques et chimiques demandent à le décomposer, et la seule intervention convenable est celle de l'administration des pompes funèbres, en tant qu'elle est chargée de faire disparaître, par respect pour l'hygiène, un foyer d'infection.

Prenez garde, libéraux, c'est à cette fin désolante que vous condamnez vos adhérents les plus convaincus.

§ V

AUTORITÉ LIBÉRALE

L'autorité libérale présente une application remarquable des règles établies à propos du développement régulier des causes agissantes dans notre civilisation. Au début le progrès nouvellement introduit se montre seul. On ne sent pas encore l'antagonisme des principes. Les partis s'indiquent à peine. C'est l'époque heureuse où les vérités qu'on vient de rencontrer vont s'actualiser et entrer dans les mœurs. On profite donc de cette accalmie, pour concevoir justement quelles sont les formes de l'autorité qui correspondent aux besoins vrais et au progrès acquis.

C'est ainsi que s'organisent et se classent les pouvoirs législatifs judiciaires et exécutifs. Ces divisions de l'autorité sont excellentes. Elles comportent dans leur parties beaucoup d'applications exactes. Mais celles-ci ne sauraient cependant échapper dans tous les cas à l'influence malsaine du principe rationaliste.

Chaque fois en effet que le service organisé correspond à un besoin suffisamment défini, la compétence devient facile à établir, et l'action de l'autorité est favorable. Il en est ainsi pour le pouvoir législatif dont le but est de faire des lois qui répondent à un objet déterminé. Il en est de même pour le pouvoir judiciaire, qui doit appliquer ces mêmes lois.

Tous deux ont un rôle utile, et présentent pendant longtemps des garanties sérieuses, que l'influence des éléments de désordre parviendra cependant à modifier plus tard.

Mais hors de la sphère de ces deux premiers pouvoirs, l'indéterminé se montre et produit de fâcheux effets. Cette tendance se rencontre principalement dans trois cas spéciaux qui sont. L'organisation du pouvoir exécutif. Les relations avec l'élément religieux. Enfin la détermination du type à qui revient de droit l'autorité, comme représentant la véritable doctrine démocratique.

A propos du pouvoir exécutif, l'insuffisance des conceptions rationalistes est concevable. Le chef chargé de cette part de la puissance, qu'il s'appelle Roi ou Président, est en réalité le représentant complet de l'autorité.

Il est placé au-dessus des autres dans une position entièrement contraire à l'égalité absolue inhérente au système. Il est donc fort difficile de lui attribuer des droits qui ne restreignent pas la liberté entière de chacun. Pour échapper à cet inconvénient, le libéralisme demeurant dans le vague, a découvert la singulière formule, *le Souverain règne, mais ne gouverne pas*, et il a eu bien soin de ne pas définir ce qu'il faut entendre par régner. Au contraire, il a à cet égard réuni, dans un mélange confus, le pouvoir administratif, et l'expression suprême de la souveraineté.

Cette conception libérale fait au chef de l'État une situation vraiment singulière. Celui-ci est en apparence chargé de tout le pouvoir. Il est inondé de compétence, au point qu'il lui serait physiquement impossible d'exécuter la tâche qui semble lui être attribuée. De plus il jouit de l'étrange faveur d'être continuellement irresponsable.

Une bienveillance aussi exagérée paraît, au premier abord, inexplicable et inutile. Mais il suffit de l'examiner un peu pour la trouver, au contraire, inévitable dans le système. Le libéralisme, ne pouvant fixer les compétences, mêle ce qu'il ne sait définir et vit de sous-entendus. C'est pourquoi il accorde au Souverain cette force exhorbitante, qui est destinée, dans sa pensée, à demeurer uniquement théorique. Cela est si vrai qu'aucun chef de pouvoir exécutif n'oserait se prévaloir de ses droits et agir par lui-même, sans être à l'instant considéré comme un tyran et traité comme tel. Son véritable rôle est de demeurer passif, et de couvrir de son irresponsabilité le pouvoir administratif dont il sanctionne les actes sans exercer sur lui un contrôle réel.

L'administration, au contraire, est la force véritable. Elle a pour tête visible le Ministre de chaque département, et pour membres agissants la nombreuse phalange des fonctionnaires constituant la bureaucratie à tous les degrés. Le ministre est prétendument responsable, mais la loi qui rend effective cette responsabilité n'existe nulle part. Quant à la bureaucratie, elle constitue une puissance anonyme d'autant plus dangereuse que ses abus demeurent insaisissables. Quand on est d'accord dans la bureaucratie, on peut commettre les plus grandes illégalités sans que nulle part la responsabilité existe. Il n'est pas admis, en effet, que le Souverain puisse refuser sa sanction à une décision prise par les fonctionnaires administratifs, et le pouvoir judiciaire, de son côté, est incompétent pour empêcher ou même pour juger cet acte. Une position aussi vague ne peut manquer d'amener des résultats fâcheux. Elle provoque une tyrannie sourde et sans franchise parmi ceux qui possèdent la puissance anonyme. Elle tend aussi à produire une indifférence résignée dans ce Chef souverain obligé de participer à des actes parfois blâmables qu'il ne peut empêcher.

Le second cas dans lequel l'indéterminé du rationalisme s'impose au parti libéral, s'applique aux choses de religion.

Il est en effet impossible de concilier le fonctionnement complet de la centralisation qui constitue l'Etat, avec les exigences des religions miraculeusement révélées. Or, le libéralisme ne trouve rien en lui qui puisse remplacer ces formes erronées de l'adoration. Il est donc obligé de masquer son athéisme sous un respect simulé de la liberté de conscience, et de se prétendre chargé de protéger chaque culte, tout en restant indifférent à chacun d'eux. Une semblable position est pleine de dangers. Elle offre un désastreux exemple. Elle tend à faire croire qu'il y a séparation entre les divers devoirs, et qu'il est possible de traiter les intérêts importants de l'humanité en faisant abstraction de Dieu.

Le troisième cas dans lequel le libéralisme est insuffisant à satisfaire aux besoins de la réalité, consiste dans l'impossibilité où il est de fixer d'une manière certaine le type du vrai démocrate, car il est bon de se rappeler que nous sommes en démocratie. Or, comme l'égalité effective de valeur et de mérite ne se rencontre pas entre les hommes, il faut bien que certains parmi eux représentent exactement l'idée libérale, si celle-ci existe. Dans ce cas, il est juste que ces privilégiés réclament l'autorité, puisqu'à l'exclusion des autres ils possèdent la vérité.

Mais·qui donc peut se prévaloir d'un mérite semblable, quand la Raison elle-même se' charge de diriger. Celle-ci étant devenue une faculté humaine, existe dans tous les hommes comme tels, et dès lors personne n'a qualité pour se poser en modèle indiscutable. Pourquoi, en effet, dans un cas semblable accepterait-on la décision présentée par cet ambitieux. Pourquoi même admettrait-on un commandement exercé par l'un au détriment des autres. Pourquoi lui plutôt que moi, dira chacun. J'ai la raison comme lui, et si nous sommes en désaccord, jamais il ne pourra me prouver que j'ai tort.

Ce raisonnement est exact, il est dans le développement du principe, il doit donc s'être rencontré dans l'application.

En effet, les doctrinaires ont d'abord pris la direction du parti, et par conséquent l'autorité, comptant bien prouver à la masse leur droit à gouverner la société.

Pour parvenir à ce but, ils ont fait des programmes appropriés aux lieux, et contenant à leurs yeux tout ce que l'époque comporte de progrès réalisable. Ces programmes, dont l'expérience a permis d'apprécier la portée, sont pleins de compromis. Ils sont destinés à faire vivre en quasi-intelligence le rationalisme et la révélation merveilleuse. Leur insuffisance étant évidente, ils ont toujours été dépassés, et ils le seront chaque fois qu'ils se représenteront.

Les radicaux plus conséquents ont eu bien vite fait d'analyser les conceptions doctrinaires et d'en démontrer l'illogisme. Ils leur opposent un programme nouveau et plus absolu, comportant la suppression des sous-entendus. Sous leur inspiration, la séparation doit être entière entre les principes. Le rationalisme vit de sa vie propre, sans avoir besoin, pour se compléter, de chercher de l'aide ailleurs qu'en lui-même. Mais les radicaux doivent comme les doctrinaires tenir compte des conditions humaines. Ils ne peuvent actualiser que du relatif. Ils ne sauraient donc pas donner satisfaction aux aspirations indéfinies. A leur tour ils sont considérés comme ignorant la vérité absolue, et par suite comme incapables de posséder légitimement le pouvoir. Les critiques qu'ils adressent aux doctrinaires se retournent contre leurs producteurs, et les accablent d'autant plus, qu'elles ont elles-mêmes plus de valeur. Et voilà que les socialistes, en cherchant à appliquer rigoureusement le principe libéral, sont en droit de se considérer comme pouvant seuls exercer la puissance. Dans leurs conceptions, qu'ils pensent être l'expression la plus haute et la plus pure de l'intelligence, ils ne s'élèvent pas en pratique au-delà de l'impossible, mais en théorie ils montent si haut qu'ils rencontrent le nihilisme.

Le progrès du Locle nous en fournit des exemples.

« Nous voulons, dit-il, la liberté de tous, et l'égalité, c'est« à-dire la révolution sociale. Et par révolution sociale, nous
« n'entendons pas une misérable surprise tentée à la faveur
« des ténèbres. La révolution signifie la destruction complète
« des institutions bourgeoises, et leur remplacement par
« d'autres (1). »

Quels sont ces autres, on ne le dit pas, et cependant il serait utile de le savoir avant de se décider à tout détruire. Ce programme n'en est donc pas un, puisqu'il ne formule rien. Cependant on peut en déduire la nécessité d'une organisation quelconque, et cela suffit pour l'entâcher de doctrinarisme. Heureusement pour sa gloire, le journal cité produit ailleurs des pensées tellement pures que cette fois elles sont dignes du système, car elles ne se rapportent plus à rien qui ait une existence réelle.

« Ce qui nous sépare radicalement et irrémédiablement,
« nous autres socialistes, des hommes politiques les plus
« radicaux, c'est que pour ces derniers la liberté est tout,
« absolument tout. Devise profondément illogique. Nous
« disons, et nous ne nous lasserons pas de répéter, la solida« rité d'abord, la liberté après (2).

---

(1) L'Internationale. Oscar Testu, p. 9.
(2) L'Internationale. Oscar Testu, p. 30.

Cette solidarité, à quoi donc répond-elle dans la nature?

Elle ne représente rien, sinon une tyrannie violente absorbant les personnalités dans un ensemble. Elle est une suppression des droits de chacun au profit de l'égalité d'un droit général. Dès lors il ne reste plus personne qui puisse exercer et subir l'autorité, et celle-ci étant sans objet n'a plus qu'à disparaître.

Ce résultat semble exagéré, et cependant il est si bien dans la situation qu'il est prouvé par l'expérience. Le socialisme a eu de nos jours des applications sous le nom de Commune à Paris, sous ceux de Fédération et d'Intransigeance en Espagne. Le socialisme a voulu essayer de faire fonctionner son néant, et jamais il n'a émis une pensée organisable. On chercherait en vain dans ces caricatures de gouvernement la trace d'une autorité méritant ce nom. Les grands hommes qui dirigeaient à Paris conservaient sans doute pour leur intimité les lumières qu'ils avaient promis de déverser sur notre pauvre monde, car on ne trouve d'eux ni programmes ni décisions raisonnées. L'*Officiel* ne contient, à part quelques nouvelles de guerre, que des discussions de personnes, des plaintes contre les journaux, quelques dénonciations, et le partage des appointements et des places.

Ce mode socialiste de remplacer l'autorité par le nihilisme n'est donc pas comme on le croit un délire inexplicable. Il est l'autorité du parti libéral dans son expression suprême. Il est le développement complet du principe absolu, c'est-à-dire l'exercice effectif par chacun de sa souveraineté personnelle et de ses droits entiers. Il est vrai qu'il a produit des crimes, mais ces désordres ne sont pas de l'irrégularité. Certes, les hommes de la Commune ont commis des forfaits dont il fallait, par des exemples terribles, empêcher la reproduction. Cependant à

qui donc revient la première responsabilité de leurs fautes,
sinon au principe libéral lui-même, qui ne permet pas de
déterminer le type du vrai démocrate. Ces égarés sont coupables au même titre que les prêtres catholiques élevant
des bûchers et torturant les hérétiques pour appliquer absolument la révélation merveilleuse. Eux, ont appliqué dans
les mêmes conditions le rationalisme, et ils se sont vengés de
l'impuissance qu'ils devaient rencontrer, en allumant des
incendies et en s'entourant de ruines.

Le libéralisme n'a-t-il pas remarqué que, par une singulière dérision, la flamme que ces forcenés produisaient, a
respecté ce qu'on pourrait appeler la cause première de leur
conduite. Sur les débris noircis des monuments publics de
Paris détruits par la Commune, on peut lire encore la désastreuse maxime rationaliste : Liberté, Egalité, Fraternité.

CHAPITRE VII

PARTI CATHOLIQUE

§ I

ESSENCE DU PARTI

En rencontrant le parti opposé au libéralisme, il est juste
de se demander par quel nom il doit être désigné. Il s'intitule
de préférence conservateur, mais cette dénomination ne lui
appartient pas, car il est aussi incapable que son adversaire
de conserver même ce qui fonctionne aujourd'hui. Il est la
mise en pratique de la réaction que la révélation merveilleuse
doit opposer au principe dominant. Il ne peut donc s'affranchir de la loi de causalité pour amener un temps d'arrêt qui
serait complétement inexplicable.

Quand on tient compte de cette règle certaine, il est facile
de prouver que le nom cherché est celui de catholique, qui est
le plus souvent employé. En effet toutes les formes illogiques
de la révélation merveilleuse que le parti peut contenir sont

destinées, sous l'action de l'interprétation individuelle, à disparaître, et à aboutir à la libre pensée. Il ne reste, comme portion irréductible, que l'interprétation catholique toujours fixe et immuable, et c'est par conséquent autour de cet unique point, que doit graviter l'activité de tous les adeptes de la révélation merveilleuse.

Pour trouver d'ailleurs la relation directe, qui existe entre le catholicisme et le parti chargé de la réaction, il suffit de constater que les mêmes éléments se rencontrent de l'un et de l'autre côté. On trouve en effet dans le catholicisme un clergé miraculeux ayant pour sommet la centralisation absolue de la puissance papale. Sous ce pouvoir, la masse entière des fidèles doit se courber. Hé bien, une situation identique se rencontre parmi les prétendus conservateurs. Il existe chez eux un élément clérical destiné à dominer, et un élément laïque réduit à obéir. Le parti n'existerait pas s'il n'était composé ainsi, et s'il ne suivait la route indiquée. C'est donc forcément et en obéissant à une logique inflexible, que la réaction contre la domination du rationalisme, est cléricale, catholique et papale.

Cette situation que le raisonnement indique, est confirmée par l'expérience. A son origine le parti catholique est comme tout le reste dans une période de paix. La réaction n'étant presque pas effective, les armes qui devront servir dans la lutte, n'ont pas encore besoin d'être aiguisées. Cependant, l'élément clérical cherche déjà à s'emparer de ses principaux moyens d'action, qui sont l'éducation des enfants et la direction des femmes. Ces forces appartiennent au clergé séculier qui ne pousse pas bien loin l'exagération du système. Aussi n'est-il pas rare de rencontrer parmi les libéraux des hommes qui ont été élevés dans ces maisons religieuses. Les femmes, de leur côté, sont dirigées, mais avec une modération qui leur permet encore de demeurer elles-mêmes. En un mot, l'élément laïque dans son entier n'a pas à réclamer contre une absorption trop grande. Il peut sans effort demeurer en bons termes avec le clergé catholique, qui n'a pas rejeté la bonhomie.

Cependant, avec la marche de la civilisation, la paix se trouble et les exigences deviennent plus grandes. La réaction, pour augmenter sa puissance, ne peut plus laisser perdre en détail les forces du parti. Il est dans la situation, qu'un centre actif et logiquement établi, se forme et fonctionne. C'est pour répondre à ce besoin que les jésuites reparaissent, et reprennent leur rôle naturel qui est de fortifier la papauté. Ils devront pour atteindre ce but établir l'unité de croyance, et par conséquent annuler les volontés individuelles devant l'exaltation du Souverain pontife. On sait en effet que telle est l'œuvre entreprise par la célèbre Compagnie, qui a apporté à son accomplissement, l'intelligence que chacun lui reconnaît, et la patience peu consciencieuse qui la caractérise.

De nombreuses causes d'insuccès s'opposent cependant à ce dessein. Les jésuites ont contre eux l'expérience du passé, et le souvenir funèbre et sanglant du moyen-âge. Bien plus, l'intérêt général de chacun dans l'élément laïque est de résister aux tentatives de rétablissement d'une théocratie. Les laïques, en effet, s'ils étaient seuls, pourraient être conservateurs, car leur désir ne doit pas dépasser le maintien d'une société dans laquelle l'ordre est garanti. Pourtant, telle est la force de la loi de causalité, que malgré les résistances, et malgré le bon sens, les jésuites accomplissent leur œuvre, tandis que l'élément laïque s'affaisse et s'amoindrit.

Ce résultat était inévitable, mais il a été singulièrement

facilité par l'aide que l'élément clérical a rencontré dans les membres de la noblesse, égarée dans la civilisation rationaliste. Ces privilégiés d'un autre âge, n'ayant parmi nous ni une place explicable ni une fonction régulière, se sont naturellement rattachés au droit divin dont ils dérivent. Ils se sont trouvés ainsi soumis à l'élément clérical, et intéressés à lui procurer le triomphe pour conserver leur supériorité théorique. Le libéralisme en ne les organisant pas, les a rejetés dans le parti contraire, et leur défection a eu pour conséquence d'entraîner à leur suite ceux qui ont des aspirations ou des prétentions nobiliaires. Dès lors il est devenu de mode et de bon ton d'être du parti catholique, parce qu'on semble avoir été entraîné dans cette voie par des traditions remontant aux Croisades.

Les jésuites ont naturellement admis les prétentions et les tendances nobiliaires, et pour récompenser les laïques qui leur étaient soumis, ils les ont complaisamment rangés parmi les gens qui pensent bien. Une aussi faible compensation ne vaut pas la perte de l'indépendance individuelle. Car penser bien, dans l'acception admise par le parti, revient à penser aussi peu que possible, et à admettre sans résistance les décisions prises par l'élément clérical.

Pour atteindre le but rêvé, les jésuites devaient façonner la nature des membres du parti par une préparation longue et persistante. Ils se sont pour cela emparés de l'instruction, et ils ont progressivement dévoré l'enseignement et l'éducation, de manière à accentuer la tendance absolue du principe, à mesure qu'ils pouvaient faire admettre par leurs adhérents une plus haute dose de merveilleux. Ce projet a demandé l'emploi d'une singulière adresse, car les jésuites ne pouvaient repousser le savoir sans abaisser leur propre parti. Ils ont donc dû admettre et même enseigner la science, mais ils ont conjuré le danger par le moyen de livres spéciaux, mettant toujours les faits d'accord avec les exigences de la révélation merveilleuse. De plus, pour ne pas perdre plus tard les fruits d'un aussi beau travail, ils ont défendu les investigations dans le camp ennemi, en considérant comme un péché la lecture de tout écrit contredisant ce qui est orthodoxe. Il est vrai qu'il a fallu du temps pour en arriver là. Devoir accueillir une doctrine qui exige les plus grands sacrifices personnels, sans conserver le droit de vérifier le degré d'exactitude qu'elle présente, est un fait anormal et même monstrueux. Pour l'admettre, il faut avoir déjà dans les habitudes de sa vie, une résignation entière aux ordres de ceux dont on reçoit l'enseignement. Les jésuites ont su dominer cette situation difficile, et les progrès de la défense ont été sans cesse grandissant. Il est même arrivé un jour où l'élément laïque a renoncé volontairement à son droit d'analyse, considérant le délaissement des livres défendus, non seulement comme une chose utile, mais comme le seul moyen de se préserver du mal.

Concurremment avec l'instruction donnée, l'élément clérical a employé comme second moyen d'action la direction spirituelle des femmes. Dans cet ordre d'idées la même progression s'est produite. Commençant à un conseil sage, à une influence salutaire, qui souvent a empêché des désordres, cette direction a fini par une absorption complète. Les femmes du parti, surtout celles de l'aristocratie, ont pour profession de faire de la religion. Soumises à l'ordre du prêtre elles se sont trop annulées. Elles ont été enrégimentées dans toutes sortes de confréries et d'œuvres pies, dont elles doivent suivre les tendances sous peine de déchoir.

L'élément clérical, représentant donc la véritable activité du parti, poursuit logiquement le développement du principe révélé. Il cherche à établir une prédominance théocratique, et déjà les natures factices qu'il a créées travaillent avec ardeur au triomphe de la doctrine des Papes.

§ II

DOCTRINE DANS LE PARTI CATHOLIQUE

L'incontestable supériorité qui doit revenir dans le parti à la centralisation catholique et papale, éclate pleinement à propos de la doctrine. Elle domine les inutiles efforts qu'a tenté l'élément laïque pour formuler un ensemble de vérités concordantes, comme la logique surpasse la fantaisie. A l'origine de notre civilisation, alors que le parti cherchait encore sa voie, l'élément laïque a pu se faire illusion au sujet de sa doctrine. De même que les rationalistes ont cherché la formule harmonisant leur principe avec le réel, de même les conservateurs libéraux ont voulu trouver un système rationalisant la révélation merveilleuse. Des hommes d'une intelligence supérieure, ont mis au service de cette étrange idée une conscience droite et des efforts sincères. Mais leur bonne volonté est demeurée impuissante. Aucune formule satisfaisante n'a été trouvée, aucune œuvre de l'élément laïque n'existe, qui puisse remplacer le système qui a la papauté pour sommet.

Combien différente dans son action est la centralisation catholique. Le temps a marché. Elle a repris son importance avec sa direction naturelle, et voilà qu'elle s'élève contre les essais de modification tentés par l'élément laïque. Avec une écrasante supériorité, elle signale comme un danger ces tentatives qui mettent en péril l'unité de la foi. Elle les considère comme des erreurs pernicieuses. Elle les condamne enfin complétement, et bientôt il ne reste plus aux réformateurs éperdus, qu'à se réfugier dans le rationalisme, ou à se soumettre plus ou moins sincèrement à leur puissant vainqueur.

Le Pape, aidé par les jésuites, n'a pas à s'enquérir d'une synthèse religieuse nouvelle. Il garde l'ancienne doctrine de l'Eglise et il l'affirme hautement. Il ne peut l'amoindrir, mais il peut l'accroître quand l'intensité à donner au principe l'exige. Il ne faut donc pas s'étonner si dès que l'état intellectuel du parti l'a permis, un concile ait été convoqué et des dogmes nouveaux aient été émis.

Le premier de ces dogmes est une simple fantaisie. C'est une conception quelque peu enfantine, déclarant que la Vierge Marie a été conçue sans péché. Cette prétention à vouloir après dix-neuf siècles décider les conditions de l'existence surnaturelle de la mère de Jésus, présente une audace qui approche du ridicule. Mais que faut-il en dire quand on songe que la mère de Jésus est en même temps la mère de Dieu, c'est-à-dire l'être producteur de la Cause absolument unique et première.

Le seul rapprochement de ces mots suffit pour faire juger la valeur réelle de ce dogme étonnant. On se demande comment, au point de vue de leurs propres intérêts, les membres du concile ont jamais pu se décider à l'admettre. Comment n'ont-ils pas vu qu'en abaissant ainsi officiellement le Créateur à la condition de cause seconde, ils anéantissaient tout système concevable du monde.

Le dogme de l'Immaculée-Conception a cependant passé sans grandes protestations de la part de la masse. Hors du parti, on s'est dit en général, que si le Pape et ses conseillers trouvaient quelque plaisir à faire cette déclaration pour laquelle personne ne doit se déranger, il ne fallait pas les contrarier pour si peu. Dans le parti on s'est contenté comme on a pu. Les plus indépendants se sont décidés à n'y pas penser. Et quant aux crédules, ils n'avaient pas à être mécontents. Une impossibilité de plus ou de moins ne les gêne pas.

Le second dogme présenté au concile, se trouve dans des conditions fort différentes. Cette fois il ne s'agit plus d'une œuvre d'imagination, mais bien de la consécration solennelle d'une vérité incontestable. L'unité de doctrine n'est pas effective sans une centralisation absolue qui la décide et qui la règle. Le dogme de l'infaillibilité du Pape a pour but d'affirmer ce grand fait. Il déclare que le Pape émet des décisions certaines sur les questions de foi et de mœurs, c'est-à-dire, en dernière analyse, sur toutes celles qui touchent aux intérêts vitaux de l'humanité.

Rien n'est plus concevable que cette prétention de la part d'un pouvoir qui se dit chargé par Dieu lui-même d'enseigner la vérité. Si depuis longtemps elle n'a pas été affirmée dans un dogme, c'est que la suprématie acquise à la révélation merveilleuse dans la civilisation précédente n'avait pas nécessité le développement entier du principe. La décision était demeurée à l'état latent. Mais quand le moment a paru, où le parti de la réaction a dû s'appuyer sur l'inattaquable, l'infaillibilité s'est présentée comme offrant seule une sécurité entière. Elle est venue à son jour, utilement et forcément. Aussi s'est-elle imposée, sans tenir compte de l'émotion considérable qu'elle produisait. Malgré les protestations de la conscience, malgré des séparations pouvant amener dans les rangs du parti des défections importantes, l'infaillibilité papale a été maintenue. Les esprits les plus opposés à sa proclamation ont dû faire taire leurs scrupules, et ils se sont inclinés devant cette ajoute, nécessairement faite à la doctrine du parti.

§ III

DROIT DANS LE PARTI CATHOLIQUE

Quand on se demande ce qui, aux yeux du parti réactionnaire, est défendu ou permis, on a de nouveau besoin, pour trouver la réponse, de tenir compte de la séparation existant entre l'Elément clérical et l'élément laïque. Ce dernier, composé de personnalités simplement humaines, ne demanderait pas mieux, ainsi qu'il a été dit déjà, que de défendre l'idée religieuse tout en jouissant du progrès amené par la reconnaissance de la souveraineté personnelle. Laissé à ses propres inspirations, il ne considérerait nullement comme dangereuses, ni les défenses que portent les lois modernes, ni les précautions qu'elles prennent contre les abus anciens. Il admettrait les charges sociales en même temps que les avantages, et l'égalité de tous devant la loi lui semblerait la chose du monde la plus naturelle.

Une semblable manière d'apprécier la vie contemporaine est, dans sa simplicité, celle qui vient d'abord à la pensée de chacun. Elle est pourtant interdite dans le parti. Ces libertés, qui semblent être en si bon accord avec notre humanité, se transforment, en effet, en œuvres illégitimes et dangereuses dès qu'elles sont examinées au point de vue du principe miraculeux. L'Elément clérical étant chargé de conserver la vérité révélée, est par là même affecté de surnaturel. Il ne peut pas être régi par les règles ordinaires auxquelles obéissent les autres hommes. Son droit divin l'oblige seul. La revendication d'une position spéciale au profit du clergé devient dès lors inhérente à la défense du principe, ce qui force le parti entier à s'élever contre les libertés qui sont les meilleures garanties d'indépendance du moi.

Cependant, avant de parvenir à posséder effectivement une place privilégiée, le clergé doit tenir compte des forces existantes dans la civilisation. Il n'oserait attaquer de face les libertés modernes. Il en est donc réduit à jouer un rôle qui demande pour réussir une certaine élasticité de conscience que tout le monde n'a pas. Ce rôle consiste à profiter des lois d'affranchissement, pour obtenir des résultats directement opposés à l'esprit de ces lois. Il tend à faire du droit divin en tronquant des applications de droit personnel. En un mot, il cherche à agir sur ces lois pour les diminuer d'abord, et pour les supprimer ensuite.

Les exemples de ces faits sont surabondants.

Prenons, par exemple, la liberté d'association. Le droit qui y correspond a évidemment été établi pour compléter, par l'effort de plusieurs, l'insuffisance de l'unité individuelle. Il est donc conçu dans un sens favorable à celle-ci. Que fait l'Elément clérical. Il se sert de l'association, pour rétablir l'œuvre mauvaise des personnalités indestructibles qui absorbent l'indépendance des membres qui les constituent.

Alors qu'on a sagement refusé aux couvents impérissables la qualité d'être moral, l'adresse de l'Elément clérical parvient à éluder cette défense. Il espère, par ce système sans franchise, rétablir peu à peu la théocratie, et cependant cette tentative n'est réprouvée par personne dans le parti. On ne s'y effraie pas de voir, grâce à des fraudes certaines, pratiquer une sorte de drainage, déversant le patrimoine des familles dans des caisses qui semblent sans fond, et qui échappent d'autant mieux au contrôle que leur existence n'a rien d'officiel.

Toutes les autres libertés sont traitées de même, et jamais l'élément laïque ne désapprouve l'interprétation faussée qu'on leur donne. Il n'est pas jusqu'à la liberté de conscience dont, à l'occasion, le clergé se déclare un zélé partisan. Il ne manque jamais, en effet, d'en réclamer le bénéfice chaque fois qu'il espère, grâce à elle, placer au-dessus de toute atteinte ses exigences absorbantes et fantaisistes.

Il arrive même à la liberté de la presse, foudroyée par le Pape dès qu'elle est employée en faveur du rationalisme, de gagner les mérites d'une œuvre pie. Cette transformation s'opère dès qu'il s'agit de publications chargées de défendre le principe miraculeux et les exigences des évêques. Alors il devient légitime d'user et d'abuser du droit d'écrire même des énormités.

On peut, à propos de cette liberté, affirmer sans crainte de se tromper, qu'on formerait une bibliothèque des plus curieuses et qui ferait la joie de l'avenir aux dépens de notre époque si, aux écrits absolus du rationalisme, on ajoutait les meilleurs parmi ce qu'on appelle les bons livres et les bons journaux. Rien n'est étonnant comme les naïves impossibilités contenues dans les livres de bonne presse. Rien n'est curieux comme le style, particulièrement étranger au calme inséparable de la certitude, qu'on rencontre dans certains journaux pieux. Et cependant la lecture de ces œuvres n'est pas seulement permise, elle est presque obligée.

Ce coup d'œil jeté sur les agissements de l'Elément clérical suffit pour faire trouver la réponse à la question posée plus haut. Nous dirons donc que le permis, aux yeux du parti réactionnaire, s'étend à ce qui est utile à l'Elément clérical, pour acquérir la prédominance. Le défendu s'applique à tout ce qui l'arrête dans sa course pour parvenir à ce but.

§ IV

RELIGION DANS LE PARTI CATHOLIQUE

Tout ce qui précède a montré que la religion véritable du parti est le catholicisme, au même titre que l'athéisme est celle du libéralisme. Ce sont donc les modifications apportées à la religion catholique par l'action du principe réagissant que nous devons examiner à cette place.

Ces changements ont été ce qu'ils devaient être. Ils se résument dans une recrudescence de merveilleux imposée à l'élément laïque, et dans la substitution à la piété véritable de manifestations de l'ordre politique.

La progression de ces tendances n'est pas différente de celle qui s'est produite dans le système entier. On trouve à l'origine un clergé raisonnable, enseignant le dogme avec modération, et sans en faire sortir tout ce qu'il contient. Les formes extérieures persistent telles qu'elles étaient, mais bien des statues jadis miraculeuses demeurent inactives et complétement ignorées.

Mais à mesure que l'enseignement s'accentue et que l'élément clérical peut compter sur l'appui d'un plus grand nombre de natures préparées, les prétentions de la direction spirituelle grandissent, et on demande plus aux membres du parti. Le miracle reparaît, et bientôt il fait fureur. Dieu est laissé à l'arrière-plan. On parle encore de lui, mais c'est à d'autres que l'adoration s'adresse. Les saints, avec leurs aptitudes particulières pour toutes sortes de guérisons, sont remis en honneur. La Vierge surtout est posée comme une prédominance. Elle devient la puissance la plus efficace, et elle s'empresse de reconnaître cette bonne volonté à son égard, en usant, et même en abusant, de la faculté que s'accordent les surnaturels d'apparaître sur la terre pour faire peur aux naïfs. Ce qu'elle enseigne quand il lui arrive de parler, ne vaut guère la peine qu'elle se dérange. Ce sont quelques phrases sans valeur et tout-à-fait à la portée des témoins devant lesquels se produit le miracle. Ceux-ci sont naturellement des enfants simples et ignorants, dont le témoignage va cependant suffire pour imposer une conviction aux membres du parti.

Cette crédulité de la part de gens intelligents semble incroyable. Elle est cependant l'histoire de tous les jours. C'est celle de Lourdes et de la Salette. Celle des apparitions de Marpingen, que l'autorité allemande a eu le mauvais goût de déranger.

A chaque nouvelle épreuve l'élément laïque admet aveuglément les plus évidentes impostures, et il s'abandonne ainsi parce qu'il sent dans tout ce miraculeux la main du clergé sous l'étreinte de laquelle il est obligé de plier.

La foule se porte donc incessamment à ces sanctuaires du surnaturel, et beaucoup y apportent une croyance ardente et sincère. Aussi, tant de foi méritant récompense, des miracles journaliers se produisent-ils au lieu de l'apparition, et le clergé a bien soin de soutenir que ces faits sont effectivement merveilleux. Il leur reconnaît même une valeur si efficace, que bientôt on voit dans la plupart des Eglises catholiques la copie des apparitions que nous appellerons officielles. Partout on inaugure la Notre-Dame nouvelle, et dès ce moment les mêmes miracles sont constatés là, comme au sanctuaire principal.

En présence d'un résultat semblable, n'est-il pas juste de méconnaître l'utilité de l'apparition primitive, puisque le clergé peut, au moyen de quelques cérémonies, obtenir un effet aussi puissant que la Vierge elle-même.

Qu'y a-t-il de vrai dans ces prétendues manifestations de la bonne volonté divine. Rien évidemment en tant que surnaturel. Ces guérisons instantanées, ces événements extraordinaires cités chaque jour, trouvent leur explication, pour la plus grande partie des cas, dans la supercherie, ou dans l'influence momentanée d'une satisfaction consciencieuse éprouvée par le malade. Mais pourtant, nous n'entendons pas dire que l'action de la Providence divine doive toujours y être étrangère. Dans un lieu d'apparition, comme ailleurs, le résultat favorable de la prière peut se produire. Dieu est assez grand pour ne pas en vouloir à ceux qui se trompent de bonne foi, et il peut accueillir une prière juste et sincère, malgré le cadre faux dont elle s'entoure. Nous admettons donc volontiers que l'enfantine croyance aux apparitions, ne fasse pas forcément perdre le droit à la bienveillance divine, mais nous affirmons que toutes les grâces obtenues l'auraient été également en quelque lieu que la demande en eût été faite.

Les apparitions de la Vierge ne sont pas les seuls modes sous lesquels l'élément clérical a manifesté l'anthropomorphisme.

On vient de rééditer une forme nouvelle d'idolâtrie, née, paraît-il, il y a quelques siècles, dans le cerveau surexcité d'une religieuse. Cet étrange objet de l'adoration est le Sacré-Cœur de Jésus, actualisé par une statue représentant un homme dont la poitrine est ouverte, et dont on voit le cœur. C'est cette image qui va désormais satisfaire aux besoins de l'adoration. Ce cœur adorable, comme on dit dans le parti, remplacera tout le reste. Il sauvera le monde, et il fera apparaître l'harmonie là où règne le désordre. En résumé, il remplacera, paraît-il, le rapport universel qui lie la conséquence à sa cause, et ce ne sera plus dans ce rapport qu'il faudra chercher à l'avenir la relation existant entre les événements.

Cela est impossible, n'est-ce pas. Hé bien! le parti de la réaction envisage cependant le Sacré-Cœur comme ayant une valeur religieuse des plus importantes. Il lui a donné en France un témoignage authentique et public de sa foi, en lui dédiant une Eglise grâce à laquelle ce pays doit reprendre dans le monde son ancienne prépondérance.

Cette recrudescence dans l'anthropomorphisme, et les dogmes nouvellement décrétés, forment une partie importante mais non unique des modifications apportées au catholicisme. Ces moyens d'action sont principalement utiles en ce que, développant une foi plus soumise, ils font accorder une obéissance plus entière aux ordres de l'autorité cléricale. Mais ils doivent être complétés par une organisation procurant des résultats pratiques. Cette seconde partie indispensable du développement de la réaction existe. On la trouve dans un fouillis d'associations de tous genres qui, sous un prétexte religieux, enlacent et absorbent l'élément laïque dans son entier. Toutes ces institutions ont pour but réel, de travailler à l'œuvre commune de l'abaissement du rationalisme, de défendre les institutions immuables du droit divin, et de conquérir pour le parti la puissance avec l'autorité.

Cette tendance est donc uniquement politique et si la forme reste religieuse, c'est que l'inflexible logique du principe l'exige ainsi. C'est pourquoi les manifestations de ceux qui voudraient être simplement conservateurs doivent se produire à propos de pèlerinage ou de tout autre acte se rapportant au culte. Parmi ces réactionnaires il en est chez qui le sentiment d'adoration est fort peu développé, et qui vivent d'une façon qui ne rappelle en rien l'ascétisme monacal. Ils cherchent uniquement à faire acte d'opposition au libéralisme, et cependant ils ne peuvent se dispenser de venir se ranger sous l'étendard de la papauté. C'est ainsi qu'en acclamant Pie IX pontife et roi, ils reconnaissent ce fait vrai, que le succès de leur opinion est intimement lié au triomphe de l'élément clérical.

§ V

AUTORITÉ DANS LE PARTI CATHOLIQUE

En examinant la manière dont le parti catholique envisage l'autorité, on est amené à constater qu'à cet égard les éléments ne suivent pas leur direction ordinaire aussi régulièrement que dans les autres cas. Il y a désaccord entre les exigences du clergé et l'obéissance que peuvent accorder les laïques. Le Pape, demeurant dans son rôle, condamne avec une grande énergie les libertés modernes et tout ce qui méconnaît les droits absolus et surhumains de l'Eglise. Dans de nombreux documents, il porte à la société rationaliste des coups qu'il croit être formidables, et qui cependant demeurent sans effet. Il supprime théoriquement les institutions existantes. Il déclare non avenus des faits que le temps a consacrés, et qui persistent malgré ses anathèmes. Enfin, excommuniant ceux qui lui résistent, il exige au nom de la révélation merveilleuse, que l'autorité suprême et unique leur soit dévolue.

Le Pape et les jésuites qui le soutiennent ont certainement raison quand ils agissent ainsi. Ils sont dans leur rôle, et on ne comprendrait pas qu'ils pussent se comporter différemment. Mais comment seraient-ils suivis par l'élément laïque dans cette voie qui mène à la théocratie pure. Il faut bien que les laïques tiennent compte du possible. Or eux seuls peuvent exercer l'autorité pratique au nom de tout le parti. Vouloir remettre la puissance entre les mains du clergé est une impossibilité à laquelle il ne faut pas songer. Et d'un autre côté, exécuter complètement les désirs de celui-ci, est un rêve non moins irréalisable. Malgré les efforts de la réaction, la société rationaliste est encore fort vivante. Elle résisterait violemment aux attaques directes dirigées contre les institutions, excellentes en elles-mêmes, au moyen desquelles elle sauvegarde l'individualité. Les laïques doivent donc être modérés par crainte de cette résistance possible, et d'ailleurs ils admettent volontiers que les libertés modernes cessent d'être dangereuses dès que le pouvoir est confié au parti catholique.

Cette opinion est celle des catholiques libéraux dont nous avons signalé les tentatives infructueuses au point de vue de l'établissement d'une nouvelle synthèse religieuse. Elle crée naturellement à ceux qui l'admettent la position la plus fausse dès qu'il faut expliquer cet accord impossible. Aussi ces doctrinaires sont-ils singulièrement embarrassés vis-à-vis des ordres de la papauté. Tous affichent pour le saint-père une admiration profonde. Ils lui envoient des adresses pleines de sentiments dévoués. Ils aident à lui donner de généreuses étrennes. Ils accueillent sans récriminations tous ses écrits, sans en excepter ceux qui condamnent leur quasi-alliance avec la société rationaliste. Mais quand ils ont ainsi donné des preuves de leur bonne volonté, ils s'arrêtent. Aux injonctions de détruire les applications de la souveraineté personnelle, ils opposent une force d'inertie que rien ne peut ébranler. Ainsi ils demeurent dans une sorte de neutralité sans franchise, qui les fait justement condamner par le Pape dont ils méconnaissent les ordres.

Cependant à la suite de ce groupe doctrinaire, voici que sous l'influence du développement de l'enseignement, apparaissent des esprits logiques qui ne se contentent plus d'un rôle aussi effacé. On désigne sous le nom d'ultramontains, ces absolus qui rejettent la prudence comme une faiblesse, et qui ne reculent pas devant une exécution complète des décrets du Pape. Passant à travers la réalité avec des allures de boulet de canon, ils veulent appliquer les conséquences extrêmes du principe, quand même la société humaine devrait en périr. Leur effort cependant doit encore rester purement théorique, et ils ne peuvent triompher que dans les discussions de journaux. Mais là ils n'ont pas de peine à percer à jour, grâce à leur raisonnement vigoureux, la fausse soumission que les doctrinaires catholiques accordent aux besoins de l'expansion régulière du parti.

Les ultramontains occupent dans l'échelle descendante vers la théocratie pure, une place nécessaire, et qui devait être occupée sous peine de faire désespérer de la rigueur du raisonnement humain. Ils sont donc dans leur rôle, et ils indiquent l'avenir. C'est pourquoi, malgré la crainte que doit inspirer leur désir de bouleversement et de suppression de tant de choses utiles, à mesure que le temps passe, ils rencontrent dans le parti un plus grand nombre d'adhérents. Leur groupe est appelé à s'augmenter ainsi progressivement, jusqu'à ce qu'il soit admis par tous les catholiques, qu'il n'est pas d'autorité légitime, quand la sanction du Pape ne l'a pas confirmée.

CHAPITRE VIII

LA FORME ET LA MORALE

§ I

Après avoir constaté la manière dont les partis ont in-
fluencé les éléments sociaux que nous venons de rencontrer,
nous retrouvons enfin l'ensemble de la civilisation. Il reste à
examiner dans celle-ci la forme et la morale.

Quand on veut définir la forme, on éprouve d'abord un
véritable embarras, car ce qui fonctionne ne correspond à
rien qui soit nettement déterminé. Il y a un peu de tout, et
on se demande quel nom il faut donner à cette masse de
choses contradictoires.

La civilisation étant rationaliste, la forme régulière devrait
être une démocratie. Et en effet telle est la prétention de
notre société. Partout on entend parler de nos démocraties
modernes, partout on les vante comme étant l'expression
incontestée du progrès. Cependant, n'est-il pas extraordi-

naire qu'on puisse se tromper à ce point? Où donc va-t-on chercher que nous vivions en démocratie? Il faut, pour avoir cette prétention, oublier qu'une semblable forme sociale est inséparable de l'égalité effective, et ne suffit-il pas de regarder autour de soi pour remarquer combien, au contraire, notre société pratique l'inégalité?

Sans nous éloigner de notre type, qui est celui des États rationalistes, nous prétendons avec justice que la civilisation, loin d'être une démocratie, peut tout au plus prétendre être une fausse aristocratie. L'élever jusque-là est même une exagération, car certes, les classes qui occupent les rangs supérieurs n'ont aucune raison pour se composer des meilleurs.

Il convient de donner quelque attention aux classes supérieures contemporaines. Leur composition est curieuse, et c'est en l'examinant qu'il deviendra possible de porter sur la forme actuelle une appréciation à peu près exacte.

On trouve d'abord, au-dessus du niveau ordinaire, la noblesse de droit divin, placée dans un petit coin à part avec défense d'en sortir. Au nom de l'égalité, on ne lui permet ni fonctions ni compétence. On l'oblige a être une caste, non une aristocratie. Dans des conditions semblables il n'est pas étonnant que cette institution, loin de présenter les caractères d'une supériorité réelle, soit au contraire pleine d'irrégularités et d'illogisme.

Il serait sans intérêt de rechercher ses défauts jusque dans leurs moindres détails, mais nous en ferons cependant ressortir quelques-uns qui sont parmi les plus importants.

On remarquera d'abord qu'on parvient à la noblesse, dans les pays rationalistes, de deux manières différentes. Par droit de concession et par droit de naissance. La concession est un fait presque toujours arbitraire. C'est un acte gracieux, émanant parfois du Souverain, mais le plus souvent du ministre, et sa raison d'être ne se rencontre pas nécessairement dans un service rendu, ou dans un mérite réel. La valeur du noble ainsi créé, ne s'élève donc pas jusqu'à la hauteur d'une présomption sérieuse. Cependant, grâce sans doute à l'influence du droit divin, l'illustration ainsi obtenue devient impérissable. Elle se transmet intacte tant que la race persiste, d'où on peut conclure que, malgré les démentis que la réalité se charge de donner à cette prétention extraordinaire, le noble ne peut faire souche que d'êtres supérieurs.

Le mortel heureux mis ainsi en possession du talisman qui l'élève au-dessus des autres, semble avoir acquis une nature spéciale. Il est un privilégié, et cependant il demeure un citoyen égal aux autres. C'est même en cette dernière qualité qu'il peut seulement être atteint par une loi répressive (1). Comme noble, il peut tout faire, sa dignité est inaltérable. Fût-il voleur, banqueroutier et même assassin. Eût-il jeté son honneur en proie à toutes les hontes, illustre il est, illustre il restera.

La création de cette supériorité étrange est même chose tellement impérissable, que le Souverain qui a pu la faire est lié par son œuvre. Il n'a plus le droit de la détruire. Il en résulte qu'on ne peut pas concevoir dans ces pays un homme qui ne soit plus noble s'il l'a été un jour.

Voilà, certes, des singularités aussi contraires au progrès qu'à l'équité. Hé bien ! tout, dans cette institution, est conçu dans un sens aussi déraisonnable. C'est ainsi qu'il existe

----

(1) Ecrit pour la Belgique.

entre les titres une différence entièrement incompréhensible.
Quand la noblesse correspondait à une fonction, les degrés
avaient leur raison d'être. Mais aujourd'hui le même fait, en
se produisant, est uniquement le résultat de l'habitude ou de
la mode. Tel pays crée des princes, comme tel autre crée des
barons, et quant aux fonctions, elles sont également négatives. Pourtant, malgré cette universelle inutilité, il n'est
pas rare de voir ceux qui jouissent des titres supérieurs
regarder avec dédain les membres de leur caste que le
hasard a moins favorisés. Ils oublient que la seule peine
qu'ils se sont donnés pour devenir illustres est celle de
naître, et qu'en définitive tout le monde est né.

Ces exemples suffisent pour montrer que la noblesse res-
taurée est un hors-d'œuvre dans notre société rationaliste.
Ce n'est pas elle qui peut servir à déterminer la forme réelle;
elle n'a pas la véritable supériorité. Celle-ci appartient inévitablement à la richesse. En effet, du moment qu'une civilisation
ne place pas à son sommet une aristocratie logiquement
établie, et qui procure le respect et la puissance à ceux qui
méritent d'y atteindre, il ne reste plus que l'argent comme
pouvoir suprême. Quand l'honneur n'est pas mis en lumière,
il faut être riche, car avec de l'or on peut agir sur les
autres, acheter des consciences et voir peu à peu tout plier
devant soi. Or, les deux partis admettant comme vraie l'existence de l'état démocratique contemporain, ont été par là
également forcés d'avoir pour idéal la puissance de l'argent.

Voilà donc l'or qui s'introduit dans l'organisation sociale à
titre d'élément actif. Son effet immédiat est de créer une
aristocratie financière, riche et par conséquent puissante.
Mais cette classe n'est pas encore ce qui pourra servir à
dénommer la forme. Les grandes fortunes ne peuvent s'af-

franchir du mouvement qui force à développer les principes agissants. L'or n'est donc qu'un moyen et la suprématie des partis un résultat.

Pour déterminer la forme il reste, il est vrai, les institutions utiles qui ont servi à réaliser une part si importante de progrès. Mais ces institutions elles-mêmes sont mises en péril par le développement obligé des principes erronés. Leur destruction devient le but des efforts des radicaux dans les deux camps, puisqu'elles sont en opposition avec les conséquences extrêmes que de chaque côté on doit chercher à atteindre.

Dès lors quelle est donc la forme, dans cette société représentée par des partis qui font tellement abstraction des institutions nécessaires, qu'ils cherchent même à les détruire? Evidemment cette forme est une sorte de supercherie sans nom, un mensonge permanent qui se traduirait en négation absolue, si l'un des deux principes l'emportait complètement sur l'autre.

Quand sous l'influence des éléments agissants tout doit ainsi disparaître, il n'est pas étonnant que l'individualité soumise aux mêmes causes mauvaises, soit affaiblie et égarée. L'individualité contemporaine est la proie de l'erreur et du convenu. Elle ne saurait suivre la voie régulière ni se développer conformément à la nature vraie. Elle demeure dans cette société, si fière de son intelligence, sans une règle certaine de conduite qui satisfasse une conscience éclairée. Dès que, dépassant les convictions sincères, elle analyse plus profondément, elle doute de la réalité des devoirs enseignés, car l'application absolue de ceux-ci lui apparaît clairement comme se traduisant en désordre.

La morale doit nécessairement procéder de l'incertitude

qui affecte l'individualité. Elle ne peut être établie sur le rapport universel et régulier, puisque celui-ci a été méconnu par chacun. Elle doit donc pour se conformer à la loi de causalité, chercher son point d'appui dans les éléments en qui se concentre l'activité. Or nous venons de voir que ces éléments sont l'or et les partis.

De telles bases ne présentent en réalité aucune valeur. Elles sont des prédominances et par suite des immoralités. Comment peut-il se faire que ce soit à elles que les devoirs auront à se conformer? Cela semble une monstrueuse anomalie, et cependant rien n'est plus régulier. Chaque parti représentant un principe qui prétend contenir l'absolu, a en lui toutes les obligations qui incombent à ses adhérents. Il est donc juste que ceux-ci espèrent accomplir entièrement leur devoir, en montrant au parti auquel ils s'attachent un dévouement entier.

D'un autre côté, ce qu'on se doit à soi-même étant aussi mal défini que toutes les autres obligations, il est naturel que pour se compléter chacun doive chercher à atteindre l'idéal nouveau, c'est-à-dire la possession de la fortune. La soif de la richesse fait dès lors partie de la vie de famille, elle se transforme en une sage prévoyance envers soi et envers les siens.

Est-il étonnant que des devoirs établis sur de pareilles raisons se changent bientôt en immoralités flagrantes. Ils n'ont rien de sérieux à opposer au mal. L'indéterminé du rationalisme qui égalise le bien et le mal, le vrai et le faux, les entraîne dans son sens. Ils lui échappent parfois, mais c'est pour rencontrer l'axiome jésuitique prétendant que pour le triomphe de Dieu la fin justifie les moyens.

Aussi dans notre époque ne sait-on plus reconnaître ce

qui est contraire à une morale vraie. Le mal s'appelle
l'adresse, souvent même il s'explique, et on le défend contre
le blâme en le présentant comme constituant des procédés
supérieurs, incompris autrefois, mais permis aujourd'hui
comme se raccordant au progrès réalisé.

S'appuyant sur ce raisonnement spécieux, c'est avec une
ardeur endiablée que la Société s'est mise à la poursuite de
la richesse. Nous sommes loin du temps devenu légendaire
où des combinaisons toujours honnêtes enrichissaient leurs
auteurs par la force des choses et au prix d'efforts continus.
Le travail de plusieurs générations était alors nécessaire pour
édifier une fortune. Aujourd'hui il n'en est plus ainsi. Il faut
beaucoup d'or gagné en peu de temps, quel que soit le prix
qu'il coûte. Tout moyen même déshonnête de s'enrichir
trouve des défenseurs s'il est réellement fructueux. L'essentiel est de réussir, et de savoir échapper aux atteintes de la
loi répressive. Quant à la légitimité du gain, c'est une question incidente que ne mérite pas l'attention.

Qu'une fausse nouvelle adroitement lancée à la bourse,
vale à l'homme intelligent qui l'a produite les dépouilles des
naïfs. Que sous prétexte de travaux importants à exécuter,
on se fasse attribuer d'énormes pots de vin. Qu'en employant
utilement la science, on parvienne à falsifier ses produits
tout en maintenant le prix de vente. Que de hautes combinaisons financières ruinent les actionnaires et enrichissent
leur auteur. Que des banqueroutes adroites soient la base de
la fortune. Que même la fraude et le vol organisés en grand
produisent des bénéfices scandaleux; rien de tout cela n'effraie
la conscience contemporaine et n'amène une déconsidération
durable, si le résultat obtenu est véritablement important.
Les positions inférieures resteront seules méprisées, mais le

triomphe attend les audacieux qui se seront assurés un nombre de millions suffisants pour faire taire la médisance.

Le résultat obligé de cet insatiable besoin de richesse a été l'apparition de fortunes immenses, qui à leur tour ont amené un luxe effréné et une débauche audacieuse. Chacun sait que ces défauts appartiennent en effet à notre siècle et qu'ils y existent jusqu'à l'exagération. Cependant si les désirs de dépenses et de bien-être sont généraux, toutes les familles n'ont pas suffisamment d'or pour payer les suppléments qu'impose le luxe insensé auquel on doit se soumettre. Mais cette raison n'arrête pas. Il faut jouir. Il faut se poser. Il faut parfois savoir ressembler aux riches, quitte à se refuser le nécessaire les jours ordinaires. La toilette de la femme absorbera dans la parure d'une soirée des ressources qui suffiraient au ménage régulier pendant plusieurs mois. On aura ces toilettes absurdes, et quand il faudra les payer, hé bien ! monsieur tripotera, et madame se vendra, à moins qu'elle ne se loue.

Il en est de même pour tous les autres luxes. Paraître, jouir et sacrifier la délicatesse, voilà ce qui semble permis à une notable partie de ceux qui dépensent. La vie de famille disparaît chaque jour davantage, et on installe à sa place une existence nerveuse, insatiable, cherchant plus que le possible, et ne se ménageant aucun genre de plaisir. La débauche n'effraie pas, et le métier de courtisane est devenu une profession qui rapporte. Ces femmes dédaignent l'amour. Elles agissent en obéissant à un froid calcul, qui réussit toujours quand elles sont adroites. Elles placent en bonnes valeurs les dépouilles de leurs victimes, et, quand cette sale fortune est devenue suffisamment importante, elle procure un mari convenablement posé à la courtisane, ou à sa fille si le hasard lui en a donné une.

Du reste ce n'est pas seulement dans cette voie que l'immoralité existe. On la rencontre partout et elle a atteint la vie publique aussi bien que la vie privée. La manière dont on accomplit ses devoirs envers son parti en est un exemple. Sans doute les convaincus ne ménagent pas leur dévouement. Ils sacrifient de plus en plus leur volonté personnelle à l'intérêt de la centralisation qui doit assurer le triomphe de leur opinion. Mais les moyens employés pour réussir sont-ils réellement moraux. Ne forment-ils pas un déni complet de justice par rapport au parti contraire? Cela n'est pas douteux. On fait tout pour écraser l'ennemi, même ce qu'une conscience régulière ne tolérerait certainement pas.

Les pouvoirs publics sont aussi atteints du même mal. Que dire en effet de l'autorité législative. Est-ce le bien général qu'ont en vue les délégués de la souveraineté personnelle? Cherchent-ils consciencieusement à compléter chacun. Oh non ! les lois qu'on préconise sont des lois de parti. Les intérêts qu'on soigne spécialement sont les siens, ou ceux de son opinion. Les mesures pour lesquelles on s'enflamme sont celles qui peuvent assurer le succès au principe admis. Mais la justice, l'amélioration de tous, l'équité complète, ne viennent qu'en second ordre, et plus le temps marche plus il en est ainsi. L'autorité entière subit l'effet de cette progression descendante, et le pouvoir judiciaire lui-même a été envahi par l'esprit de parti. Chacun sait que depuis quelque temps si, dans un pays rationaliste, une contestation touche par un point quelconque à la politique, il est devenu prudent de s'enquérir de l'opinion des juges.

Enfin le niveau moral de toute la Société s'abaisse régulièrement et vite. Il arrive déjà à présenter une incertitude presque aussi complète que celle qui existe à propos de la forme. Le siècle demeure intelligent, mais il contient des désordres et des hontes qui sont en lui comme des parties essentielles.

A des maux semblables, la société contemporaine saurait-elle trouver un remède. Certainement elle désire le chercher, mais on peut affirmer sans crainte de se tromper, qu'elle ne le trouvera jamais. Les expédients les plus vantés demeurent sans effet. Voudrait-on par exemple espérer que la guerre, en exposant les hommes au danger, les amène à faire un retour sur eux-mêmes et à revenir au bien. Certes on se tromperait. La guerre pourrait changer momentanément les préoccupations actuelles, mais elle serait impuissante à détruire les causes de désordre dont on se plaint. Massacrer dans une génération la jeunesse la plus brave et la plus vivante. Faire des ruines, des deuils et des morts, sont-ce là des sources d'harmonie?

Et de cette tombe immense qu'on aura creusée, de ces flots de sang dont on aura inondé la terre, sortira-t-il une voix miraculeuse qui émettra une vérité certaine? Non, n'est-ce pas! Hé bien alors, la guerre ne vaut rien, elle est une horreur inutile.

Voudrait-on recourir à la force et repousser violemment les tentatives de désordre. Ce moyen, à son tour, serait insuffisant. Le calme extérieur ne guérit pas la pourriture intime. Et d'ailleurs, quand le mal s'est infiltré partout, il arrive un moment où les éléments de résistance eux-mêmes font cause commune avec la violence.

Chercherait-on la suppression du mal social au moyen de combinaisons politiques. Cette fois encore, on verserait dans l'erreur. Toutes ces prétendues inventions ne sortiront jamais du cadre du rationalisme ou de la révélation merveilleuse. Elles demeureront donc également incapables vis-à-vis de l'établissement d'une harmonie durable.

Enfin, le moyen principalement préconisé, c'est-à-dire le développement de l'instruction, ne vaut pas mieux que les autres. Quelle serait donc l'instruction qui deviendrait ce sauveur? Est-ce l'enseignement sans Dieu du rationalisme. Est-ce la doctrine du catholicisme le plus intensif. Mais ne voit-on pas que dans les deux cas on augmente le mal en donnant des adhérents aux principes erronés.

L'instruction à son tour est donc sans puissance.

Bien d'autres procédés pourraient être préconisés, mais à quoi bon les énoncer. Ceux que nous venons de citer sont les plus importants, et aucun autre ne donnerait des résultats meilleurs. Tous sont des palliatifs et rien de plus.

Ils sont dépassés par la grande loi de la causalité dont nous avons constamment rencontré l'influence. Les deux fausses appréciations de la Cause première aboutissent au panthéisme, et rien ne saurait les empêcher d'y parvenir.

La société contemporaine est donc condamnée à un mouvement de flux et de reflux entre les conséquences absolues des bases erronées. Vainement les modérés opposeront-ils leur bonne volonté comme correctif. Ils représentent ceux qui veulent obtenir des conséquences affranchies de leurs principes, ou des principes dégagés de leurs conséquences, ce qui est hors de la réalité. Il faut que les extrêmes radicaux de chaque opinion les remplacent, et cherchent à appliquer leurs irréalisables doctrines. C'est à ceux-ci que l'avenir appartient, et comme, dans le fini, il n'est rien d'immuable, la lutte dans les conditions actuelles devra nécessairement avoir une fin. Elle amènera le triomphe de l'un des deux adversaires. On est donc autorisé à se demander qui, des libéraux ou des catholiques, emportera la victoire.

A cet égard, on ne peut raisonner que sur l'hypothèse contraire à la loi du progrès où aucun principe nouveau et supérieur n'interviendrait. Mais en admettant pendant un temps suffisant la persistance de ce que nous voyons fonctionner, il semble certain que les libéraux succomberaient. Une société ne vit pas sans Dieu, et le rationalisme est athée. Malgré ses succès, il n'évitera pas une longue suite de désordres périodiques qui effraieront la masse jusqu'à l'exagération. Alors victime de la Raison, et n'ayant plus foi en elle, l'humanité cherchera un secours près de la puissance divine. Et croyant celle-ci inséparable de la révélation merveilleuse, elle se réfugiera dans le sein de l'Eglise catholique, demeurée seule immuable.

Qu'on ne se fasse donc pas illusion, c'est la force des choses et non un calcul prémédité qui fait de l'élément clérical catholique l'ennemi mortel de la civilisation rationaliste. Il est en elle comme un parasite dangereux, envahissant l'arbre qui le soutient, vivant de son essence et destiné à le faire périr sous l'étreinte durable de son effort.

Si le monde ne suit pas une vérité meilleure, une apparition nouvelle des ténèbres intellectuelles que la théocratie papale a naguère répandues sur la terre serait possible dans l'avenir. Alors le silence du désert s'étendra sur les lieux où règne maintenant l'activité, et la brillante civilisation rationaliste aura vécu. Il ne restera d'elle que des débris, mêlés, dans la poussière des siècles, aux restes de civilisations antiques dont on a perdu le souvenir.

LIVRE SECOND

CHAPITRE I

RECHERCHE DE LA RÉALITÉ

§ I

LA FORMULE ET LE RAPPORT UNIVERSEL

L'exemple des civilisations connues jusqu'à ce jour a montré quel désordre inévitable retarde le progrès dans toute société basée sur une erreur. Pour corriger le mal dont nous souffrons aujourd'hui, le seul remède réellement efficace est donc de créer une situation complètement nouvelle par la production d'un principe qui ne comporte ni le rationalisme ni la révélation merveilleuse. Cette nécessité nous force à étendre notre travail au-delà de la critique de l'œuvre des autres. La logique de la situation s'impose de telle sorte, qu'elle nous oblige à aborder à notre tour l'étude du terrible problème et à rechercher l'inconnue qui se dérobe si facilement quand on veut la saisir. Nous aussi, nous allons donc descendre dans l'arène, pour tenter de produire de la réalité une analyse qui puisse être admise par la conscience générale.

Au moment d'aborder cette tâche, si grande qu'elle semble être une aventure téméraire, il est prudent de se défier de la faiblesse humaine et de demander le secours de la suprême intelligence. C'est pourquoi nous prions humblement Dieu d'accorder à notre bonne volonté son aide efficace et son inspiration lumineuse.

Pour l'intelligence du sujet, nous allons, en quelques mots, résumer la manière dont sera divisée cette étude.

Le travail à entreprendre est une application de la loi de Causalité. Il consiste à énoncer une appréciation de la Cause première, et à déduire de ce principe des conséquences conformes. Or, nous savons que pour atteindre ce but dans des conditions favorables, il faut d'abord s'assurer l'aide d'une formule certaine, qui soit un point de départ fixe et invariable en même temps qu'un refuge assuré où l'on puisse revenir dans le cas d'égarement. Le premier soin sera donc d'établir cette formule, qui servira à constater la nécessité d'une Cause et à trouver le système général de la réalité. Ainsi nous serons amenés à rencontrer le rapport universel, indiqué dès les premières pages de ce livre.

Nous analyserons alors les deux termes composant ce rapport. Le premier sera la Cause, sur laquelle il sera devenu possible de porter une appréciation offrant toute sécurité. Le second sera représenté par l'homme, dont la nature et les états sur cette terre et au-delà seront étudiés en détail.

Passant ensuite à l'application, nous produirons l'exemple d'une civilisation correspondant au principe admis.

Le point de départ, pour atteindre la formule, est nécessairement l'individualité. Il est impossible que l'être humain

conçoive une première affirmation plus certaine que la cons-
tatation de sa propre individualité. Tout homme comme tel
est raisonnable, et quand il est sain d'esprit, et non engagé
dans la défense d'un système philosophique erroné, il ne
doute pas qu'il ne soit lui et non un autre. Un enfant, à qui on
demande sérieusement s'il est certain d'être lui, considère la
question comme ridicule et ne méconnait jamais sa personnalité. On peut donc reprendre la proposition de Fichte, et
dire avec lui : *Moi égale moi*. Mais il faut se garder de laisser
cette formule telle qu'elle est. Elle demande à être complétée, pour que la détermination qu'elle affirme ne se perde
pas de nouveau dans l'illimité du rationalisme. Il ne suffit
pas, en effet, d'une certitude intime. Il faut, de plus, que le
sujet pensant trouve hors de lui-même une affirmation indéniable qui lui donne la preuve de l'existence du monde
extérieur.

Les termes de la formule de Fichte indiquent déjà quel
doit être le complément cherché. Ils désignent dans l'homme
un caractère certain qui, étant d'application générale, peut
être attribué par chacun à sa propre individualité, car ce
qui est vrai pour moi l'est aussi pour vous. Cela suffit pour
déterminer le choix, et pour présenter comme étant la formule
complète : *Moi égale moi, comme vous égale vous*. Cette
affirmation est évidente, et c'est elle qui est la base sur
laquelle nous prétendons pouvoir édifier notre œuvre. L'expérience ne tardera pas à démontrer qu'elle présente une
solidité réelle et que, dans aucun cas, son secours ne fait
défaut.

Moi égale moi, comme vous égale vous. Donc le moi et le
vous dont nous constatons la présence représentent chacun
une détermination différente. Leur séparation est un fait

considérable, car elle proclame l'existence certaine de la diversité et elle montre que la formule ne saurait mener au panthéisme.

Moi et vous étant des individualités séparées, font nécessairement partie du fini, puisqu'ils sont limités dans l'espace. Mais étant modifiables et mortels, ils sont aussi limités dans le temps, et par conséquent obligés à avoir eu un commencement. En effet, l'inévitable existence d'un début se rencontre dans tout ce qui n'est pas immuable.

Il faut donc, si moi et vous ne font pas partie du *même*, qu'antérieurement à toutes les causes occasionnelles qui se sont succédées pour les faire apparaître, il existe une force productrice qui soit affranchie des conditions relatives auxquelles est soumis le fini. Cet Être premier doit être supérieur en tout et posséder par essence l'éternel, l'infini, l'absolu, en un mot le divin.

La réalité de cet Être est indispensable, même au point de vue scientifique, qui exige, pour que le monde soit un système régulièrement établi, qu'il contienne la thèse, l'antithèse et la synthèse. L'Être primitif répond parfaitement à ce besoin. Il apparaît avant le temps comme étant l'Être simple, absolu, éternel, infini, indéterminé. Il est la vie, l'ensemble. Il est complet, il se suffit à lui-même, il est Dieu. Il est au-dessus de tout rapport, il n'est en relation avec aucun autre, en un mot, il constitue la thèse.

Pouvons-nous savoir comment il est dans cet état? Evidemment non. Vouloir, avec notre intelligence limitée, chercher à pénétrer un secret de cet ordre, serait un acte de véritable démence. Pour se rendre compte de l'essence de la thèse, il faut en faire partie, et Dieu étant unique, est seul capable de s'analyser. Rien, dans notre moi, ne nous aide quand nous voulons nous élever vers ces sphères inaccessibles. Si donc il nous est possible de constater la nécessité de l'Être premier, nous ne pouvons aller au-delà sans dépasser notre compétence.

La formule, en prouvant l'existence de la diversité, montre qu'il n'a pas plu à Dieu de demeurer dans cet état de bonheur intime. Sortant de son unité, il s'est fait créateur. A partir de ce moment, une autre phase de système du monde apparaît. Le temps commence, la thèse prend fin, l'antithèse est posée et le fini existe.

Cependant la thèse ne s'est pas annulée. L'Être premier s'est simplement transformé pour produire. Il devient la Cause, et à l'instant se forme le rapport universel, dont les termes sont reliés entre eux comme un principe l'est à sa conséquence. Le terme supérieur est formé par le Créateur comme tel. Le terme inférieur comprend tout le fini, mais il est représenté par le moi humain, dont la formule a prouvé l'individualité.

Nous allons successivement étudier ces deux termes.

§ II

LE TERME SUPÉRIEUR

La position nouvelle prise par Dieu lors de la transformation de la thèse en Cause première permet de se demander si ce changement a pu amener dans l'Être primitif une diminution d'importance. La réponse est certaine. Dieu, en aucun cas, ne peut être amoindri. Toutefois, la Cause comme telle se présente à nous sous deux aspects différents. Entrevue sous le premier aspect, elle conserve les caractères absolus contenus dans la thèse, et ces caractères continuent à échapper entièrement à notre intelligence. Il ne faut donc ni rechercher la manière d'être de la Cause, ni vouloir expliquer comment celle-ci peut valoir autant que l'être unique, maintenant que la diversité existe à l'état d'individualités distinctes. Ces questions sont insolubles pour notre humanité. Elles ne présentent, d'ailleurs, qu'un intérêt de curiosité, et l'avenir du moi est indépendant de leur connaissance.

Mais la Cause peut aussi être envisagée comme terme supérieur du rapport, et la situation, dans ce cas, devient fort différente. En effet, il est indispensable que Dieu cache à l'homme sa nature absolue. Mais il est tout aussi nécessaire qu'il se découvre suffisamment vis-à-vis du terme inférieur pour que celui-ci puisse comprendre la portée du rapport qui le relie à son auteur.

C'est pourquoi cette révélation se rencontre dans la réalité. Dieu, pour se faire connaître, a inscrit en caractères lumineux, dans tout le fini, la pensée qui a présidé à la création. Et par une remarquable concordance, voilà que le bon sens est d'accord avec l'expérience pour trouver cette pensée suprême.

Personne ne méconnaîtra en effet que le caprice ou l'erreur n'ont pu engager Dieu à sortir de l'état heureux dont il jouissait dans la thèse, pour se mettre en relation avec des êtres qui lui sont évidemment inférieurs. On ne peut douter qu'un semblable changement soit suprêmement bon et utile. Le Créateur étant complétement l'égal de l'Être premier, n'a pu, en produisant son œuvre, être sollicité par rien qui lui fût étranger et supérieur. Aucune influence mauvaise n'a su agir sur lui. Il a obéi à sa seule volonté, et comme il est absolu dans le bien comme dans le reste, le but qu'il s'est proposé est nécessairement favorable. Or, une seule idée est assez généreuse, assez belle pour valoir les soins et l'attention d'un Dieu. Cette idée consiste dans le désir bienveillant d'étendre, autant que possible, la masse de bonheur et de bien. Pour exécuter ce dessein, Dieu, ne pouvant augmenter son bien-être personnel, a dû nécessairement produire hors de lui-même des êtres d'une nature assez élevée pour mériter sa bonne volonté et pour l'apprécier.

Telle est la pensée primitive. Cette base de connaissance étant posée en accord complet avec notre formule, nous pouvons en déduire une appréciation de la Cause, qui deviendra le Principe d'où dérivera notre système entier.

Dieu éternel, infini et absolu en tout, s'est déterminé pour créer dans le temps la diversité dans un but favorable. Sa raison unique, en agissant ainsi, a été un bonheur digne de lui, et comportant une harmonie aussi complète que possible, réservée à l'homme comme étant l'être intelligent qu'il a conçu pour accomplir sa pensée. Ne pouvant, en aucun cas,

13

perdre ses caractères divins, il est lié vis-à-vis de son œuvre par les règles du raisonnable, du juste et du vrai. Cette obligation ne laisse pas de place dans les lois qu'il a données à la création, pour ce qui est contraire à la logique et au bon sens. Elle exige, de plus, que Dieu agisse avec une justice rigoureuse et infaillible, envers ceux qui doivent atteindre le but qu'il a fixé. Il en résulte que le bonheur ineffable, raison d'être de la création, ne pouvant être accordé arbitrairement, doit être mérité pour être obtenu. Il n'est légitime que s'il est attaché à une victoire, terminant un combat livré par chacune des individualités destinées à le rechercher. Dieu, pour cette raison, conserve en face de son œuvre une sorte de neutralité qui respecte l'effort individuel, tout en réservant à sa providence une action protectrice et en même temps efficace. Ainsi, il aide lui-même au travail de l'homme, et il se conforme cependant à la loi générale, qui exige des individualités une amélioration dont elles puissent se prévaloir.

En résumé, notre principe comporte donc un Dieu juste et raisonnable, imposant à l'homme une tâche à l'accomplissement de laquelle le bonheur est attaché. Cela représente ce que chacun sent et espère. Cette Cause première, compréhensible et logique, n'a rien de commun avec le Dieu humain de la révélation merveilleuse, ou avec l'unité panthéiste du rationalisme. Le principe répond donc aux exigences de notre programme, et nous pouvons sans crainte en chercher les développements.

Nous trouvons d'abord qu'il est parfaitement d'accord avec l'existence du fini que nous pouvons apprécier. En effet, le créé doit être l'expansion de la pensée divine, et la réalité le présente précisément avec le caractère qui répond à notre base. Partout où l'analyse peut s'exercer on trouve des lois fixes, intelligibles, exactes, régulières, et plus on va vers l'origine plus on trouve une simplicité qui tend à l'unité. La géologie et la paléontologie ne permettent plus de mettre en doute que la formation cosmique de notre terre se soit effectuée en procédant du simple au compliqué. Or, comme rien n'autorise à séparer notre petit monde du reste de l'univers, on peut affirmer que ce qui s'est passé chez nous s'est nécessairement reproduit ailleurs.

Pour rencontrer l'unité, il faut remonter jusqu'au créateur, car, dès que l'œuvre divine commence à se produire, la diversité se forme. Elle est d'abord aussi peu étendue que possible. Mais à mesure que l'actualisation doit se faire, la diversité se bifurque en représentations de plus en plus nombreuses qui, toutes, sont dans le sens d'une progression lentement ascendante. Pour parvenir à ce résultat l'action du créateur s'effectue de deux manières différentes. D'abord elle est productrice. Dieu crée un élément rudimentaire qui est le principe d'où sortiront les êtres matériels. Cette masse primitive contient en puissance les germes de la réalité modifiable, mais elle est inerte et dans cet état elle demeure sans force. Mais aussitôt Dieu continuant à créer lui donne l'activité.

Ce moment est le seul qui soit uniquement et complètement actif dans l'intervention divine. Après lui l'aspect change. Dès que l'immobilité a disparu, les lois peuvent produire leur effet conformément au but pour lequel elles ont été établies. Dieu n'ayant plus désormais qu'à maintenir ce qui existe, peut voir sa création continuant à se développer pour accomplir sa pensée. Alors son action se présente sous son second aspect. Elle se réduit au rôle d'une Providence conservatrice et tutélaire.

A cette appréciation des actes divins peut-être fera-t-on

l'objection que n'étant pas controlable, elle manque d'autorité. On ne peut, en effet, méconnaitre que l'analyse directe des actions de Dieu soit en tout cas impossible à faire, et que, par suite, la certitude scientifique ne puisse être obtenue sur ces questions. L'intervention de Dieu est jugée telle que nous la présentons, et l'élément premier de la matière est conçu dans l'état indiqué, parce que s'il en était autrement l'accord disparaîtrait entre les différentes périodes de la création. Nous avouons donc que notre opinion ne représente qu'une conviction raisonnable. Mais une conviction ne s'élève-t-elle pas à la hauteur d'une certitude quand, partant d'un principe vrai, elle introduit dans le système du monde une note harmonique en remplacement d'une autre ayant produit jusqu'ici une discordance complète.

Il est inutile de chercher à saisir la nature intime des éléments primitifs produits par Dieu. La matière en soi, comme le mouvement en soi, ne peuvent être conçus par notre intelligence, qui ne saurait se rendre compte de l'essence même des êtres. Nous pouvons examiner le modifié mais non pas le modifiable.

L'unité de matière apparait donc vaguement comme un état indéfinissable, passif, et subissant l'influence de l'élément actif. Celui-ci, au contraire, tout en étant non moins indéfinissable, se présente comme l'ensemble dans lequel Dieu a condensé toutes les lois qui s'actualiseront peu à peu et à mesure que leur application sera devenue possible. Dans la réalité la séparation de ces deux éléments, n'a peut-être comporté aucun temps appréciable, en tous cas, elle n'a pas été durable. C'est donc uniquement pour la facilité de notre sujet que nous continuons à les séparer.

Cela étant convenu, c'est du second élément, et alors qu'il

est devenu analysable dans ses manifestations, que nous devons principalement nous occuper. Nous allons le voir se transformer successivement, pour obéir à la loi de progrès continu que Dieu a attachée à son développement.

Au moment où l'activité nous devient abordable, le mouvement initial s'est déjà produit et il est dépassé. Les lois physiques, chimiques et astronomiques existent. Elles agissent, et le monde se forme et se classe conformément à leur nécessité. Ce progrès ne comporte encore aucune trace de volonté; il est le produit de forces aveugles et fatales. Mais bientôt on aperçoit des différences qu'il est juste d'indiquer. C'est ainsi qu'une hiérarchie progressiste se montre dans plusieurs parties de ces lois. Le travail accompli par certaines combinaisons chimiques présente l'apparence d'une vie animant pour un moment ces corps ordinairement inertes. Il est même des formes de cristallisations telles que les dendrites dont les ramifications ressemblent déjà à celles de plantes (1).

Cependant, voilà que l'activité a fait un pas immense. Elle n'est plus l'opération forcée accomplie par les lois naturelles. Elle a subi une modification complète, elle s'appelle la vie. Les êtres nouveaux qui ont apparu, naissent, grandissent, et meurent.

Comment une différence aussi radicale a-t-elle pu se produire. Comment du mouvement la vie est-elle sortie? On n'explique jamais dans le courant de l'erreur ce fait considérable, on passe même volontiers à côté de lui sans y attacher d'importance, car si on le remarquait il faudrait le considérer comme miraculeux. Dans le courant du vrai, il est un simple

---

(1) Milne Edwards. Hist. nat. rat., p. 2.

développement de la pensée divine, obtenu comme effet d'une loi dont le mode de procédés ne nous est pas connu.

La progression de la vie suit une ligne régulière allant du simple au compliqué. C'est à peine si à son origine on peut distinguer si elle est végétative ou animale. La question est douteuse, et nous laissons à de plus autorisés le soin de la décider. En tous cas, il est constant que les espèces inférieures de végétaux et d'animaux sont tellement rudimentaires qu'elles semblent se confondre dans un même genre d'existence. C'est ainsi que les infusoires qui, dès leur jeune âge paraissent ressembler à des animaux, acquièrent par la suite tous les caractères des végétaux. Ou encore que certains polypes ressemblant beaucoup à des plantes lorsqu'ils commencent à se développer au moyen de bourgeons, ont plus tard la conformation et les propriétés des animaux en général (1).

On peut s'élever plus haut dans l'échelle des êtres, et trouver encore des points de comparaison. Les animaux qui vivent forcément attachés à leur rocher, valent-ils beaucoup mieux que certaines plantes douées d'une sensibilité particulière. Plusieurs parmi celles-ci ont besoin de sommeil. D'autres frémissent comme sous l'action du vent à l'approche de l'orage, ou savent comme la dionée attrape-mouche, saisir comme une proie l'insecte qui vient se poser sur la face intérieure de ses lobes (2).

Pour pouvoir répondre au besoin de l'avenir tel que le comporte la pensée de Dieu, cette vie rudimentaire affecte deux

---

(1) Milne Edwards. Hist. nat. rat., p. 2.
(2) Milne Edwards. Hist. nat. rat., p. 2.

modes différents d'existence. D'un côté, quand elle s'applique aux végétaux, elle ne dépasse pas un progrès limité. Des plantes inférieures, qui semblent des essais timides, elle s'élève jusqu'aux colosses des forêts, et en même temps elle s'embellit de manifestations délicieuses. Au moyen de la beauté et du parfum des fleurs, elle sait charmer les sens. Mais parvenue à ce point elle s'arrête. Si les plantes poussent, leur genre de vie est forcé, l'initiative leur manque complètement.

Dans sa seconde partie la vie rudimentaire s'applique aux animaux. Cette fois sa marche est singulièrement progressiste. La vie s'élève jusqu'à comporter les manifestations d'une indépendance individuelle permettant la liberté et le choix des mouvements. L'animal sait chercher sa proie et satisfaire ses besoins. Il est même aisé de rencontrer en lui des facultés plus hautes. Ainsi plusieurs animaux sont fidèles dans leurs amours. Ils soignent leurs jeunes avec une attention extrême, et ils les défendent au péril de leurs jours. Ainsi d'autres vivent en société, travaillent pour un but commun, et obéissent à une organisation que les hommes considèrent parfois comme un type enviable. Il est vrai que cette immixtion dans la vie supérieure n'est que passagère. Lorsque les jeunes sont grands, de tous ces beaux sentiments il ne reste pas de traces, les membres de cette famille ne se reconnaissent plus. Et quant aux organisations si remarquables, elles ne peuvent être appréciées par ces êtres, qui ne sauraient se rendre compte de l'importance qu'elles présentent. C'est que l'animal a seulement la sensation de son existence et rien de plus. N'ayant pas d'obligation vis-à-vis du Terme supérieur, il n'a ni responsabilité ni avenir. Si haut qu'il élève ses combinaisons, il doit toujours les rattacher à la vie purement instinctive, et c'est là une limite qu'il ne saurait franchir.

Parvenue à ce degré de développement, qui déjà a ajouté des facultés relativement supérieures, à la satisfaction des besoins animaux, l'activité, ou pour mieux dire la vie, demande que le progrès fasse un pas nouveau. Le moment est suprême, car toute ajoute faite aux qualités intelligentes déjà obtenues, ne peut manquer de faire éclore la faculté de raisonner, et toutes celles qui sont attachées à son exercice. L'univers est prêt pour qu'un être raisonnable, ayant conscience de ses actes, puisse être actualisé. Et même la venue d'un être différemment conçu ne se comprendrait pas. Le temps des essais et des préliminaires est accompli. Tout est disposé dans le cadre, pour que le grand travail commence, et voilà que la pensée divine pourra être comprise et exécutée.

L'effort se produit, et l'homme existe avec la puissance attachée à sa part de vie supérieure, qui lui permet de remplir sa haute mission.

Par quel mode s'est accomplie l'apparition de l'homme, nous ne tenterons pas de le dire. L'essayer serait s'imposer la tâche irréalisable d'analyser l'essence des forces, et de saisir la loi du progrès dans ce qu'elle a d'intime et de réservé. Mais nous affirmons que cet évènement est régulier, et nullement miraculeux. Que la révélation merveilleuse ne sache le concevoir, cela se comprend parfaitement. Elle fait l'homme complet d'abord et ravalé ensuite, et l'intervention directe de Dieu n'est pas trop puissante pour produire cet être singulier qui procède du mieux au moindre quant tout le reste suit une voie contraire. Mais la révélation merveil-

leuse est une forme de l'erreur, et dès qu'on l'abandonne,
on ne s'étonne plus de voir l'homme prendre son rang,
quand les conditions nécessaires à sa vie sont devenues
possibles. On se dit, qu'il n'est pas plus extraordinaire de rencontrer l'homme succédant à l'éléphant, que de trouver un
gorille existant après les premiers types d'animaux et de
végétaux, ou après les applications fatales des forces, dans
l'époque du simple mouvement. Les procédés de transformation sont aussi inconnus dans un cas que dans l'autre, et
aucune raison n'existe pour que la venue de l'homme soit
seule en désaccord avec l'harmonie que nous avons rencontrée depuis le début.

L'homme a donc occupé, ainsi que cela devait être, la
position directement au-dessus de celle des grands animaux.
Possédant déjà une part de la vie supérieure, il procède
encore de la vie instinctive. Mais la combinaison formée est
intime et complète. Elle constitue l'existence terrestre de
notre humanité, et elle représente l'expression la plus basse
de la vie supérieure.

Telle est la marche générale suivie par la création depuis
son origine jusqu'à nos jours. Si la théorie qui l'explique
s'éloigne de celle qui est le plus souvent enseignée, elle a du
moins le mérite d'être en rapport exact avec notre principe,
car elle permet d'attribuer au Créateur un caractère absolument raisonnable. On n'y rencontre plus, il est vrai, le
Dieu humain ayant besoin pour créer d'un temps prolongé,
exécutant une sorte de travail manuel, et ne pouvant faire
l'ensemble qu'en le composant de parties séparées. Elle ne
comporte plus le Dieu inconséquent, agissant sur son œuvre
par une intervention continuelle et arbitraire. Mais elle

contient un Créateur logique et juste, ne détruisant pas d'une main ce qu'il a fait de l'autre, et étant assez puissant, assez Dieu, pour produire en une seule manifestation de sa volonté une œuvre ne demandant pas de continuelles retouches.

CHAPITRE II

LE SECOND TERME DU RAPPORT

§ I

LES FACULTÉS PASSIVES

La place que l'homme est venu occuper dans le développement des êtres, prouve que c'est à bon droit qu'il peut être considéré comme le représentant attitré du second terme du rapport universel. Sans doute le reste du fini figure comme lui dans la partie de l'antithèse qui n'est pas le Créateur, et à cet égard le second terme comprend le créé dans son entier. Mais, sans être isolé de quoi que ce soit dans le mouvement général, l'homme est le seul être qui ait atteint le degré d'avancement nécessaire pour comprendre le but vers lequel doit tendre le progrès. La question de savoir s'il n'y a pas mieux dans la création que cet homme encore attaché par tant de liens à la vie instinctive, n'est pas à examiner à cette place. Il suffit que l'homme terrestre puisse commencer le travail, même sans le compléter, pour que déjà en lui se résume tout l'effort produit antérieurement. C'est en effet pour lui que, pendant tant de siècles, le monde s'est peu à peu constitué, car c'est lui qui va combattre la lutte suprême dont le bonheur pourra être le prix.

On conçoit, puisque l'homme représente tout le modifiable, qu'il doive être en rapport avec la Cause première qui est le terme supérieur, et avec la pensée divine dans la création. L'analyse que nous devons en faire ne peut donc manquer, si notre système est vrai, de le trouver constitué de telle sorte qu'il forme avec ce qui le précède comme avec ce qui le suit, une harmonie ayant le caractère du juste et du raisonnable.

Voyons si l'observation et le bon sens vont nous conduire à ce résultat heureux.

L'homme qu'il s'agit d'examiner, est nécessairement le moi affirmé par la formule. Il peut être défini un être vivant muni de facultés qui sont suffisantes pour accomplir l'œuvre de Dieu. Ses facultés sont de deux ordres entièrement différents. Un premier groupe comprend celles que nous appellerons passives, mais qui en réalité sont des conditions de la vie plutôt que des facultés. En effet, loin que le moi les ait à sa disposition, il doit, tant qu'il a conscience de lui-même, les subir quand même il voudrait les rejeter. Elle lui sont indispensables, car sans leur précieux secours il ne saurait accomplir sa tâche, mais elles n'en sont pas moins en lui comme des nécessités qui s'imposent. Ces facultés passives sont l'unité, l'identité, la liberté et la responsabilité.

Un second groupe se compose au contraire des facultés actives. Elles sont les instruments mis à la disposition du moi, pour lui permettre de choisir en toute connaissance de cause la route qui l'éloignera ou qui le rapprochera du but voulu par Dieu. Ces facultés sont ordinairement limitées à trois, et elles consistent à connaître, sentir et vouloir.

Nous considérons cette définition comme insuffisante pour satisfaire aux besoins de notre sujet. Elle permet des confusions dangereuses, et elle néglige des parties importantes. Le moi est mieux représenté, quand on admet que ses facultés actives consistent à sentir, connaître, aimer, prier, se contrôler, vouloir, et se décider. Ainsi complétée, la classification ne laisse plus de place à l'équivoque, et elle accorde une mention spéciale à toutes les innovations introduites dans la vie lors de l'apparition de l'homme.

Pour établir que les facultés passives font partie de la nature humaine, il suffit de revenir à notre formule primitive.

Moi égale moi comme vous égale vous, donc l'individualité est unique, car s'il en était autrement moi égalerait moi plus x, et il en serait de même pour vous. Il en résulte que la détermination de chacun repousse toute alliance, et tant que la formule sera vraie, cette simplicité du moi continuera à ne pouvoir être sérieusement mise en doute. On peut donc avoir à cet égard une certitude entière, il n'y a rien dans l'homme que lui-même.

Par les mêmes raisons l'identité du moi se trouve aussi affirmée. Si elle n'existait pas d'une manière absolue, moi ne s'égalerait pas toujours. Il se trouverait par moments remplacé par un autre qui ne serait plus lui. Alors la création ne serait plus logique, la pensée divine ne se comprendrait pas, et le réel serait remplacé par le hasard et par le miraculeux.

L'identité est aussi certaine que l'unité, et ces deux conditions de la vie sont même si intimement attachées l'une à l'autre, qu'il est impossible de concevoir leur séparation.

Elles forment, unies entre elles, une sorte d'état essentiel à la vie du moi, une base sur laquelle s'appuieront toutes les autres parties de l'individualité.

Se greffant sur l'unité et sur l'identité, voici venir la responsabilité. Son existence est obligée, étant donnée la mission personnelle attribuée dans la pensée divine à chaque homme raisonnable. Dieu en produisant l'être simple, lui impose une tâche, et lui laisse entrevoir au loin une récompense qu'il atteindra s'il sait la mériter. Pourquoi attribuerait-il une part de bonheur à un moi qui ne pourrait se prévaloir du mérite de ses actes. Une récompense donnée à l'un, quand la responsabilité incomberait à un autre, serait un mensonge et une iniquité. Elle ne pourrait émaner que d'un dieu fantaisiste et sans obligation, ce qui nous replongerait dans le courant de la révélation merveilleuse. La responsabilité est donc une nécessité, et en même temps elle est une garantie pour l'homme, en ce qu'elle lui prouve l'équité avec laquelle Dieu entend traiter son œuvre.

Enfin la dernière des facultés passives est la liberté, qui est non moins inévitable que les autres. En effet pour qu'un être réponde de ses actes, il faut, qu'étant toujours unique et identique à lui-même, il soit, comme cela arrive pour l'homme, toujours libre de prendre ses déterminations. Sans doute des forces étrangères savent imposer au moi ses actions extérieures, et semblent ainsi supprimer la liberté. La pression des autres est fréquente, et même elle n'est pas toujours défavorable. Parfois elle produit l'esclavage et toutes les autres applications d'une autorité prédominante et abusive. Mais le plus souvent elle comporte une ingérence utile. Dans les deux cas cette intervention n'empêche pas la liberté, car il ne faut pas se tromper sur ce que repré-

sente cette faculté. Quand on la dégage de la fausseté
qui l'entoure, elle est simplement l'état permament de possibilité ou est le moi de régler comme il l'entend, ses mouvements intimes. Or vis à vis de cette liberté véritable toute
tyrannie est impuissante, à moins qu'elle ne parvienne à
priver l'être de ses facultés.

On voit combien dans les deux divisions du courant de
l'erreur on s'égare en appréciant la liberté, et quelles transformations singulières on lui impose. La révélation merveilleuse
l'annule, ou du moins la réduit à un état complet d'impuissance. Au nom de la grandeur de Dieu et de l'infirmité
humaine, elle la repousse pour la remplacer par toutes sortes
d'influences étrangères divines ou diaboliques, qui s'imposent
à la volonté du moi.

Le rationalisme, la modifiant diversement, en fait une
revendication indéfinie de droits absolus au profit de l'être
humain. La liberté dans ce cas cesse d'être un état passif,
pour devenir au contraire une force active.

Comment serait-il possible que de semblables transformations dans l'état des conditions de la vie, n'établissent
pas le désordre là ou devrait régner l'harmonie. Elles
méconnaissent la relation qui existe entre la liberté et la
responsabilité, car si la première ne comporte plus que des
droits, on ne voit pas l'utilité de la seconde. Evidemment,
l'homme ne peut plus jamais démériter, lorsque dans tous
les cas il use de son droit.

Au contraire, dans l'homme simple que nous analysons,
les deux dernières facultés passives sont unies entre elles de
la même manière intime et indissoluble que nous avons déjà
rencontrée dans les deux premières. Elles commencent et
finissent ensemble. Le moi est libre pour qu'il soit responsable.

Il est responsable tant qu'il est libre, et dès que ses facultés sont effectives, elles engagent son avenir.

Ce n'est pas à dire qu'elles doivent emporter pour tous les cas la même récompense ou la même punition. Il n'y a pas dans le monde deux êtres absolument semblables, car ils seraient identiques, et ils s'absorberaient dans une unité. Il ne se rencontre donc jamais deux parts égales de responsabilité. La liberté existe, il est vrai, chez tous les hommes comme tels, mais elle est proportionnelle à leur degré d'avancement dans la vie, et il en est de même pour la responsabilité. Un homme quelconque n'est responsable que du mal que les conditions de sa vie lui ont permis de délibérer.

§ II

LE MOI ET L'AME

L'admission des facultés passives comme conditions essentielles de la vie, soulève une question qui demande une attention sérieuse, car elle fixe le sort de l'âme.

Que devient, en présence de ces facultés, l'âme, cette base des convictions honnêtes qui, dans le courant de l'erreur, cherchent à assurer à l'homme un avenir éternel. Evidemment elle disparaît, car elle nécessite un homme multiple, dans lequel moi égale moi plus elle. Elle est donc inconciliable avec un être simple, identique à lui-même, libre et responsable. Entre l'âme et le moi il faut choisir, et il n'est pas un instant douteux que ce soit l'âme qui doive être sacrifiée.

Cette conclusion semblera d'abord monstrueuse, et elle provoquera des protestations indignées. Qu'on se rassure toutefois, on s'est sans doute déjà rendu compte que notre système est le contraire de l'athéisme. On peut donc prendre confiance et se persuader que le bouleversement produit par la suppression de l'âme est moins dangereux qu'on ne le croit à première vue.

Depuis d'innombrables siècles, l'existence de l'âme est admise comme un axiôme, d'où il résulte que depuis le même temps l'homme s'est cru multiple. Comment, lorsque tout affirme au moi sa simplicité, a-t-il pu prendre pour une vérité d'ordre indiscutable une fausseté aussi manifeste. Est-ce une aberration héréditaire que cette croyance à l'âme?

Nullement, mais la dualité de l'homme, et par conséquent l'âme, sont des nécessités dans le courant de l'erreur. Cela se conçoit. Si la simplicité de l'être est vraie, on ne peut y aboutir en partant d'un principe erroné, sinon l'action de l'erreur égalerait celle de la vérité. Il est donc impossible avec une base fausse, de concevoir un moi formant une unité dans laquelle la vie instinctive et la vie supérieure soient combinées. En effet, sous l'influence de la révélation merveilleuse, Dieu tout puissant est sans obligations et sans responsabilité vis-à-vis de sa créature. L'être humain est alors ravalé et privé de droits, et on ne peut admettre qu'une portion de la vie supérieure fasse partie de son essence propre. Il serait trop près de Dieu s'il pouvait disposer librement des facultés qu'il prétend avoir, et au moyen desquelles il dépasse la vie instinctive pour se rapprocher à un degré quelconque de l'absolu. Ces facultés sont au contraire conçues comme étant de nature divine. Elles forment une entité qui, venant de Dieu, tend à retourner vers lui, et plus souvent en lui.

Dans le rationalisme ces mêmes facultés de la vie supérieure étant surélevées jusqu'à l'absolu, ne sont pas mieux conciliables avec la vie instinctive. Elles sont même d'autant plus certainement admises comme étant de nature divine, que l'homme de l'avenir n'est plus différent de Dieu quand il a su s'affranchir des infériorités de sa nature actuelle.

Le résultat inévitable et identique obtenu par les deux formes de l'erreur, est donc de séparer dans l'homme la vie supérieure de la vie instinctive, et de détruire ainsi la simplicité. La partie suprême de la vie devient l'âme, elle s'établit comme une prédominance, et elle se pose en antithèse vis-à-vis du corps.

Quant à la partie appartenant à la vie instinctive, elle est considérée comme inférieure et entâchée de matérialisme. Confondue avec le corps, qui est purement matière, ensemble ils deviennent objets de mépris et producteur de mal.

Telle est la véritable raison d'être de la dualité dans l'homme, et telle est la nature réelle de l'âme. Celle-ci est une entité du même ordre que la raison, c'est-à-dire une invention imaginaire, inexplicable dès qu'on rentre dans la réalité. Cela est si vrai que jamais on n'a pu à propos de l'âme se mettre d'accord pour établir une doctrine fixe et conforme au bon sens. Nous allons du reste en fournir quelques preuves.

Quand on demande à tous les systèmes ce que peut être l'âme, ils ne savent que répondre. Ils craignent abaisser Dieu en donnant à la partie de la vie supérieure une nature analysable. Ils veulent l'affranchir des misères humaines. Mais, comme ils sont au-delà du réel, ils n'ont aucun moyen de déterminer et de définir l'idée vague qu'ils ne font qu'entrevoir. Par impuissance ils s'accordent pour admettre un mot convenu qui est l'immatérialité.

Qu'est-ce qu'une immatérialité pourrait bien être? Ce n'est pas un état de la matière quelque subtil qu'il soit. Ce n'est pas une force, en tant qu'elle représente quelque chose de saisissable. Ce n'est rien qui fasse partie du fini et du déterminé, car tout le créé a des dimensions qui s'appliquent nécessairement à quelque chose. Il ne reste plus à l'immatériel qu'a être ce qui n'a ni limites ni déterminations! Mais dès lors il est le néant ou l'infini. Or le néant qui avant le temps était rendu impossible par l'existence de la thèse infinie, l'est plus encore depuis la création. Donc l'immatériel est un mot vide de sens, à moins qu'on ne puisse l'appliquer à Dieu ce dont nous ne pouvons nous assurer. Mais en tous cas, vouloir l'introduire en nous, c'est se tromper d'une manière grossière puisque l'immatériel nous est tellement opposé, qu'il n'a pas même sa place dans la création.

Or, puisque l'âme est ainsi constituée, doit-on regretter de sacrifier cette fantaisie qui n'a pas même une essence possible.

La même incertitude et la même impossibilité se rencontrent quand il s'agit de décider la question de l'origine de l'âme. Non-seulement les deux courants de l'erreur partent chacun d'un point différent, mais de plus ils ne sont jamais d'accord avec eux-mêmes.

Toutes les formes de la révélation merveilleuse admettent une création spéciale c'est-à-dire un miracle, comme étant l'origine de l'âme. Mais c'est là le seul point sur lequel il y a unanimité. Dès qu'il faut établir, soit le mode, soit le moment de la production du miracle, la fantaisie commence, et elle ne cesse plus. Les uns veulent placer le fait miraculeux au moment exact de la conception, ce qui donne à Dieu le rôle ridicule d'un observateur attentif de détails sur lesquels il est inutile d'insister. D'autres la fixent après trois mois, ou lorsque l'enfant est viable, ou enfin à la naissance.

Les raisons qui président au choix de ces dates, postérieures à la conception, échappent à une appréciation saine, car elles sont imaginaires. Elles ont pour base une présomption qui fait considérer le développement de l'homme comme étant trop peu avancé, avant l'époque fixée, pour mériter une âme. Mais rien n'indique la cause déterminante de la préférence accordée, car même lors de la naissance, la vie de l'être semble encore uniquement instinctive. De plus ces systèmes présentent cette singularité, qu'ils ne peuvent méconnaître que le corps humain croît et se perfectionne avec une égale régularité quand il est privé d'âme et quand il en est muni.

D'autres encore soutiennent que Dieu ne doit pas toujours créer. Il a fait les âmes à l'origine, et elles serviront à animer les corps lorsque leur temps viendra. Cela est éminemment absurde. Que sont donc devenues depuis l'origine du temps les âmes qui n'ont pas encore servi. Faut-il admettre que ces immatérialités, présentées comme étant l'activité même, ont été emmagasinées, et sont demeurées inertes?

Dans le courant rationaliste le désaccord est non moins grand. Généralement on n'y spécifie pas le mode de production des âmes. Elles sont indiquées vaguement comme étant des émanations produites soit directement par la Cause première, soit par une âme du monde sur laquelle on s'explique le moins possible. Souvent, on en fait des êtres individuels, jouissant d'une existence sans commencement dans une création éternelle. Leur détermination est alors inexplicable, et on ne voit pas comment elles peuvent échapper à une absorption panthéiste.

Mais voici un philosophe qui prétend éviter tous les écueils qui entourent la production des âmes, et conserver intacte leur personnalité. Il émet une théorie qui certes ne manque pas d'originalité. Il crée une loi de sexualité qui doit contenir l'activité et la quantité, et il l'applique à la vie intelligente. Voici les textes :

« De la fécondité sexuelle vient la multiplication indéfinie
« des individus, image mobile de l'éternelle infinité de
« l'idée. Or pourquoi voudrait-on que les natures spirituelles
« les plus actives, les plus vivantes, fussent seules renfermées

« en elles-mêmes sans porter en soi la même tendance à
« une extension sans limites ?

« Les esprits ne reconnaissent-ils pas aussi l'activité et la
« quantité, et ne peuvent-ils dans l'intégrité de leur nature,
« posséder l'une ou l'autre en prédominance, ce qui paraît
« être l'essence du sens? Rien, *à priori*, n'autorise à en priver
« les âmes (1). »

Ces considérations posent l'idée du système; mais voici
qui les complète.

« Visiblement, le sexe est fait pour la génération, et la
« sexualité des âmes comporte la génération spirituelle.
« Admettre la sexualité des âmes, et la supposer oisive pe.
« dant que celle des corps fonctionnerait seule, serait sus-
« pendre violemment la loi de l'union sympathique hors de
« laquelle on ne conçoit pas la nature humaine.

« Dira-t-on que la dignité spirituelle répugne à la géné-
« tion. Mais, si on écarte l'abus et l'excès, la génération
« est en réalité comme le langage l'affirme énergiquement,
« une procréation, un trait sublime de ressemblance avec le
« Tout-Puissant auteur des choses (2). »

En se présentant avec une semblable liberté d'allures,
cette théorie spiritualiste devient principalement amusante,
car il faut avouer qu'elle est un peu risquée pour une idée philosophique. On était habitué à avoir confiance dans les âmes.
On les croyait, en présence de certains désirs, calmes comme
il convient à d'honnêtes immatérialités. Mais, si elles

____

(1) La science de l'esprit. F. Huet, t. 1er, p. 272.
(2) La science de l'esprit, p. 276.

peuvent jeter leur bonnet par dessus les moulins, si elles
se mettent de la partie chaque fois que le corps obéit à sa
nature présentée comme étant si vicieuse, alors tout est
perdu pour l'homme multiple, et on ne voit plus à quoi il
pourra se fier pour mesurer sa vie. Décidément, ce n'est pas
cette conception qui fixera les indécisions au sujet de l'origine
des âmes.

Enfin nous dirons encore pour terminer, que ne sachant
d'où faire venir les âmes, on a eu l'idée de leur imposer les
migrations les plus grotesques, et qui les font remonter
parfois jusqu'à la vie végétative. Les conceptions de ce genre
obtiennent pour résultat de placer l'âme dans l'homme comme
une cause de désordre et d'immoralité.

On l'y présente, en effet, comme passant de toute éternité
d'une existence dans une autre. Mais, dans ce cas, que devient
le moi? Je suis une manifestation d'une âme quelconque.
J'ai déjà vécu sans m'en souvenir. Je dois vivre encore dans
un être qui sera un autre. Ce n'est donc pas moi qui vis, c'est
cette âme. Pourquoi, dès lors, m'inquiéterai-je de ses destinées. Pourquoi m'imposerai-je le devoir de dominer mes
passions, de vaincre le mal pour progresser et pour bien faire?
Les efforts sont une duperie quand la récompense est pour
un autre. Cette âme a l'éternité devant elle. Qu'elle vive
pour s'améliorer quelques existences en plus. Que m'importe
à moi qu'elle parvienne plus ou moins vite au bonheur. Ma
tranquillité m'est plus précieuse que son avenir, et ma voie
est toute tracée. Je dénonce ce contrat absurde qui me lie à
elle sans que j'y aie consenti. Je rejette la lutte avec tous les
sacrifices qu'elle impose, et, étant sans avenir personnel, je
m'abandonne aux sensations qui me plaisent le plus, en
faisant taire les révoltes de ma conscience.

N'est-ce pas la seule conduite raisonnable que l'homme puisse tenir lorsqu'on admet la migration des âmes.

Avant de quitter l'âme, nous ne pouvons nous empêcher de mettre encore en lumière une des absurdités produites sous son patronage. Il n'est pas rare d'entendre énoncer dans toutes les écoles spiritualistes, et principalement dans le courant de la révélation merveilleuse là doctrine suivante : Votre corps est poussière, et vous induit en faute. Votre âme immatérielle seule a du prix. C'est pour elle que vous devez vivre et lutter. Méprisez donc votre corps et soignez votre âme, car si vous faites mal vous la perdrez pour l'éternité.

Voilà un enseignement que chacun admet comme étant la chose du monde la plus simple, et cependant il ne supporte pas un instant l'examen. Comment donc! C'est moi qui dois mépriser mon corps et qui peux perdre mon âme! Mais à ce compte, je suis donc trois : moi, mon corps et mon âme!

Quelle complication, grand Dieu! Et c'est un imbroglio semblable qui prétend représenter la vérité pure ! Le simple bon sens ne dit-il pas que le moi ne peut trouver sa voie au milieu de ce fouillis d'erreurs naïvement impossibles. !

CHAPITRE III

LES FACULTÉS ACTIVES

§ I

LA SENSATION

Les facultés actives ne correspondent pas, comme celles que nous avons examinées plus haut, à un état qui doive être subi. Elles sont des forces agissantes dont le moi peut disposer. Dans le courant de l'erreur, leur analyse exacte est impossible à faire, car les différentes fonctions qu'elles comportent, paraissent toujours sans accord et sans nécessité. La prédominance qu'on établit alors en faveur de Dieu ou de la Raison, ne permet plus d'accorder à toutes les facultés leur importance réelle. On doit au contraire exalter celle qui correspond à la prédominance admise, et par conséquent abaisser les autres au-dessous de leur niveau véritable. Dès lors le rapport réel étant détruit, le rôle utile et vrai des facultés n'est plus à comprendre.

Mais dès qu'on admet notre Dieu logique, les fonctions qu'il impose à l'homme dans la création, et la simplicité de l'être, on peut facilement apprécier les facultés actives telles qu'elles sont. Elles se présentent alors comme étant les instruments indispensables au moi pour accomplir sa tâche. Aucune absorption n'est plus obligée en elles, et au contraire chaque faculté a besoin pour se compléter de l'activité des autres. En les examinant en détail, nous allons voir qu'elles correspondent en effet à cette appréciation.

La sensation est celle de ces facultés dont il faut s'occuper d'abord, parce qu'elle est la première qui s'éveille dans l'homme. Elle offre ceci de particulier, qu'elle doit être nécessairement méconnue et méprisée dès qu'on conçoit l'homme comme étant un être multiple. Elle représente alors la matière, la vie instinctive et inférieure, et tout cela semble indigne de l'idéal qu'on s'est créé. L'âme, comme immatérialité, ne peut évidemment pas comporter des sensations corporelles.

Mais pourquoi devrait-on continuer à rejeter cette indispensable faculté, quand la simplicité de l'être empêche la croyance à l'immatériel. Il n'y a plus alors aucune division à faire entre la vie instinctive et la vie supérieure. La vie humaine seule existe comme une combinaison complète de ces deux éléments. Pourquoi les sensations n'en feraient-elles pas partie. Il n'y a rien à mépriser dans le moi du moment qu'il ne prétend pas sortir du fini et du déterminé, pour se perdre dans le vague de l'idéalisme. Nous sommes donc d'accord avec la réalité en définissant la sensation, l'impression qui accompagne les manifestations de l'activité, à quelque ordre que celles-ci appartiennent. La sensation est l'intermédiaire obligé entre le moi et ce que hors de lui, ou en lui, il cherche à atteindre. Elle est une fonction attachée au jeu des organes pour leur donner un complément indispensable. Il faut bien, en effet, qu'un moyen existe, par lequel l'homme se rendra compte de ce qu'il fait, et on ne pourrait en rêver un valant mieux qu'une impression ressentie.

La sensation s'impose donc à toutes les facultés, et aucune parmi celles-ci ne fonctionnerait utilement si, en agissant, elle n'impressionnait pas le moi. La pensée, comme le reste, est soumise à la sensation. Lorsque le moi conçoit une pensée, il est obligé de la formuler d'une manière quelconque, et d'avoir la sensation qui la formule. S'il en était autrement, la pensée égalerait la non-pensée, et l'être, ignorant quand elle se produit, perdrait l'usage de sa part de vie supérieure, et descendrait au rang des animaux.

Il est impossible de concevoir la sensation existant sans les organes. Mais, de ce qu'elle a besoin de leur aide, il ne faut pas conclure que le cerveau soit de la matière qui pense. La matière comme telle est inerte, et la masse cérébrale la plus volumineuse et la mieux conservée n'est pas différente du reste du corps quand l'être est mort. Ce qui pense, c'est le moi dans son entier, employant le cerveau comme organe, et la sensation comme moyen de se rendre compte. C'est lui qui perçoit l'impression, et qui ensuite la contrôle et l'examine avec l'ensemble de ses facultés.

La sensation a un rôle passif en ce sens qu'elle donne l'impression sans être chargée d'en apprécier l'exactitude. Elle agit mécaniquement, et sa compétence est bornée à ce rôle. C'est pourquoi, quand on l'isole du contrôle qui lui est indispensable, elle devient parfois l'occasion des plus grandes erreurs. Cela est si vrai, que l'impression causée par un grand froid ressemble à s'y méprendre à celle produite par une grande chaleur.

Il faut donc, en affirmant hautement l'existence et la nécessité de cette faculté, ne pas lui demander ce qu'elle ne peut donner. En la laissant dans son cadre naturel, elle est la source principale de l'expérience. En l'en faisant sortir, elle ne présente plus le même degré de garantie. Mais, ce n'est pas à elle qu'il faut imputer cette faute. Le moi lui-même est faillible, et le plus souvent c'est par sa négligence qu'il se trompe sur la valeur de son impression.

§ II

FACULTÉ DE CONNAITRE

Nous définissons la faculté de connaitre la possibilité pour la pensée d'employer l'intelligence.

Ceci pour être compris demande à être complété par l'explication de la valeur des termes employés. Nous ajouterons donc que nous considérons la pensée comme l'acte mental par lequel le moi peut fouiller toutes les parties de l'anti-thèse, pour les apprécier, et même s'élever jusqu'à la thèse pour en constater l'existence. Quant à l'intelligence, elle nous semble être l'ensemble des fonctions au moyen desquelles la pensée traduit le résultat de ses récherches en un raisonnement régulier, ou en un acte réfléchi.

Envisagée à ce point de vue, la faculté de connaitre est une des parties principales introduites dans la vie lors de l'apparition de l'homme. Son importance est même si considérable que l'erreur en a fait la base de la *raison* qu'elle accordait à l'être humain.

Certes, notre intention n'est pas de méconnaitre les mérites de cette faculté, mais nous ne devons pas cependant exalter l'intelligence au-delà de ce qu'elle est. Quant on l'analyse sans parti pris, on apprécie sa valeur comme étant très vraie, mais on ne peut avoir pour elle l'enthousiasme déréglé du rationalisme. Elle est un ensemble de facultés et rien de plus, aussi pour la ramener au niveau de celles que le moi possède sans étonnement, suffit-il d'énoncer le détail des opérations qui la composent. Voici ce qui se passe.

D'abord il est à constater que l'intelligence pour agir doit rencontrer, actualisées dans le moi, deux fonctions dont l'aide lui est indispensable, et qui sont le langage et la mémoire. L'impression reçue serait inutile, et la pensée impossible, si le moi ne traduisait leur résultat en mots et en phrases dont il puisse garder le souvenir. Au contraire, avec ce secours, l'être peut se faire des éléments d'expérience et les augmenter sans cesse. Quand donc la pensée agit, en ayant à sa disposition la mémoire et le langage, elle emploie les procédés suivants. L'observation s'appliquant aux impressions fournies par la sensation, recherche les particularités de détails et les conditions spéciales de ce qu'il faut examiner. La comparaison établit des différences et fait des rapprochements, et l'imagination fournit le moyen de présenter la conception sous des formes diverses. La pensée alors constate un fait, mais aussitôt la causalité imposant sa nécessité, force le jugement à considérer cet énoncé comme un principe, et à chercher à le compléter en lui adjoignant ses conséquences. Pour les trouver le jugement écarte ce qu'il croit faux, rapproche ce qui lui semble conforme et le moi produit enfin un raisonnement.

Voilà à quoi se réduit le travail intellectuel si orgueilleusement exalté de nos jours jusqu'à l'absolu. Le raisonnement n'est pas autre chose qu'une application de la loi de causalité, et sa valeur est dépendante de celle du principe et de la rectitude de jugement de l'être pensant. Or pour s'assurer de la valeur de ce principe, et pour ne pas s'écarter d'une logique rigoureuse, la faculté de penser, agissant dans son isolement, s'efforcerait en vain. Toutes les facultés ont il est vrai besoin de son secours et viennent en quelque sorte se résumer dans la pensée. Mais celle-ci doit aussi par réciprocité avoir recours à leur aide, pour se compléter et pour parvenir à la certitude.

§ III

FACULTÉ D'AIMER

Si la faculté de connaître existait seule, ou si, comme on le prétend, elle devait être une prédominance, l'homme serait un être très malheureux. Usant son activité dans une suite d'arides raisonnements, il passerait sa vie à constater la différence existant entre ce qui est logique et ce qui ne l'est pas. Mais on ne voit pas ce qui le déciderait à préférer l'un à l'autre de ces deux états. Une suite de jugements à émettre serait évidemment pour lui une occupation sans attrait, et la condition de sa vie comporterait une indifférence absolue.

Cependant, s'il entrevoyait quelque chose du but de la création, il serait encore plus à plaindre. Il se trouverait chargé d'une tâche difficile, exigeant une lutte incessante, et se terminant par une récompense sur la valeur de laquelle le raisonnement isolé ne peut le renseigner. L'idéal de son avenir serait au plus la possibilité de raisonner logiquement pendant l'éternité, sans que cet important résultat pût lui procurer une satisfaction quelconque. Dans ces conditions le moi se lasserait de cet unique et incessant raisonnement. Il refuserait d'imposer à d'autres êtres une existence aussi sèche, et, renonçant à former une famille, il se refugierait dans la mort avec l'espoir d'y rencontrer un anéantissement complet.

C'est pour lui éviter cette position insoutenable que la faculté d'aimer a été donnée à l'homme. Elle joint au raisonnement l'attrait qui décide à vivre, à lutter, à espérer. Elle produit, grâce à l'amour, le puissant levier qui fait incessamment avancer le progrès.

Si telle est la faculté d'aimer, l'attrait qui l'accompagne doit se rencontrer dans tous les ordres de l'activité du moi. En effet l'amour est une loi générale, et on le trouve partout dans la vie humaine. D'abord l'individualité l'applique à elle-même. Le moi se connaît et il s'aime. Il veut se faire le plus de bien possible, et il a une tendance marquée à tout rapporter à lui. Cet attachement intime, dont l'excès seulement constitue l'égoïsme, ne pouvait manquer de se produire. Si l'homme était indifférent à lui-même il ne s'inquiéterait guère de la récompense finale, et il présenterait cette singularité que lui, l'ouvrier de l'œuvre de Dieu, serait sans intérêt personnel sensible dans le travail qu'il devrait accomplir.

Cet attachement intime n'empêche pas cependant la faculté d'aimer, de s'appliquer hors du moi. L'amour qui attire et qui rapproche les sexes, existe comme un attrait si grand, qu'il est parfois difficile d'y résister. Il exalte l'être, rompt son équilibre, et le place dans un état extrême qui va jusqu'à faire paraître facile les choses impossibles. Parvenu à ce point, l'amour est un dérèglement, mais il ne faut pas le juger dans les moments d'exagération dont on ne peut le rendre responsable. Dans son cadre naturel, l'amour dont nous parlons est l'attachement qui était nécessaire entre deux êtres appelés à accomplir la tâche ingrate d'élever et de diriger des enfants. Une tâche semblable ne serait pas entreprise par des indifférents, elle leur serait insupportable. Tandis que l'amour le rend facile, et lui attribue même comme compensation l'affection réciproque des membres de la famille.

Mais là ne se borne pas la compétence de la faculté d'aimer. Dans une plus large mesure elle s'applique aux autres.

Il suffit en effet de regarder autour de soi, pour voir que le cœur humain n'a pas la sécheresse de l'égoïsme.

Il sait battre pour toutes les misères, il sait s'émouvoir pour toutes les douleurs. Il sait s'imposer des dévouements sublimes, que ce soit au nom de l'amour de la patrie, du soin des destinées de l'humanité, ou de cette charité admirable qui appelle tant d'êtres bienfaisants au chevet des malades ou au foyer des pauvres.

Sous d'autres formes encore, la faculté d'aimer sait se montrer. A quoi servirait le beau, le vrai, le bien, l'idéal sous quelque mode qu'il apparaisse, si le moi, qui conçoit ces choses, n'en ressentait une ineffable jouissance allant jusqu'à l'enthousiasme. Comment saurait-on vaincre les difficultés inhérentes à tout travail, si chaque étude ne procurait, à celui qui s'y livre avec persistance, une âpre jouissance. Enfin, comment aborderait-on les obstacles de la vie, si la seule impression causée par la lutte était la tristesse et le découragement. Grâce à l'amour il n'en est pas ainsi. La lutte elle-même peut être une source d'émotions agréables. La résistance opposée à nos efforts pour faire bien, n'énerve pas tous les hommes. Chez beaucoup, au contraire, elle augmente la force en exigeant une volonté plus puissante. Les natures tenaces loin de craindre la lutte sont attirées par elle. Elles savent qu'il y a une satisfaction profonde à arrêter l'injustice, à réduire le mal, et à forcer l'erreur à disparaître.

§ IV

FACULTÉ D'ADORER

L'amour devant être attaché à tout cé que la connaissance peut atteindre dans l'antithèse universelle, ne pouvait manquer de s'appliquer à Dieu, envisagé comme terme supérieur du rapport de la création. L'homme, en effet, peut prier. Cela est un fait qui n'est pas nié, mais auquel on n'a pas toujours accordé l'attention qu'il mérite. Dans une notable partie du courant de l'erreur, on constate la possibilité de prier sans y attacher une grande importance. On ne remarque pas que cette qualité étant inconnue dans la vie instinctive, est une innovation réservée à la vie humaine, ce qui oblige le moi à en tenir compte. Pourquoi, en effet, s'en affranchirait-on. Pourquoi cette faculté serait-elle placée différemment des autres. Pourquoi pourrait-elle être considérée comme inutile, alors que rien n'existe en nous qui ne doive servir ? Evidemment, du moment qu'elle fait partie de sa vie, le moi doit la faire fonctionner s'il veut obtenir en lui une action complète. En l'employant, il pose donc un fait naturel qui ne mérite ni moquerie ni éloge. Prier est humain comme connaître est humain, et il est également dangereux pour l'homme de supprimer l'action de quelqu'une de ses facultés.

L'adoration se présente d'ailleurs comme une nécessité parfaitement explicable. Elle ne se rencontre pas dans les animaux qui sont des êtres sans responsabilité et sans avenir. Mais comment pourrait-elle ne pas exister dans l'homme, qui doit remplir ses obligations envers le Créateur. Il faut que le moi ait une notion quelconque de l'absolu, et où la trouverait-il, sinon dans l'adoration qui le rapproche de Dieu. Cette faculté, il est vrai, n'est pas assez complète pour lui faire analyser la thèse, mais elle lui enseigne les caractères supérieurs que Dieu doit posséder, et elle le sollicite à les rencontrer dans le terme supérieur du rapport. Elle lui indique que la Cause dont il est une conséquence étant parfaite, il doit l'aimer pour le bonheur qu'elle nous prépare.

§ V

FACULTÉ DE CONTRÔLE

Sollicité par la sensation, l'homme doit pouvoir contrôler les impressions que lui causent les facultés de connaître, d'aimer ou de prier. Pour remplir cette fonction, il a la conscience sur le compte de laquelle les philosophes se sont si souvent trompés, soit qu'ils l'aient confondue avec le sens intime, ou qu'ils aient apprécié faussement sa nature.

Huet dit à ce propos. « J'ai de moi-même une connaissance « intime et continuelle. C'est ce qu'on appelle conscience « dans l'acception générale et métaphysique du mot et « quelquefois sens intime, sens intérieur. Mais ce dernier « terme indique plutôt l'amour de soi, inséparable en effet « de la connaissance (1). »

Victor Cousin constate que la conscience est seulement un témoin qui fait paraître ce qui est sans le créer (2).

Dans les deux cas, il y a confusion ou erreur. La conscience est une faculté spéciale, et non pas un mélange de deux actions diverses. Elle demeure elle-même, soit qu'on l'analyse au point de vue métaphysique, soit qu'on l'examine sous un aspect simplement pratique. Et d'un autre côté, loin d'être un témoin passif, elle est destinée, au contraire, à un rôle d'une activité constante. Ce rôle consiste à passer au crible

---

(1) Huet. La science de l'esprit. 1 vol., p. 91.
(2) V. Cousin. Le vrai, le beau, le bien, p. 33.

d'une critique sévère, toutes les actions, toutes les pensées du moi. Ayant pour type le beau, le vrai, le bien rapprochés autant que possible de l'absolu, incessamment elle approuve ou elle condamne ce qui se passe en nous. Au moyen d'une impression favorable ou pénible, elle nous enseigne si nous agissons conformément ou contrairement à nos convictions.

Cette faculté est donc destinée à être un guide fidèle. Mais cependant, étant comme toutes les parties du moi, soumise aux conditions du fini et du relatif, elle peut prendre le faux pour le vrai, et admettre de bonne foi une erreur radicale. Il peut même arriver que l'homme, quand il le veut, restreigne l'intensité d'action de sa conscience, ou l'habitue à parler le langage qui plait à ses passions. Mais cette faculté ne peut supporter un semblable abaissement d'une manière durable et complète. Elle a parfois de terribles révoltes contre le faux qui la déprime, et elle impose alors au moi des remords dont il ne sait plus s'affranchir. C'est que, malgré toutes les subtilités de notre imagination, la vérité, toujours supérieure à l'erreur, contredit ces convictions erronées, et ramène la conscience dans la voie naturelle.

La conscience, tout en ayant dans la faculté de se contrôler un rôle actif et supérieur, n'y est pas cependant la seule force existante. Il faut encore joindre à son action le sens intime en vertu duquel le moi raisonnable ne peut méconnaître son individualité, et surtout le bon sens qui lui fait admettre comme par une sorte d'intuition les vérités exactes. Le bon sens et la conscience ont une importance de premier ordre. Ils sont les sauveurs du moi. Ils le ramènent au vrai lorsque les écarts de la raison l'ont perdu dans les déserts sans fin de l'impraticable.

§ VI

FACULTÉ DE VOULOIR

Les facultés que nous venons d'examiner, agissant de telle sorte qu'elles ramènent au moi le résultat de leur travail, nécessitent un courant contraire allant de moi vers elles. Ce courant s'établit au moyen de la volonté, par laquelle le moi oblige ses facultés à lui obéir, de manière qu'il puisse s'en servir et les régler. Il en résulte que le moi peut agir en lui et hors de lui, à condition de ne pas dépasser la limite de ses forces et de sa compétence.

Dire que l'homme a la volonté, et principalement la volonté en vertu de laquelle il peut diriger sa vie intime, c'est exprimer une vérité souvent proclamée, mais toujours négligée dans la pratique. Il ne faut pas s'étonner, du reste, si, à cet égard, on a dû rester dans la théorie, car cette volonté intime n'a pas un emploi logiquement compréhensible dans l'homme complexe. Qui doit vouloir dans cet être imaginaire. Est-ce le moi où l'âme? Et de même, dans le matérialisme positiviste, pourquoi l'être devrait-il demander à l'action de la volonté une amélioration quelconque? Il obéit à des lois qui l'entraînent fatalement. Il n'a pas d'avenir personnel. Il ne doit donc pas chercher à agir sur ces lois, car sa volonté, en admettant qu'elle existe, ne saurait les influencer.

C'est parce que la volonté a été ainsi déprimée que nous sommes devenus les hommes que vous savez, dont les petitesses apparaissent de plus en plus. Lâches vis-à-vis du devoir, nous rêvons les aventures d'une Raison imaginaire chargée de remplacer notre initiative. Ou bien nous tremblons misérablement sous la menace d'un pouvoir prétenduement terrible et qui abaisse notre volonté par la crainte de la damnation.

Au contraire, dans la conception de l'homme simple, la volonté d'agir sur soi-même est nettement indiquée comme appartenant au moi. Elle est placée dans sa main comme une arme puissante dont il peut et dont il doit se servir pour abattre le mal. Elle est l'expression du vouloir véritable de l'être agissant dans son unité et dans sa liberté. On ne peut plus, dès lors, se faire l'illusion de la nier pour légitimer la persistance de ses vices, en invoquant une faiblesse irrémédiable. On ne peut plus dire la volonté intime est impuissante.

Non, elle ne l'est pas. Et qu'en sait-on, d'ailleurs, puisqu'on ne s'en sert pas. Nous repoussons cette désolante théorie, et, au nom de l'homme simple, nous lui opposons cette proposition contraire. La volonté intime est toujours suffisante quand on la conserve intacte et qu'on veut s'en servir. Si on en doute, qu'on en fasse l'expérience, et on verra qu'elle intensité considérable gagnera cette faculté, quand l'éducation de toute la vie aura été dirigée dans le sens de son augmentation, et non plus dans celui de son abaissement.

Comment serait-il possible, du reste, que la volonté fût infirme. A quoi cela servirait-il? Ce serait une faute et un non-sens dans l'œuvre si logique de la création. Ce serait un acte injuste, qui ferait demander comment l'homme peut régler sa vie si le régulateur est sans force, comment il peut accomplir sa tâche s'il n'a pas le vouloir.

Non, la volonté n'est pas infirme. Elle est forte et puissante, au contraire. Elle est capable de transformer des êtres amoindris en hommes de valeur, et nous espérons bien qu'un avenir prochain le prouvera d'une manière éclatante.

§ VII

FACULTÉ DE SE DÉCIDER

Enfin, au-dessus de toutes ces forces, on trouve une action suprême appliquée par le moi à leur ensemble. L'homme peut, dans une certaine mesure, renoncer par une sorte de volonté spéciale à l'usage de ses facultés. Il peut refuser de connaître, d'user de sa liberté, et même de sa volonté. Il a le choix à cet égard, et en s'abandonnant il sait que c'est lui qui le veut.

Cette faculté est représentée en partie par le sens intime en vertu duquel le moi connaît son individualité. Mais elle l'est surtout par le libre arbitre qui est l'essence même du pouvoir souverain que le moi exerce sur lui-même. Par cette faculté, l'être s'étant rendu compte de ce qui se passe en lui, et ayant pu délibérer, agit volontairement dans le sens de ses convictions consciencieuses, ou se laisse aller sans plus de résistance au courant de ce qu'il sait être un dérèglement.

Tel est l'ensemble des facultés qui constituent la vie humaine. Quand on les réunit pour former la nature du moi, elles posent ce second terme du rapport comme une individualité unique, libre, responsable, reliée à Dieu, et ayant la disposition de forces qui, toutes, peuvent concourir à former l'harmonie. Ces conditions se rattachent régulièrement à notre appréciation de la Cause et à la pensée de Dieu. Il faut donc les considérer comme vraies ou rejeter, à titre d'erreurs, toutes les parties déjà admises dans le système.

CHAPITRE IV

OBLIGATIONS ET ACTIONS DES TERMES DU RAPPORT

§ Ier

DANS LE TERME SUPÉRIEUR

Nous venons d'examiner dans les deux termes du rapport universel les caractères généraux qui s'y trouvent. Cela ne suffit pas. Il faut encore chercher en eux les obligations qui leur incombent et la manière dont ils emploient leur activité.

Il est d'abord à remarquer qu'ils doivent avoir des devoirs réciproques. En effet, la supériorité qui doit être attribuée au Créateur comme cause première, est incontestable et semble lui assurer une puissance entière. Mais d'un autre côté le rapport qui existe entre l'auteur d'une œuvre, et celui qui est chargé de l'exécuter, rend un échange de devoirs inévitable. Il y a donc réciprocité. Cependant il est bien entendu que l'égalité n'est pas à chercher dans la position réservée à chacun des termes. Les rôles demeurent séparés par la distance qu'il y a entre l'absolu et le relatif. Et pourtant, quoique représentant des états si divers, ces rôles s'harmonisent de telle sorte qu'ils tendent en commun vers un même but suprême.

Dans le Terme supérieur, les obligations sont absolues. Elles demeurent les mêmes à quelque degré que soit parvenu l'avancement de la vie. Elles se résument dans un respect entier de la justice et de la logique vis-à-vis du travail déjà accompli pour réaliser la pensée divine.

Quant à l'action, elle s'appelle la Providence, et elle peut se présenter sous des modes différents, proportionnels au degré de perfection des êtres auxquels elle s'applique. Elle se traduit dès l'origine dans la conservation du fini déjà développé, et selon toute apparence dans la direction suprême de la loi du progrès. Plus tard, quand le moi intelligent et consciencieux est actualisé, la Providence ajoute à son action primitive une aide efficace devenue nécessaire. Dieu, en effet, ne peut jamais se désintéresser de nos efforts, ni demeurer spectateur inattentif de la lutte que nous devons livrer pour atteindre l'harmonie. Il veut nous aider, mais en même temps il doit respecter en nous la liberté, sous peine de rendre la responsabilité injuste.

Ces deux tendances qui semblent s'exclure dans les désirs divins, se concilient dans la réalité. Et si près que cette question soit de l'essence de la thèse, l'analyse peut cependant obtenir à son égard un résultat satisfaisant. Nous ne pouvons, il est vrai, saisir en lui-même le mode d'action de la Providence sur l'homme terrestre, car notre base ne nous sert plus dans ce cas que d'une manière indirecte. Le moi unique et simple est en quelque sorte passif vis-à-vis de l'action de Dieu. Il la sent, il en comprend la nécessité, il en éprouve les effets, mais il ne peut avoir à son sujet la certitude que lui donne un acte qu'il fait lui-même. Il n'a donc plus l'évidence à sa disposition, il doit recourir à la méthode, et induire ce qui doit être de ce que fait connaître l'expérience générale. En un mot, la position du moi est celle-ci. Il a la certitude que la Providence est en rapport avec lui, il n'a que des convictions raisonnables et logiques quant à la manière dont elle actualise ses effets. Mais ces convictions sont en rapport exact avec un principe, qui lui, est évident, et nous répétons que dans ces conditions, elles gagnent une valeur presque égale à la certitude. Nous estimons donc que le moi peut admettre avec sécurité le mode d'action providentielle que la nature et la vie usuelle lui démontrent comme vraie.

Voyons quels sont à cet égard ses éléments de conviction.

Un examen attentif de ce qui se passe dans le moi, indique d'abord comme faisant partie de l'activité providentielle une communication d'ordre intuitif que nous appellerons la révélation naturelle. Dieu parle à la conscience pour engager le moi à bien penser et à bien faire. Il lui offre des sollicitations favorables, mais il ne les lui impose pas. Le moi dans sa liberté, les admet ou les rejette, aucune force étrangère ne pouvant s'interposer entre lui et son libre arbitre. Cette révélation n'est pas incessante. Il est évident que pour chaque pensée ou pour chaque action même insignifiante, Dieu ne nous offre pas son conseil. Le moi vit par lui-même, et ses facultés sont assez complètes pour qu'il puisse se passer d'une aide exagérée. Il peut même s'élever jusqu'à un certain degré dans l'ordre des idées favorables. Mais sa nature faillible ne lui

suffit cependant pas dans tous les cas. Il ne peut s'empêcher
de déchoir de la hauteur où il est parvenu, si l'aide de Dieu
ne le soutient au milieu de ses doutes et de ses défaillances.

La révélation naturelle étant indispensable à l'homme, il ne
faut donc pas s'étonner qu'elle soit explicable à plusieurs
points de vue. D'abord elle se comprend comme cause productrice d'événements futurs que Dieu connaît dans sa pres-
cience, et dont certaines circonstances de notre vie sont peut-
être destinées à préparer la venue. Dieu nous offre dans ce
cas son intuition dans le moment où nous sommes le mieux
disposés à l'accueillir, ce qui, en réservant les droits de la
liberté et de la responsabilité, explique pourquoi nous
l'acceptons.

Elle se comprend en second lieu comme suite naturelle de
la prière. Il est en effet généralement connu que de la prière
il sort souvent une pensée heureuse, et même une solution
favorable de difficultés qui nous semblaient sans issue. Quand
on rapproche ce fait de l'existence de la faculté d'adorer, il
perd son caractère merveilleux pour rentrer dans l'ordre naturel. La faculté d'adoration nous sollicite à nous élever vers
Dieu et à lui demander son aide. A quoi servirait-elle s'il ne
pouvait résulter de son emploi, ni secours, ni manifestation
d'aucun genre. Elle serait une inutilité. Son usage égalerait
son non usage, et cela serait absurde. Son rôle au contraire
est compréhensible et utile, si à notre effort pour implorer
son secours, Dieu répond en nous donnant des inspirations
heureuses.

De tout ceci il résulte que la révélation naturelle est
étroitement liée à la prière, et qu'elle est aussi compréhensible,
aussi humaine que la révélation merveilleuse est contraire au
bon sens et à la vérité.

Les communications intimes ne constituent pas toute l'action de Dieu. Sa providence peut nous secourir d'une manière effective. Pour obtenir un résultat semblable, tous les dieux connus jusqu'à ce jour ont toujours employé le miracle surnaturel. Mais cette fois il n'en est plus ainsi car la vérité repousse le merveilleux comme un désordre dangereux. Elle oppose au miracle surnaturel cette raison dont l'exactitude nous paraît entière. Si Dieu, dit-elle, en sa toute puissance peut troubler dans les lois naturelles l'ordre qu'il a établi comme indispensable à l'accomplissement de sa pensée, il perd son caractère de justice et de vérité. Il n'est plus absolu en tout puisqu'il devient un Dieu fantaisiste. Toute direction fixe dans la vie disparaît à l'instant, et la responsabilité humaine devient une monstruosité. Dieu ne peut plus la maintenir, car s'il ne sait pas suivre pour parvenir à son but une route rigoureusement régulière, on ne voit pas de quel droit il reprocherait à l'homme, fini et relatif, la faiblesse d'une volonté qui, dans l'être absolu lui-même, n'aurait pas su être persistante. Il est donc certain que si un miracle surnaturel se produisait dans de telles conditions d'évidence que la conscience générale fût obligée de l'admettre, ce fait constituerait un malheur irréparable, car il ferait disparaître toute certitude de l'univers.

La véritable providence divine n'a pas besoin de cette fantasmagorie. Elle agit en se servant des lois naturelles, qu'elle se contente de diriger de manière à pouvoir nous être utile. Que pour une raison quelconque la bienveillance de Dieu nous soit acquise, nous serons entourés d'une protection qui semblera miraculeuse. Nous aurons échappé à un danger, nous aurons évité la mort, nous n'aurons pas commis une faute importante. Que se sera-t-il produit cependant. Un mouvement qui semblait instinctif aura été fait par le moi ou par un autre. L'exécution d'une intention mauvaise aura été entravée par un concours de circonstances fortuites. Une force qui n'agissait pas aura été mise en mouvement, et fera disparaître l'intensité d'une maladie. Enfin, en général, quelque chose qui n'était pas sera, qui, en modifiant l'état des causes, changera les effets. Dans toutes ces circonstances c'est l'individualité humaine, ou une force régulière qui aura agi. Mais à qui faudra-t-il attribuer la pensée qui se dégage de ces circonstances indifférentes en elles-mêmes. Les esprits forts en accorderont le bénéfice au hasard, comme si une puissance aveugle et inintelligente pouvait trouver place dans une création ayant le raisonnable pour base. Les esprits vrais reconnaîtront qu'elle répond à l'action providentielle de Dieu, soutenant nos efforts, et veillant à la conservation et au progrès de son œuvre.

La révélation naturelle et le secours providentiel, constituent l'ensemble de l'action de Dieu. Toutes deux sont destinées principalement à l'homme, mais il ne faut pas en conclure que nous puissions en exiger l'application à notre moi au nom d'un droit absolu. Si notre imprévoyance, après avoir posé des actes mauvais ou imprudents, pouvait toujours compter sur une aide divine pour échapper aux conséquences de sa conduite, la responsabilité humaine n'aurait plus d'importance. Dieu consent dans certains cas à opposer aux causes de désordres que nous produisons d'autres causes plus favorables. Mais il ne peut pas, quand un principe est établi et que nous prétendons le maintenir, empêcher l'action régulière de la loi de causalité sans tomber dans l'erreur dangereuse du miracle surnaturel.

En résumé la conviction qu'on peut légitimement se faire

à propos du rôle de Dieu, consiste en ceci. La Providence s'applique à l'homme, mais elle ne lui doit que la stricte observation des obligations incombant au Terme supérieur. Elle s'exerce volontiers, mais elle exige, en thèse générale, que le moi ne compte pas uniquement sur elle, et qu'en s'efforçant, il tente principalement des efforts personnels.

§ II

DANS LE TERME INFÉRIEUR

Les obligations qui incombent à l'homme comme membre du rapport, correspondent nécessairement à son rôle dans la création. Elles se résument dans une harmonie aussi complète que possible, que le moi doit établir en lui et autour de lui. Cette obligation étant générale et inévitable, est, par conséquent, supérieure à la volonté personnelle. Malgré les efforts que le moi pourrait tenter pour s'isoler de sa cause et pour s'en affranchir, toujours Dieu et la tâche d'amélioration qu'il attribue à sa créature, s'imposeront à l'intelligence sous une forme quelconque.

Cependant les devoirs dans le second terme ne sont plus absolus comme ils le sont dans le premier. L'homme terrestre est au contraire tellement relatif que son degré d'avancement dans la vie est le moins élevé parmi ceux de l'existence supérieure, et sa part de responsabilité est nécessairement proportionnelle à cet état. En effet, cette part ne va pas au-delà du devoir d'éloigner et de neutraliser les causes de désordre que chaque individualité peut atteindre au moyen des forces que lui donnent ses conditions d'existence. La nature physique, l'éducation ou l'instruction reçues, le milieu dans lequel on vit, et bien des circonstances fortuites, peuvent modifier l'étendue de la responsabilité. Il est impossible de tracer à cet égard des limites fixes, la justice de Dieu est seule compétente pour le faire, mais chacun a en soi, dans la conscience, un moyen assuré de savoir si les actes qu'il pose sont d'accord avec le bien.

Le moi, pour accomplir sa tâche, ne peut rien délaisser de ce que son activité personnelle est compétente pour atteindre. Il a par conséquent des obligations qui répondent à différents ordres d'idées, et dont l'ensemble constitue la morale régulière. Les devoirs qui en résultent s'appliquent à Dieu, à soi-même, aux autres hommes, et enfin au reste de la réalité. Il ne nous semble pas opportun d'examiner à cette place le détail de ces différents devoirs. Leur accomplissement est le produit de l'activité complète du moi. Il est donc préférable d'établir d'abord les conditions de l'action, et de retarder l'énumération des devoirs jusqu'au moment où nous traiterons de la morale d'une manière spéciale. Nous quittons donc les obligations pour nous occuper de l'action.

L'action dont dispose le moi et qui peut lui permettre d'accomplir ses devoirs est celle qu'il exerce sur lui-même. Elle présente dans son essence les caractères suivants.

Elle demande que le moi cherche l'harmonie, règle ses facultés, et donne à sa vie toute l'intensité possible.

Elle se présente sous la forme d'un combat qu'il faut livrer.

Elle exige dans le moi une activité permanente.

Enfin elle lui indique la nécessité d'un avenir au-delà de l'existence actuelle.

Nous allons examiner successivement ces différents caractères.

Quand le moi agit, il ne peut, malgré son libre arbitre, employer ses facultés selon sa fantaisie. L'ensemble qui constitue son être étant posé en accord avec le reste du système général, ne lui permet pas de rejeter la loi de régularité et de progrès qui s'impose à tout le fini. Rien en lui n'existe qui n'ait son utilité et sa raison d'être. Il faut donc autant que possible tenir compte de cette règle et l'appliquer principalement aux facultés. C'est une erreur de croire que parmi celles-ci il puisse y en avoir d'inférieures, dont le non-emploi serait compensé par l'activité plus grande d'une autre devenue prédominante. Tout est nécessaire à tout, et nous savons déjà qu'une faculté ne fonctionne régulièrement et sûrement que si son effort, quelque grand qu'il soit, est complété par celui des autres agissant dans les mêmes conditions. Laissée dans son isolement, toute faculté, sans en excepter la pensée, s'égare dans l'erreur des prédominances, et finit par divaguer hors de la réalité terrestre.

Un exemple frappant du danger que présente cette action isolée se rencontre dans l'extase. Quand le moi se livre à cette exagération, le corps semble avoir perdu tout moyen d'agir. La vie est localement suspendue, il n'y a plus ni volonté ni sensibilité, l'adoration seule persiste et, affranchie du reste, elle tend vers une absorption en Dieu, ou du moins, vers une union intime avec lui. Si cet état était la suprême expression de l'emploi des facultés, il devrait en résulter à chaque nouvelle extase un enseignement de plus en plus rapproché de l'absolu. Il serait impossible à l'être complet de revenir du septième ciel sans en rapporter au moins quelque souvenir. Il est donc bien évident que l'extase n'est pas un état supérieur, car jamais ceux qui s'y livrent n'ont entrevu dans leurs pérégrinations supra terrestres, autre chose que la nécessité, enseignée depuis longtemps autour d'eux, de revenir d'une manière plus complète et plus soumise à l'erreur religieuse sur laquelle ils basent leurs convictions.

Qu'est donc l'extase? C'est la prédominance exagérée d'une

faculté agissant dans son isolement, et se perdant dans l'inconnu. Il n'est pas impossible qu'elle place l'adoration en rapport avec certaines parties d'une vie supérieure. Mais, même dans ce cas, les autres facultés demeurant attachées à l'existence terrestre, l'adoration ne peut tirer profit de cette position spéciale, car elle n'a aucun moyen de transformer ce qui se passe autour d'elle en impressions déterminées. Elle demeure dans le vague et dans l'impuissance, parce qu'elle est en réalité une sorte de monstruosité par rapport à notre nature terrestre.

Cet état peu enviable est celui où doit toujours aboutir l'action isolée. Il faut donc éviter comme une faute ce qui mène vers ce résultat, et suivre la règle qui produit son contraire. Cette règle indique que le moi doit utiliser autant que possible toutes ses facultés et tous ses organes. Il ne peut, il est vrai, les éloigner du but rigoureusement assigné à leurs fonctions, mais cette condition absolue étant respectée, il a le devoir de leur donner la plus grande somme d'activité et de durée qu'il soit possible d'obtenir. Ce qui, en lui, agit facilement, doit être employé et réglé, mais en même temps il est d'obligation stricte que la puissance de ce qui est plus faible soit élevé à un niveau permettant l'harmonie.

Le moi se doit à lui-même des soins intelligents qui naturellement s'appliquent aussi au corps. Dans l'être simple l'antagonisme n'existant plus entre une partie matérielle et une âme immatérielle, il n'y a plus aucune raison pour considérer son corps comme ne méritant pas l'attention. Cela ne veut pas dire qu'il faille accorder à la vie instinctive une exagération d'importance, et chercher uniquement la satisfaction des appétits qui s'y rapportent. Une semblable situation ramènerait au système des prédominances, et serait contraire à la combinaison synthétique de vie instinctive et de vie supérieure qui forme l'existence de l'homme terrestre. Mais, sans exagérer les soins, il faut les appliquer de manière à faire disparaître, autant qu'on en est capable, les causes d'infériorité ou de faiblesse qui se rencontrent dans le jeu régulier des organes. Toute imperfection corporelle paralysant à un degré quelconque une fonction, tend vers l'immobilité, c'est-à-dire vers l'opposé de l'activité, sans laquelle le but de la création ne saurait être atteint. Elle est donc un mal, et l'intérêt général est d'accord avec celui du moi pour demander que ces imperfections disparaissent au plus tôt.

Mais, si le moi doit s'efforcer d'obtenir un corps robuste et bien portant, il doit aussi diriger son action de manière à orner son intelligence et à l'élever par un travail constant. On est coupable quand, pouvant apprendre, on ne le fait pas. On l'est aussi quand on répand l'ignorance autour de soi au lieu de provoquer l'amélioration par un enseignement vrai, et proportionnel aux niveaux des êtres auxquels il est destiné. Enfin, on l'est encore quand, faisant mal, on ne parvient pas, au moyen d'un effort suffisant, à faire mieux.

Cependant, la règle qui exige dans la vie une harmonie intensive, ne doit pas être entendue d'une manière si absolue, qu'elle condamne le renoncement comme une faute. Il ne faut pas oublier que la diversité comporte dans la nature humaine des nuances indéfinies. Plusieurs routes doivent donc conduire le moi au but, puisque la force d'intelligence dont disposent les êtres est différente dans chacun. Le moi est libre, et sa responsabilité n'est engagée que conformément à sa nature. Sans doute, le type qu'il doit viser est celui qui répond à la vie intensive, mais il est rarement possible de s'élever de prime saut jusque là. Savoir se servir de ce qui fonctionne facilement de manière à n'y tolérer aucun déréglement, et élever le reste jusqu'à ce même niveau, c'est le rôle des forts, et il n'appartient pas à tous.

Or, que doivent faire ceux qui, pour une cause quelconque, ne parviennent pas à dominer suffisamment leurs aptitudes faciles. Ils deviennent inévitablement la proie d'une prédominance, ils vivent hors d'équilibre, et s'ils n'avaient à leur disposition un moyen de neutraliser le mal, ils arriveraient au vice. Le renoncement est le remède employé dans ce cas si fréquent. Il sert, quand on ne sait pas élever directement sa nature, à employer utilement sa volonté en renonçant à l'usage d'une faculté qui entraine. Sous une forme différente, il donne l'occasion de faire preuve d'énergie, et de combattre les prédominances. Il produit ainsi un degré d'harmonie moins élevé que celui résultant de la vie intensive, mais qui cependant assure des mérites sérieux.

Loin donc que le renoncement soit un mal, il est au contraire un bien, mais à la condition que la volonté du moi reste entière, et qu'il ne laisse pas dégénérer cette vertu en faiblesse. Autant le renoncement est utile, quand il demeure sous la direction du moi, autant il est dangereux quand il comporte de la part de l'homme un abandon complet et perpétuel de son être. Quand le moi s'affaisse ainsi, il se livre à la faiblesse, il cherche en définitive à vivre aussi peu que possible, et cela nous semble en opposition radicale avec l'obligation personnelle de lutter sans relâche.

Le second caractère de l'action du moi est qu'elle se présente sous la forme d'un combat. Cette vérité élémentaire a été connue de tous temps, mais l'influence de l'erreur l'a constamment travestie. Cela se comprend d'autant mieux qu'il est facile de se tromper sur la nature de la lutte dans laquelle nous sommes engagés. Une lutte, en effet, comporte deux adversaires et on est toujours tenté de se demander qui donc s'oppose au moi. Dans l'homme multiple, les deux parties composantes sont placées sous l'influence du mal, ce qui établit entre elles un état d'hostilité réciproque. Mais dans l'homme simple cela ne peut plus se présenter. Qui donc est l'ennemi dès lors? C'est encore le mal. Dans ce cas qu'est-ce que le mal. Nous n'avons jusqu'à présent rencontré que deux termes dans le rapport suprême. Y en a-t-il un autre s'appelant le mal et ayant le pouvoir de s'élever contre la volonté de Dieu, et d'empêcher la réalisation de sa pensée?

Notre système permet d'affirmer que certainement cela n'est pas, et dès la critique des dogmes catholiques l'impossibilité d'un démon producteur du mal a été établie. Si l'esprit des ténèbres, comme on l'appelle parfois, existait réellement, il serait indépendant de la Cause première, ce qui est impossible. On peut donc se rassurer, le rapport ne contient, en effet, que les termes indiqués, entre lesquels la liberté humaine agit sans contrainte et respectée par Dieu. Il n'y a que cela, dans la réalité, mais il n'en faut pas plus pour que le mal soit produit et pour qu'il soit explicable.

En effet, le mal, loin d'être un être, est simplement du non bien, c'est-à-dire le désordre amené par la faiblesse d'un moi qui ne sait pas diriger régulièrement l'ensemble de sa vie. Devant harmoniser, l'homme fait le contraire, le résultat qu'il obtient est nécessairement l'opposé de l'équilibre. Il permet à certaines facultés ou à certaines fonctions de dépasser leur compétence, et d'affaiblir, par conséquent, le rôle des autres parties essentielles. Il se produit à l'instant en lui des prédominances déréglées, et le trouble remplace la régularité. Le mal n'est pas autre chose, et cette manière de l'envisager, permet de définir l'adversaire contre lequel chacun de nous doit lutter. Cet adversaire n'est nullement hors du moi, il est notre faiblesse, notre lâcheté personnelle en présence de la peine que peut coûter l'établissement de l'harmonie. N'entrevoyant le but que d'une manière vague, la crainte de l'effort nous effraie, l'activité réclamée par la résistance nous fatigue, et l'abandon nous semble le plus grand des biens.

Pour que la pensée divine pût être accomplie, il fallait une réaction contre cette tendance mauvaise. C'est pourquoi, malgré toutes les convictions contraires, la conscience ne cesse de nous apprendre que l'action du moi comporte une lutte qu'il faut livrer.

Le troisième caractère de l'action est, avons-nous dit encore, qu'elle exige du moi une activité permanente. Cela est inévitable dans un être essentiellement vivant. L'activité est la règle du monde, le repos complet n'a pas sa place dans la vie. Dès l'époque du simple mouvement, les lois ne s'arrêtent jamais, et on ne conçoit même pas comment elles pourraient s'arrêter. Dans la vie animale, les besoins de l'organisme nécessitent, il est vrai, des états constituant un repos relatif. Cependant, il est à remarquer que ces états arrêtent si imparfaitement la vie, que pendant le sommeil comme pendant la veille, l'être croît vers son sommet de force ou décroît vers la tombe. Dans l'existence intelligente et consciencieuse qui appartient à l'homme, le repos est du même ordre et encore n'est-il admissible que dans la mesure réclamée par la conservation de l'être. Enfin, dans ce qu'on pourrait appeler la partie essentielle de la vie, c'est-à-dire dans la loi du progrès, l'incessance de l'activité se montre principalement. L'erreur et la sottise humaine peuvent bien retarder le progrès et sembler même le faire reculer, mais l'immobiliser, jamais ! Le moi est dans le même cas. Le repos emportant l'inactivité réelle lui est interdit. Il vit, et par cela même, constamment, il augmente ou il diminue en force et en valeur. L'immobilité n'est possible que dans le même et pour qu'elle fût réalisable, il faudrait que le panthéisme fût vrai. Or, du moment que le moi est placé hors de ce courant erroné, il ne doit pas chercher le repos ni se désintéresser de la lutte, car il doit savoir que s'il ne gagne plus, il perd.

Le dernier caractère à examiner dans l'action, est l'indication qu'elle contient d'un avenir pour le moi. Rien n'est plus évident que ce fait d'expérience générale, que l'homme est incessamment sollicité non-seulement à se maintenir actuellement, mais aussi à s'augmenter et à se continuer au-delà de cette vie.

N'est-ce pas en effet la règle commune de voir l'homme chercher à éloigner la mort par tous les moyens dont il dispose. Il s'efforce de supprimer la souffrance, et même, si grand que soit son courage, il évite volontiers un danger sérieux dès qu'il peut le faire sans inconvénient pour son honneur. Il aime sa vie, fût-elle difficile et misérable, et bien des douleurs devront l'accabler, bien des échecs devront l'assaillir, avant qu'il se décide à demander sérieusement la mort.

Il est vrai que de fréquents suicides semblent dans notre époque donner tort à la thèse que nous soutenons. Mais le suicide ne prouve rien contre la tendance à la conservation personnelle que chacun est à même de ressentir. Le suicide est un déréglement qui accompagne toujours les époques de trouble, où les convictions sont éloignées du réel par des erreurs trop grandes. Or, nous parlons de l'homme naturel, et non pas de l'homme factice produit par ces civilisations erronées. Il reste donc admis que le désir de persistance ici-bas est vrai.

Il en est de même de celui qui sollicite le moi à s'augmenter. L'homme sentant comme d'intuition la nécessité d'une existence future, veut dès cette terre agrandir cette individualité appelée à durer. C'est en partie en agissant dans cet ordre d'idées qu'il se crée une famille, et qu'il recherche la richesse et les distinctions. En effet, ce n'est pas seulement pour suivre une loi de continuité de l'espèce que l'homme entre dans la vie de famille. Il y trouve la satisfaction d'un intérêt direct et personnel. Il peut ainsi étendre son autorité sur un plus grand nombre, et développer son individualité en se continuant dans ses enfants.

Il en est de même quand il poursuit la fortune ou les honneurs. Il vise encore l'augmentation d'un pouvoir qu'il tend à conserver le plus longtemps possible.

Les aspirations régulières vers la propriété et vers l'élévation du moi sont donc d'ordre naturel, et les institutions qui y correspondent ont une légitimité incontestable dans une société concevant l'homme tel qu'il est. Mais il ne faut pas cependant que celui-ci, dépassant sa compétence, prétende agir sur l'avenir d'une manière indéfinie. Son droit ne s'étend pas au-delà d'une sage prévoyance appliquée aux meilleurs intérêts des siens ou de ce qui les remplace à ses yeux. Mais personne n'est autorisé à imposer aux générations futures des œuvres immuables au nom d'une volonté qui dépasse évidemment le droit de durée du moi terrestre.

Une dernière preuve se rencontre qui indique l'action du moi comme tendant vers un avenir. Elle existe dans ce fait que l'espoir ne nous abandonne pas au milieu des misères de cette vie. L'homme lutte et s'efforce dans une mesure quelconque, et certes il ne le ferait pas si la nature entière ne protestait contre la possibilité que ses destinées fussent accomplies ici bas.

Ces considérations sur l'action du moi terminent ce que nous avons à dire à propos de l'homme terrestre. L'analyse faite de ce représentant du second terme du rapport nous semble l'avoir posé en accord complet avec notre principe. D'un côté elle trouve en lui tous les caractères correspondant à la nature du terme supérieur et au but assigné à la création. D'un autre côté, elle n'y rencontre rien qui soit opposé à ces bases. Il résulte de là, entre les différentes parties du système, une harmonie qui rend de plus en plus probable notre prétention à avoir défini la Cause première d'une manière conforme au vrai.

Cependant notre tâche n'est pas terminée, car le besoin de persistance du moi, que nous avons rencontré, prouve que la réalité ne s'arrête pas aux limites dans lesquelles nous sommes demeurés jusqu'ici. Incessamment, en effet, des êtres humains disparaissent dans la tombe et cependant, loin que la vie générale en soit affectée, l'univers continue à progresser vers l'idéal où il doit parvenir. Evidemment, ces morts sont des événements d'une importance relative dans l'action universelle. Notre terre est bien loin d'être le tout, et le monde s'étend au-delà du tombeau.

C'est dans cet inconnu que nous devons maintenant pénétrer pour y trouver de nouvelles conséquences de notre principe. Si celui-ci est décidément exact, le produit de cette recherche viendra se poser dans le système sans y faire apparaître aucune note discordante.

CHAPITRE V

AU-DELA DU TOMBEAU

§ I

LE RAPPORT ET LE MOI DE L'AVENIR

Est-il possible d'acquérir une certitude à propos de ce qui existe au-delà du tombeau. Les morts ne reviennent pas, et Dieu tient ses secrets. Où sont donc les éléments nécessaires à une investigation de cet ordre.

A cette question le courant du vrai seul peut répondre d'une manière favorable, car la Cause première y étant exactement entrevue, les conséquences qui dérivent de cette appréciation ont une portée générale. Il devient alors possible d'obtenir sur l'avenir des renseignements de différents ordres. Les uns sont certains, parce qu'ils représentent des faits que le principe rend nécessaires. Les moins favorisés ont encore la valeur d'une conviction raisonnable approchant de très près la certitude.

En accord avec cette position privilégiée, notre principe indique dans l'avenir supra terrestre des certitudes auxquelles se rattachent plusieurs manières d'être. Les certitudes sont : la persistance du rapport universel, et l'identité des termes qui le composent. Les manières d'être représentent certains caractères du moi nouveau. Nous allons examiner ce que sont ces renseignements.

La première certitude est la persistance du rapport que nous avons déjà rencontré sur cette terre. Qu'arriverait-il en effet si ce rapport n'était pas universel, et par conséquent unique. La pensée de Dieu dans la création comporterait des divisions. Elle aurait des buts divers correspondant à chaque existence. Un second rapport devant comporter d'autres membres impliquerait dans la création des séparations et des modifications dans lesquelles le Créateur lui-même disparaîtrait. Dès lors plus rien dans la réalité ne serait concevable. L'ordre cesserait d'être la règle obligée, et le moi, errant à l'aventure, et privé de certitude, ne saurait quelle direction donner à sa volonté pour atteindre un idéal devenu multiple.

Il y a impossibilité complète à ce que le rapport que nous connaissons ne persiste pas au-delà du tombeau. C'est là une nécessité évidente, à laquelle se joint comme un corollaire inévitable, notre seconde certitude qui est la continuité des termes composant ce rapport, et par conséquent celle de l'être humain indiqué par la formule. Cette durée du moi n'aurait pas besoin, pour être certaine, d'être prouvée autrement que par le maintien du rapport. Mais bien des faits cependant vont l'appuyer, dans l'analyse qu'il nous reste à faire.

Nous retrouvons en effet Dieu et le moi, dont il faut s'occuper encore, quoi qu'ils soient placés dans un cadre nouveau que notre vue actuelle ne peut apercevoir qu'avec difficulté.

Cependant, malgré cet éloignement le voile se déchire, et grâce aux conséquences obligées qu'impose notre principe, le Terme supérieur lui-même nous est abordable à certains égards. Il se présente avec les mêmes obligations qui ont déjà été indiquées comme lui appartenant. Cela doit être, parce que ayant l'absolu dans son essence il ne peut modifier en rien ce qu'il doit à son œuvre. Il demeure tenu envers elle à la logique et à la justice. Cette continuité des devoirs divins est certaine, et elle résume tous les renseignements que nous sommes intéressés à connaître sur le premier Terme. Quant au mode d'action que Dieu exerce sur le fini dans ce monde supérieur, il échappe complétement à notre entendement. Il ne faut donc pas chercher à pénétrer sur ce point des mystères insondables.

Le second terme du rapport, offre également des caractères sur l'exactitude desquels on peut acquérir une connaissance méritant toute confiance.

D'abord son identité avec le moi terrestre est indéniable, à moins qu'on admette dans la succession progressive de la vie, des anomalies vraiment inexplicables. L'expérience commune indique que la vie terrestre a la charge de produire les êtres appelés à accomplir la pensée de Dieu. La plus basse expression de la vie consciencieuse entre ainsi dans un rôle régulier et concevable. Mais que devient la logique du progrès si ces êtres après avoir été produits, et après avoir lutté, ne se retrouvent plus dans l'existence supérieure, et si leur place y est occupée par d'autres. On ne comprend pas dans ce cas d'où viennent ces privilégiés qui nous écartent. On comprend moins encore pourquoi le Créateur nous aurait infligé l'épreuve d'une première existence, quand d'autres, qui sont ses créatures au même titre que nous, commence- raient par le mieux pour parvenir cependant au même bon- heur que nous envions. Si une semblable situation pouvait être vraie, Dieu ne serait pas juste, ou la création serait une œuvre de hasard.

Une autre preuve de la persistance du moi se rencontre dans le peu d'avancement que l'homme terrestre a su obtenir par rapport au type qu'il doit atteindre. A-t-il accompli sa tâche quand il quitte cette terre. Evidemment non, car la somme d'harmonie réalisée par chacun de nous est trop faible pour qu'une telle pauvreté représente la part qui nous incombe. Comment! les meilleurs parmi nous se sont le plus souvent contentés de suivre avec conscience des convictions erronées et cela suffirait. Ce serait pour assister au spectacle écœurant de nos chutes si fréquentes, et de nos existences souvent sans vices ni vertus, que Dieu tout-puissant serait sorti de sa thèse! Personne ne peut le croire. Si Dieu n'avait voulu produire que ce degré de bien, il n'aurait pas créé, sinon il ne serait pas Dieu. Non, le rôle de l'homme terrestre n'est pas terminé à la mort, et il faut qu'il le continue, sous peine de rendre incompréhensible le rapport tout entier. Or, n'est-il pas d'une indéniable évidence, que pour achever ce qu'il a commencé, il doit conserver une individualité propre. S'il n'en était pas ainsi, l'effort produit ici bas serait sans objet, car le moi disparaîtrait dans un être nouveau commen- çant à la vie supérieure.

Enfin on peut encore dire que Dieu commettrait de cruelles injustices si l'identité du moi ne se continuait pas. Des exemples de ces cas se montrent dans les hommes atteints d'accidents qui les privent de l'usage de leurs facultés, ou dans ceux qu'une mort prématurée enlève avant que la lutte ait pu durer, ou même commencer pour eux. Si l'être après la mort ne demeure pas le moi persistant, on est autorisé à se demander pourquoi le Créateur, qui doit aimer également tous les hommes, accable ainsi une catégorie de malheureux. Qu'ont-ils fait ces disgraciés pour être exclus de la lutte et quelle sera leur position. Le souverain juge va-t-il les affranchir de l'épreuve que nous subissons, et les admettre d'emblée dans un bonheur suprême? Dans ce cas on doit considérer l'infériorité de leur existence, comme valant mieux que notre vie intensive, et la nécessité du progrès et de l'effort ne se comprend plus. Dieu va-t-il au contraire, pour compenser le bien qu'ils n'ont pas fait, punir leur malheur comme un crime? Mais cela serait atroce, et contraire aux caractères divins!

On le voit, aucune de ces solutions n'est possible. Mais quand on admet la persistance du moi, la situation s'éclaire à l'instant. Dieu, tout en ayant le pouvoir d'user de sa providence, est cependant obligé à ne pas empêcher le fonctionnement régulier des lois qu'il a lui-même imposées au développement de son œuvre. Il doit donc en général, laisser les causes naturelles de destruction produire des morts et des accidents, dès que la prévoyance humaine n'a pas su les neutraliser. Mais la justice absolue n'est jamais gênée en présence des malheureux qui sont victimes de ces événements. Grâce à l'identité persistante, le Créateur leur assure comme compensation une existence dans laquelle il leur est aussi possible que dans celle qu'ils ont quittée de s'élever vers le bonheur.

Mais il ne suffit pas de prouver que le moi doit persister, il faut encore présenter sa continuation comme étant possible. Or, cela offre, à première vue, une difficulté qui semble insurmontable. Comment en effet, l'homme peut-il passer de l'existence terrestre dans une autre sans qu'il se produise rien d'appréciable à nos sens? Lui qui est simple, il a laissé un corps qui évidemment n'est plus lui, puisque les vers et l'action des lois physiques et chimiques ont eu bientôt raison de cette dépouille qui est rentrée dans d'autres combinaisons de la matière. Comment donc en niant l'âme immatérielle, peut-on prétendre qu'il reste quelque chose du moi.

Cette difficulté n'est qu'apparente. En réalité, si nous ne voyons rien au moment de la mort, ce n'est pas une raison pour qu'il n'y ait rien. La mort ne peut être la destruction, sinon l'être n'aurait pas d'avenir. Donc, le moi est transformable, et la mort est le moment de sa transformation. L'individualité qui vivait dans une forme, en prend une autre qui échappe avec justice à nos investigations, car il est nécessaire que chaque degré de la vie demeure dans sa sphère.

Quelle est cette forme nouvelle, quelle essence contient-elle, et quelles sont les conditions particulières de l'existence du moi transformé. Nous ne le savons pas. Mais nous avons la certitude que l'individualité est demeurée la même, et que la détermination qu'elle forme est quelque chose qui ne se confond pas avec le reste de la réalité.

Cette affirmation nous fera peut-être accuser de matérialisme. Le moi supra terrestre, reconnu matériel à un degré quelconque, semblera moins pur que l'âme immatérielle. A cet égard, nous passons volontiers condamnation, car, à notre avis, il est inévitable, qu'à moins de disparaître dans une unité sans existence possible, toute détermination soit composée de quelque chose. Une immatérialité est impossible dans le créé, car pourquoi Dieu produirait-il le néant. Tout le fini est inévitablement atteint de matérialité, et le moi surhumain, qui fait partie du créé, ne peut échapper à cette loi. Il n'existe aucune raison sérieuse pour repousser cette vérité élémentaire, car il est vraiment puéril, pour se sauver du matérialisme, de verser dans le nihilisme. Le second ne vaut certes pas mieux que le premier.

L'invisibilité, que le moi conserve à nos yeux au moment de la mort, ne prouve ni contre la transformation, ni contre la matérialité de sa forme nouvelle, car des singularités du même ordre se rencontrent sur cette terre. La vie y est organisée dans des proportions si étendues, que des êtres ont jusqu'ici échappé à l'analyse et ne s'indiquent que par leurs effets. Ainsi une opinion soutient avec une grande apparence de raison que des maladies contagieuses sont produites par des insectes invisibles que nous absorbons en respirant. D'un autre côté, les transformations comme telles, sont extrêmement communes autour de nous. Voyez, par exemple, un papillon. Il a d'abord été un œuf, dont il a délaissé l'enveloppe pour devenir une chenille. Au bout de peu de temps, nouveau changement et nouvel abandon d'une portion de ce qui a été lui. Cette fois, il se transforme en chrysalide, inerte et n'ayant plus qu'une vie passive. Et cependant, voilà que de nouveau il se dégage, et il abandonne la forme gênante qui le retenait captif pour s'envoler brillant et léger aux fleurs et aux amours. Malgré ces nombreuses modifications, il n'a cependant jamais cessé de constituer le même être, et personne, sans doute, ne s'étonnera de la persistance de son individualité. On ne dira pas qu'il était multiple et qu'il contenait lui et ses diverses enveloppes.

Les exemples de faits semblables sont tellement nombreux

qu'ils ne sont pas à citer. L'homme terrestre lui-même est une preuve incessante de la possibilité des transformations. Quelle ressemblance y a-t-il donc, au moral comme au physique, entre l'enfant et le vieillard? Comment le premier deviendrait-il le second, s'il n'était pas susceptible de changement? Cette preuve est concluante, mais dès lors on ne voit pas pourquoi ce qui est possible sur terre ne le serait pas au-delà.

Nous résumons donc ce qui précède en définissant ainsi les caractères du moi. L'être qui a dépassé la mort est une transformation du moi terrestre, amenée par un effet naturel de la loi du progrès. Cette individualité persistante affecte une forme nouvelle qui renferme une portion finie de matérialité. Faisant comme ici-bas partie du rapport universel, le moi transformé continue à avoir pour obligation la réalisation de la pensée de Dieu. Il est donc dans la même position que le moi terrestre vis-à-vis des facultés passives. Il demeure simple, identique à lui-même, libre et responsable.

La vie qu'on rencontre après la mort comporte nécessairement divers degrés. Il y a vraisemblablement des existences du même ordre que la nôtre, devant servir à ceux dont les destinées n'ont pu être accomplies ici bas. Mais tous ceux dont la responsabilité a été engagée, ne peuvent manquer de trouver au-delà du trépas une vie supérieure en intensité à celle qu'ils ont vécu. Leurs devoirs deviennent donc plus grands, en même temps que leurs moyens d'action sont plus puissants.

Il n'est pas dans la compétence du moi actuel de définir les obligations et l'action des êtres qui sont entrés dans cette existence nouvelle. Mais nous pouvons cependant connaître par déduction quelques-unes de leurs manières d'être. C'est

ainsi que nous rencontrons en eux la nécessité du souvenir
de la vie passée. Aucune raison concevable n'existe, pour
que le moi transformé soit sans connaissance de ce qu'il a
été et de ce qu'il a fait. Si la mort devait produire un résultat
semblable, on ne voit pas à quoi aurait servi la vie
terrestre. Celle-ci serait illogique et injustement établie, et
une telle conséquence est contraire aux obligations divines.
D'ailleurs, le souvenir est si bien indiqué comme inévitable, qu'il se rapporte à des sentiments que nous éprouvons
déjà maintenant. Pourquoi, en effet, cet espoir si commun de
revivre dans l'avenir, près des êtres que nous chérissons.
Pourquoi une mère mourante a-t-elle cette pensée conso-
lante qu'elle pourra, de l'autre monde, inspirer à ses enfants
des conseils salutaires. Evidemment ces idées ne nous vien-
draient pas si, au-delà du tombeau, le moi devenait un être
nouveau sans mémoire de son passé.

Une autre manière d'être, aussi inévitable que le souvenir,
est le maintien de la sensibilité. Cette prétention à retrouver
des impressions dans la vie supérieure est une suite directe
du rejet de l'immatérialité. Est-il un instant possible d'admettre qu'ayant une nature sensible dans l'existence inférieure, le moi en soit privé quand il est plus élevé dans le
niveau de la vie. Evidemment, une semblable anomalie ne
servirait à rien. Au contraire, une sensibilité proportionnelle
à l'intensité nouvelle du milieu se comprend parfaitement.
Elle est dans la situation. Le moi à la mort éprouve les effets
de la justice absolue. Il n'a pas pour cela à paraître devant
Dieu, dont il est séparé par une distance trop grande pour
qu'un semblable rapprochement soit possible. Mais il lui est
attribué, en vertu de la toute puissance divine, une existence
constituant la récompense ou la punition qu'il aura méritée.

Comment cela pourrait-il être, si le moi transformé n'était pas sensible. Une indifférence totale remplacerait le bonheur comme le malheur, et empêcherait l'application de la justice de Dieu. Or, il est indispensable que nos fautes surtout, ne soient pas affranchies des conséquences qu'elles comportent. Le mal que nous faisons doit être compensé, et quand le compte n'est pas apuré ici-bas, c'est dans l'autre vie qu'il faudra acquitter cette dette. Alors la sensibilité intense de ce même moi que nous sentons aujourd'hui nous fera endurer de terribles angoisses. Car, si le feu de l'enfer est une fable sans possibilité, la souffrance qu'il est appelé à représenter est vraie. Il n'y a pas que le feu qui fasse mal. Déjà maintenant, les chagrins et les peines morales peuvent nous tuer. Eh bien, si nous le méritons par nos lâchetés et par nos vices, plus tard nous souffrirons d'une façon si terrible, que nous devrons regretter nos plus grandes douleurs actuelles.

D'un autre côté, si le malheur est plus grand, un bonheur plus complet est aussi, grâce à la sensibilité, mis à la disposition du moi amélioré. Ce que sera ce bonheur, il est impossible de le dire d'une manière certaine. Cependant une dernière manière d'être que nous rencontrons, nous permet d'établir à cet égard une supposition raisonnable. Cette manière d'être consiste en ce que le moi transformé doit être affranchi des lois de la sexualité. La permanence de ces lois ne se comprend pas au-delà de notre terre, et de tous les mondes qui, ne possédant qu'une vie analogue à la nôtre, sont des sources de production des hommes. L'être s'étant élevé dans la vie supérieure, il n'y a plus aucune raison de lui conserver une fonction qui ne répondant plus à aucun besoin réel, deviendrait une cause de désordre et de tentations cruelles.

L'amour cependant doit persister, mais pur et affranchi de ce qu'il a de matériel et souvent de poignant. Il est alors un sentiment ineffable, un bonheur sans mélange et sans restrictions qui est attaché au bien, et dont jouissent ceux qui le méritent.

Tels sont les aperçus indiqués par notre principe comme devant se rencontrer dans la vie future. Ils ne contredisent rien de ce qui a été précédemment établi. Ils apportent donc une aide précieuse au système. Celui-ci cependant n'est pas encore complet, car il reste à traiter les questions qui se rapportent à la durée du moi, et par conséquent à celle du rapport lui-même.

§ II

LA DURÉE DU RAPPORT

La persistance du moi lui impose-t-elle plusieurs transformations nécessitant des morts nouvelles? Il est impossible
d'affirmer ce point d'une manière certaine. Il y a cependant
une bonne raison pour croire qu'il en est ainsi. En effet,
l'usage de la liberté faisant partie de la vie supérieure
comme de la nôtre, il est inévitable qu'entre les êtres surhumains, il existe des différences emportant l'inégalité. Pendant que les uns s'élèvent, d'autres refusent d'employer leur
volonté au bien, et restent attachés à la vie inférieure. En
admettant que les uns et les autres continuent à suivre ainsi
des directions opposées, il arrive un moment où un écart
considérable existe entre eux. Il semble alors difficile d'admettre que le même milieu puisse répondre aux degrés
d'amélioration si différents qu'ils doivent gravir. C'est
pourquoi la probabilité est en faveur d'une série d'existences
et de la pluralité des transformations. Mais il est certain que
si ces changements ont lieu, ils laissent au moi son identité
complète et ils ne le privent à aucun moment du souvenir de
sa vie passée.

Cependant, il y a une limite à l'effort que le moi doit produire. Le Créateur ne l'a pas condamné à poursuivre indéfiniment un fantôme insaisissable. Il y a un type de bien
auquel est attaché le bonheur suprême, et qui est représenté
par l'homme complétement harmonisé.

Chercher à spécifier toutes les conditions de l'existence

dont jouissent les êtres parvenus à ce but serait une folie véritable. Mais il est pourtant en eux une nécessité que nous pouvons connaître, car elle est prouvée par la relation avec notre principe. Elle a, ainsi que nous allons le voir, une importance considérable, car elle concerne l'essence même de la vie.

Dans la révélation merveilleuse, on admet en général que des conséquences absolues suivent directement la mort. L'âme est définitivement jugée. Elle est damnée irrévocablement et sans espoir si le moi a commis des fautes défendues par la loi religieuse. Ou bien il lui est accordé une éternité de bonheur comme prix d'une soumission suffisante à la doctrine enseignée. Dans les deux cas, la réalité est méconnue. On ne peut, en effet, admettre la damnation éternelle, car Dieu ne peut, sans injustice, punir d'une façon aussi désespérée les fautes d'êtres qu'il a faits tellement relatifs, qu'ils seraient incapables de ne pas faillir.

D'un autre côté, ce système singulier immobilise les meilleurs parmi les hommes, et leur enlève leurs qualités les plus précieuses. La béatitude, qu'ils ne peuvent plus perdre, rend inutile chez eux la liberté et la volonté, en même temps qu'elle supprime la responsabilité. Car le vouloir de Dieu n'a plus à agir sur eux. Ils sont à jamais assurés du calme et affranchis de l'effort, à moins que, semblables aux géants mythologiques, et aux anges rebelles devenus démons, ils ne se révoltent contre Dieu.

Voilà donc que les facultés figurant parmi les plus indispensables, disparaissent, ou du moins s'affaiblissent puisqu'elles sont sans emploi. L'être qui pendant si longtemps a dû veiller sur lui-même pour escalader par une suite d'efforts de volonté toutes les aspérités de la route, se trouve soumis

au repos quand il arrive au sommet. Mais on ne songe donc
pas que ce repos est le contraire de l'activité, et que, sous
son influence écrasante le moi aurait moins de mérite
dans son état harmonisé que dans la lutte pendant laquelle il
déployait son énergie. On ne songe donc pas, que ce bonheur
étant immuable et éternel, s'impose à tous comme un type
unique, et enlève au moi son originalité pour l'absorber dans
une sorte d'égalité panthéiste.

La condition d'existence indiquée par notre principe comme
devant se rencontrer dans les bienheureux, est l'opposé de la
fausse position qu'assigne à ceux-ci la révélation merveilleuse.
Elle exige qu'ils jouissent de tout le bonheur attaché par Dieu
à la perfection idéale du moi, mais à la condition qu'ils conser-
veront toujours l'usage de leurs facultés, et leurs moyens
d'action. Leur position heureuse n'est pas immuable. Dieu
qui a toujours respecté leur liberté, la respecte encore après
avoir récompensé en eux le bon usage qu'ils en ont fait. Il ne
leur impose pas le bonheur, et il ne leur permet jamais de
s'abandonner un seul instant, pour jouir d'un repos qui vau-
drait moins que l'activité. Les élus ont une vie plus intensive
que les autres êtres relatifs. Leur supériorité est là, et non
dans le contraire. L'effort permanent qu'ils doivent faire pour
se maintenir est naturellement facile à obtenir, car pour eux
il s'agit de persister et non de s'élever encore. Mais cet effort
est indispensable, et s'ils le négligent, comme ils demeurent
soumis à la loi de causalité, ils doivent subir les conséquences des actes mauvais qu'ils posent. Ils redescendent
dans la lutte, et s'ils ne remontent pas, ils peuvent s'éloigner
pour jamais de la perfection et du bien. Car si la justice de
Dieu est constamment et vis-à-vis de tous, prête à aider
ceux qui veulent s'élever, elle est implacable pour ceux qui

aiment mieux croupir dans les bas-fonds du mal. Elles les y laisse jusqu'à ce que leurs sentiments changent.

Cette position si vraie, prouve qu'il n'y a pas dans la réalité, comme on le prétend si souvent, un désaccord profond entre la bonté de Dieu et le malheur des hommes. Les faiblesses et les désordres qui en sont les suites, ne durent que le temps pendant lequel on méconnaît volontairement la bonne volonté de la Providence divine. Si l'homme, a quelque degré qu'il soit, ne sent pas le calme de l'harmonie relative qu'il peut atteindre, la faute en est à sa lâcheté, et non pas au Créateur qui ne peut avoir pour lui une préférence imméritée.

Avant de quitter la vie supérieure, une dernière question qui ne manque pas d'importance est encore à poser. Elle demande si les êtres possédant à un degré quelconque cette existence, peuvent être en relation avec nous et exercer une influence sur notre moi. Une certitude à cet égard est impossible à obtenir, car la distance qui nous sépare de ces êtres est telle, que nous ne pouvons saisir en eux ni leur forme ni leurs manifestations. Cependant une déduction logique empêche de rejeter la possibilité de ces communications. Le moi transformé, conserve le souvenir de sa vie passée. Pourquoi dès lors se désintéresserait-il de ce qui se passe ici bas. Il n'est pas absolument inconcevable que Dieu respecte assez la liberté, pour permettre que certaines catégories d'êtres supérieurs essaient de parler à notre pensée comme lui-même parle à notre conscience au moyen de la révélation naturelle. D'un autre côté le but dans la création étant le même pour tous, il peut aussi arriver à ceux qui cherchent à atteindre ce but, de se rencontrer dans une même prière adressée à Dieu, distributeur juste et éclairé des bienfaits de sa providence.

Ainsi se constituerait la communion des saints, et l'utilité de prier les bienheureux pour qu'ils nous donnent dans la mesure de leurs moyens des intuitions favorables.

Si cette théorie ne représente que des possibilités logiques, elle n'offre cependant aucun danger, car les communications qu'elle admet ne peuvent jamais substituer une volonté étrangère à la nôtre. Qu'elle soit vraie ou non, libres nous sommes et libres nous demeurons.

Voilà que nous avons suivi les termes du rapport du bas de l'existence terrestre jusqu'aux sommets suprêmes au-dessus desquels il n'y a plus que Dieu. Il reste à déterminer la durée réservée au rapport lui-même. A cet égard notre principe nous donne encore des enseignements certains, résultant de la position qui appartient au second terme. En donnant à Dieu le respect de la logique en général, et de l'effort accompli par le moi en particulier, il fixe l'opinion sur la durée de l'antithèse. Pour que le rapport prenne fin, il faut que Dieu l'anéantisse, et que par conséquent un des termes au moins disparaisse. Comme Dieu ne peut se détruire lui-même c'est donc le second terme qui serait annulé. Or il est impossible de trouver un moment, ou un acte semblable pourrait être accompli.

En effet, prétendre que le moi serait détruit avant d'avoir complétement rempli sa tâche, c'est méconnaître la justice divine. Evidemment la persistance incessante de l'être, même coupable, doit être respectée puisqu'il peut dans une épreuve nouvelle conquérir la place qu'il n'a pas su atteindre, et entrer aussi dans la voie de Dieu. Tant qu'il lutte le moi est indestructible.

Est-il concevable qu'il disparaisse alors qu'il est parvenu au but voulu par le Créateur? Le simple énoncé d'une pareille énormité suffit pour soulever la conscience. Comment! le moi

par une suite de pénibles efforts serait parvenu à l'harmonie.
Il donnerait le bel exemple de l'ordre et de la paix intime. Il
adorerait son auteur d'une manière plus pure et plus intense.
Il comprendrait d'une intelligence plus élevée les beautés de
l'univers. Il aurait été le collaborateur sincère de Dieu dans
le développement de l'œuvre suprême. Et quand le moi aurait
fait tout cela, mentant à toutes ses promesses et bouleversant
tout ordre régulier, le Créateur détruirait cet être à la conservation duquel il aurait veillé si longtemps !

Comment ! la conscience victorieuse, la vertu, le règne du
bien, la création toute entière, si logique, si belle, si intelli-
gemment conçue, tout cela disparaîtrait dans le néant ! Ce
serait donc l'absurde panthéisme, existant pendant toute la
durée de l'antithèse comme une erreur manifeste, qui, en
dernière analyse aurait raison de Dieu lui-même ! Oh non,
cela n'est pas ! Une semblable action serait une atrocité. Un
honnête homme ne la commettrait pas, et on ne peut sans
blasphème la mettre au compte de Dieu. Non, le Créateur
n'a pu quitter la thèse pour se donner le criminel plaisir
d'assister à nos souffrances, et de nous imposer d'inutiles
efforts. Il a voulu le bonheur des êtres capables de le comprendre, et il le montrera en maintenant son œuvre. Le moment de la destruction est donc toujours impossible, et le moi
persistera d'une manière indéfinie.

Cependant il ne faut pas se tromper sur le caractère véritable de cette durée sans limites, et lui accorder la valeur de
l'éternité. L'éternel ne peut s'appliquer qu'à un être sans
commencement, c'est-à-dire à Dieu infini et absolu. Quant
au moi, dont la première manifestation se rencontre dans la
vie terrestre, il a évidemment commencé. Il fait donc partie
du fini, sans jamais pouvoir en sortir. Il en résulte, qu'il n'est

pas éternel, mais seulement sans fin possible. La différence entre ces deux états présente une importance considérable, car s'il plaisait à Dieu d'abandonner la logique, et de détruire son œuvre, la soi-disant éternité du moi ne l'empêcherait pas de disparaître aussitôt.

La persistance du second terme emporte nécessairement celle du rapport tout entier. La thèse dans son unité ne se représentera plus. Mais le rapport persistera-t-il toujours sous la forme de l'antithèse qui est inséparable de la lutte. N'arrivera-t-il pas un jour où, la production des êtres humains ne fonctionnant plus, ceux qui auront été créés pourront parvenir au bien, et exécuter assez complétement la pensée divine pour assurer l'existence d'une synthèse universelle. Nous ne le pensons pas, mais si cette harmonie ne peut être générale, elle peut se décomposer en une infinité de synthèses particulières applicables à chacun de nous. Nous devons donc avec confiance et fermeté chercher à la réaliser le plus tôt possible, notre intérêt propre est d'accord avec les devoirs que nous impose le Créateur pour nous y convier.

CHAPITRE VI

CIVILISATION THÉISTE

§ I

SITUATION GÉNÉRALE ET INDIVIDUALITÉ

Quittons les hauteurs éthérées, et redescendons sur terre. Notre principe qui a permis l'analyse du rapport universel demande à se traduire ici bas en applications pratiques. Il doit être l'occasion d'une révolution sociale, et produire une civilisation nouvelle.

On sait déjà qu'il n'y a pas à s'effrayer du mot révolution sociale que nous employons. Cette expression, qui a été définie plus haut, ne représente pas une période de trouble quand elle correspond à l'apparition d'un principe exact. La vérité pour se faire connaître peut se passer de recourir à la force; elle s'exprime et on l'admet. Ce privilège du vrai, a existé de tous temps et c'est à lui qu'on doit la masse du progrès accompli jusqu'à ce jour. Vainement, des faux principes se sont succédés. Ils n'ont pu empêcher les vérités qui étaient en rapport avec les besoins, d'entrer dans les mœurs malgré des résistances intéressées, et d'être considérées comme des choses toutes simples que chacun connaissait d'intuition, et dont l'application était absolument naturelle.

Nous avons l'espoir que cette position heureuse appartiendra à notre principe. Aucun bouleversement, aucune violence venant de son fait, ne peut accompagner son apparition. C'est au contraire avec le calme qui appartient à la certitude qu'il doit être défendu. D'ailleurs, pourquoi lui serait-on opposé. Son influence sur l'humanité est éminemment utile. Il introduit à l'instant le repos et l'espoir. Il conserve tous les progrès acquis, et il ramène dans les limites du bon sens les exagérations de tous genres que nous voyons se dérouler autour de nous.

Chaque civilisation étant l'expansion d'un principe, est représentée par une formule qui est comme la condensation de celui-ci. La révélation merveilleuse trouve cette expression suprême dans les paroles de Jésus : « Aimez-vous les uns les autres et aimez Dieu plus que vous-même. » Elle a produit un essai de théocratie pure dont le monde ressent encore les inconvénients et les dangers.

Le rationalisme exprime sa doctrine par le cri fameux de la révolution française : Liberté, Égalité, Fraternité. Il a appliqué une tentative de démocratie effective, dont les explosions détruisant jusqu'aux bases sociales, menacent de faire crouler l'édifice tout entier.

La civilisation théiste qui développe notre principe a pour formule ce conseil sage et vrai : *Accomplissez la pensée de Dieu.* Tenant compte du rapport universel, et laissant à sa véritable place chacun des membres qui le composent, elle semble appelée à produire ses applications conformément au vrai.

Nous allons essayer de prouver que le théisme possède en effet cette supériorité, en examinant la manière dont il influence les divers éléments sociaux. Il est à cet égard une remarque à faire, c'est que l'appréciation à porter sur la civilisation de l'avenir doit contenir seulement les conséquences rigoureuses du principe émis. Vis-à-vis de cette partie du travail, notre rôle consiste à raisonner aussi logiquement que possible sans tenir compte des difficultés d'application que présenteront d'abord les changements à faire.

Il ne faut donc pas s'attendre à des tempéraments qui ne seraient pas à leur place dans ce livre.

La civilisation théiste a pour caractère principal la simplicité, ce qui n'empêche pas l'intelligence de s'y élever à toute la hauteur qui est dans sa compétence. L'enseignement est mis à la portée de tous parce qu'il définit ce que le moi ressent, sans rien contredire de ce qu'indique la réalité. L'étude des dogmes, même lorsqu'ils s'élèvent jusqu'à la métaphysique la plus élevée, ne demande pas la gymnastique intellectuelle sans laquelle il serait impossible de comprendre un mot des philosophies erronées. Le langage philosophique n'est plus une science, il s'exprime en termes connus, et, sans se perdre dans la transcendance, il ne cherche pas à dépasser le bon sens.

Dans ces conditions l'enseignement agit sur l'individualité d'une manière éminemment bienfaisante. Le moi se trouvant en présence d'une certitude, ne se contente plus de convictions fausses et non contrôlables. Il veut acquérir sur tous les points accessibles une sécurité entière et raisonnable. Il connaît l'importance de sa personnalité par la grandeur de la tâche qui lui est imposée, et se sentant intéressé à obtenir le plus tôt possible sa propre amélioration, il cherche le bien et il combat le mal. Sous l'influence de ce désir il se développe dans le moi une volonté ferme et persistante, une grande rectitude de conscience et de jugement, une connaissance exacte du vrai, et enfin une décision irrévocable d'accomplir ses devoirs envers tous au moyen d'un effort sérieux. On peut donc affirmer que dans la civilisation théiste l'individualité est puissante, et possède une incontestable valeur.

La liberté et la responsabilité que le théisme contient, montrent la nécessité des différences entre les hommes, et par conséquent celle des hiérarchies. L'application tient compte de cette règle. La civilisation nouvelle est une aristocratie contenant une noblesse qui a pour raison d'être une supériorité effective et prouvée. Son règne est celui des meilleurs, des plus capables et des plus dignes, au-dessous desquels s'étagent les différents degrés du bien. Cette situation privilégiée pour quelques-uns, ne peut cependant provoquer ni envie, ni révolte, parce qu'elle répond à un service rendu, dont la masse saura parfaitement apprécier l'importance. On peut avoir à cet égard une sécurité complète. Quand le bon sens ne sera plus dévoyé, personne ne réclamera contre les institutions justes. On ne sera plus intéressé à contester aux meilleurs le droit d'avoir une position supérieure, à condition toutefois que celle-ci soit conforme à la nature et accessible à tous les mérites.

Ce réveil du bon sens rendra aux diverses classes sociales un rôle qui, en devenant normal, sera précisément l'opposé de celui qui leur est attribué maintenant. En effet on ne remarque pas suffisamment l'étrangeté de ce qui se passe. On s'étonne dans la lutte des partis de rencontrer dans les classes inférieures de la Société des tendances absolues. On regrette d'y trouver soit une soumission aveugle aux ordres du prêtre, soit un désir incessant d'appliquer sans restriction les plus extrêmes conséquences du principe rationaliste. Ces étonnements et ces attaques sont suprêmement injustes. Les classes non suffisamment instruites ne peuvent se diriger qu'avec le bon sens et la rigueur du raisonnement. Or, du moment qu'on leur a imposé des convictions erronées, comme c'est le cas pour notre civilisation actuelle, que peuvent-elles faire sinon développer ce qu'on leur enseigne. Elles le font avec une grande rigueur, et il est impossible de comprendre comment et pourquoi elles n'agiraient pas ainsi.

Au contraire, les classes instruites et dirigeantes ont à leur disposition, pour éviter les conséquences trop désastreuses des principes, des palliatifs dont elles se servent avec habileté. Elles se permettent toutes sortes de capitulations de conscience. Elles triturent le bon sens et la logique pour inventer des combinaisons mixtes, dont les applications ne peuvent jamais satisfaire les classes dirigées. En résumé, la civilisation actuelle place les classes sociales dans cette position remarquable. Les masses inférieures, d'accord avec les esprits logiques des degrés plus élevés, et avec ceux qui sont intéressés à maintenir l'erreur, sont les seuls qui appliquent rigoureusement leur principe, et cependant leur action est funeste. Les classes dirigeantes au contraire, en pratiquant l'illogisme, tiennent compte du réel et permettent l'apparition d'une certaine somme de progrès. Évidemment entre ces deux portions de la société il ne peut exister ni relations harmoniques, ni contrôle légitime. Une défiance, sinon une haine réciproque y est inévitable.

La situation est entièrement différente dans la civilisation théiste. Chaque partie de la société y a un rôle compréhensible et une compétence nécessaire à l'harmonie de l'ensemble. Les classes inférieures qui ne demandent nullement, comme on voudrait le croire, à causer du désordre, y deviennent un élément sérieux de progrès. Ce résultat est obtenu de la manière la plus simple. Ces classes recevant un enseignement vrai, basent leur conduite sur une certitude et non plus sur des convictions fausses. Or comme elles continuent à employer dans tous les cas le bon sens et la rigueur du raisonnement, elles ne peuvent plus produire, ni exiger des autres, que l'ordre et le bien. Et il est même à observer que plus elles cherchent à atteindre l'extrême, plus elles doivent réclamer fortement l'application du mieux. L'erreur se cachant sous des raisonnements contournés et subtils est sans valeur à leurs yeux. Leur bon sens général a vite raison de ces tromperies intéressées, et il les force à disparaître sans retard.

Cet emploi favorable des qualités naturelles aux masses, a pour effet de forcer les classes supérieures à conformer leur conduite à ces exigences légitimes. Il devient un élément de contrôle dont il est impossible de ne pas tenir compte. Mais d'un autre côté, la résistance au bien disparaît aussi dans les classes supérieures. Le même enseignement agissant partout, les dirigeants ne demandent qu'à abandonner les applications fausses et indéterminées, pour les remplacer par des œuvres comportant un progrès sagement conçu. Ils sont sollicités à le faire par l'appel de leur conscience, d'accord avec leur raisonnement, par l'appui qu'ils rencontrent près de la masse jugeant favorablement leur conduite, et aussi par leur intérêt propre.

Dans la civilisation théiste on peut donc s'attendre à voir

une confiance réciproque s'établissant entre les classes sociales. L'ordre, le calme, le raisonnable, l'intelligent s'y rencontrent avec un progrès marchant vers la certitude d'un pas lent, mais régulier et incessant.

§ II

LA DOCTRINE

La doctrine théiste est l'ensemble des dogmes en rapport avec l'appréciation de la Cause qui a été définie plus haut. Elle se compose donc de l'affirmation du principe, et des conséquences qu'amène le développement de celui-ci. Tous ces dogmes sont déjà connus. Nous ne pouvons que les répéter, mais nous le ferons en les groupant de manière a en former un corps de doctrine. Voici cet ensemble.

L'univers envisagé dans son entier constitue un système, composé, comme cela est inévitable, de la thèse, de l'antithèse et de la synthèse. Avant le temps, Dieu, éternel, infini, absolu, immuable, indéterminé, vivait dans son unité et dans la plénitude de sa puissance et de son bonheur intime. Dans cet état il constituait la thèse.

L'existence sur notre terre d'êtres individuels prouvés par la séparation certaine du moi et du vous humains, atteste qu'il n'a pas plu à Dieu de demeurer dans sa solitude bienheureuse. Se déterminant, sans perdre toutefois aucun des caractères absolus qu'il avait précédemment, il a établi l'antithèse, et par suite le fini, au moyen d'une création qui marque le commencement du temps.

Cette œuvre a eu pour raison d'être le désir éprouvé par Dieu d'attribuer à d'autres une part du bonheur qu'il était seul à ressentir. Elle a été conçue pour faire jouir de cette position heureuse, l'homme appelé à la vie intelligente et consciencieuse. Mais, pour laisser au bonheur futur toute son importance, Dieu a imposé au moi la tâche de mériter ce bien. Il l'a condamné à lutter contre le mal, en ayant l'obligation d'établir l'harmonie en soi et autour de soi.

Le mal qu'il s'agit de vaincre, n'est pas représenté par un démon miraculeux qui s'empare de la volonté de l'homme. Il est simplement la lâcheté personnelle laissant développer dans le moi des prédominances. Celles-ci devenant des habitudes, puis des besoins factices, arrivent enfin à être des vices qui empêchent les manifestations du bien.

Dans l'œuvre de la création, Dieu s'est attribué un rôle, actif d'abord, providentiel ensuite. Considéré sous le premier aspect, il crée une unité de matière qui est un élément passif, et en même temps il le complète par les lois naturelles fixes et régulières auquel cet élément devra obéir pour actualiser et développer le fini. Puis, continuant à agir, il crée une unité d'activité, qui se transformera dans les diverses forces auxquelles le monde doit son état actuel.

Considéré sous le second aspect, Dieu, après avoir produit les deux éléments du créé, prend une position conservatrice et tutélaire. Il continue à veiller sur son œuvre. Il retient probablement dans les attributions de sa providence la surveillance suprême de la loi du progrès continu en vertu de laquelle l'activité peut parvenir à son point culminant. Mais il laisse la création grandir, sans une nouvelle intervention de sa part, et avec le seul secours des lois qu'il lui a données.

Obéissant à la loi du progrès continu, l'activité s'est successivement transformée. Elle s'est appelée le mouvement alors qu'elle s'appliquait aux règles fatales de la nature. Elle s'est nommée la vie végétative quand elle animait les végétaux, et la vie instinctive quand elle appartenait aux animaux. Enfin par une évolution aussi naturelle que les autres, elle est devenue la vie intelligente et consciencieuse qui a permis l'apparition de l'homme. Au-delà du tombeau elle étend encore ses modifications à des degrés dont nous ne pouvons déterminer le nombre, et dont on peut comprendre l'ensemble sous le nom générique de vie supérieure.

L'établissement de l'antithèse appelée à réaliser l'harmonie heureuse pour laquelle Dieu a créé, prouve l'existence d'un rapport universel entre des termes placés en opposition. Ce rapport est celui qui relie la cause à sa conséquence. Quant aux termes ils sont, Dieu créateur comme membre supérieur, et le fini représenté par le moi comme membre inférieur. Chacun de ces termes a des obligations et des modes d'action différents.

Les obligations de Dieu consistent en ce qu'il ne peut méconnaître vis-à-vis de son œuvre les règles du vrai, du juste et du raisonnable pour se livrer à la fantaisie. En chargeant l'homme d'effectuer sa pensée, il s'est interdit de troubler l'ordre des lois qu'il a établies lui-même. Enfin il s'est obligé à respecter le résultat déjà obtenu par le moi, dans la lutte livrée pour atteindre l'harmonie.

L'action divine s'appelle la Providence. Elle se traduit de manières diverses. Elle comprend d'abord une suite de pensées favorables que Dieu inspire à la conscience de l'homme pour l'engager au bien. Cette communication précieuse constitue la révélation naturelle. Elle ne s'impose jamais au moi qui demeure toujours libre de la repousser. L'action du créateur comporte en second lieu une aide efficace par laquelle, en laissant agir les forces naturelles, et sans avoir besoin d'un miracle merveilleux, il peut nous assister.

Le moi terrestre, représentant le second terme du rapport, est l'ouvrier de l'œuvre de Dieu. On peut le définir un être vivant muni de facultés suffisantes pour accomplir la tâche qui lui incombe. Il est la première manifestation de son individualité, et l'existence qu'il possède ici bas appartient à la plus basse expression de la vie intelligente et consciencieuse.

Sa nature est conforme au but qu'il doit atteindre. Il a pendant toute sa durée, des facultés passives qui le font simple, identique à lui-même, libre et responsable, ainsi qu'il convient à un être qui doit pouvoir se prévaloir de ses mérites pour posséder le bonheur.

L'homme a aussi des facultés actives au moyen desquelles il peut régler sa vie et trouver la route qui le mènera au bien. Ces facultés consistent à sentir, connaître, aimer, prier, se contrôler, vouloir et se décider. Il doit chercher à les élever jusqu'à leur plus haut degré d'intensité. Mais en même temps, il a l'obligation de les régler de manière à les dominer, et a éviter en elles le danger des prédominances qui dégénéreraient bientôt en passions.

Cette même obligation de se diriger s'applique dans des conditions identiques aux fonctions corporelles. Il faut les maintenir tant qu'on le peut dans le meilleur état de durée et d'activité, sans leur permettre jamais de dépasser leur compétence régulière.

Cependant, le renoncement à une fonction dont on ne sait pas se rendre maître ne constitue pas un mal. Il s'appelle l'abnégation, et il permet d'obtenir une harmonie qui, pour n'être pas au niveau supérieur, est cependant utile. L'abnégation est un tempérament à la loi principale et rigoureuse demandant à l'homme, pour donner à sa vie le développement le plus complet, de grandir lui-même et de faire grandir les autres.

Il est possible de parvenir à ce but élevé en remplissant rigoureusement les devoirs humains. Ceux-ci s'appliquent à Dieu, au moi, aux autres hommes et enfin au reste de la réalité.

Le rapport universel ne finit pas à la mort de l'homme terrestre, les mêmes termes se retrouvent au-delà du tombeau. Dans cette situation suprême, Dieu conserve les obligations qui sont chez lui immuables. Quant à son action, elle est sans doute modifiée, car elle doit tenir compte de l'avancement de l'être dans la vie supérieure qui comporte des besoins dont nous ne pouvons apprécier la nature.

L'être humain qui constitue notre moi persiste aussi, et est encore au-delà du tombeau, le représentant du fini. Cela lui est possible, parce qu'il est un être transformable, et que la mort n'est en réalité qu'une transformation. Sous son nouvel aspect le moi est déterminé, et il possède une forme qui, pour échapper à notre vue, n'en contient pas moins une portion limitée de matérialité.

Le moi transformé se trouve dans une vie nouvelle qui correspond à un degré plus élevé de la loi du progrès, et dans laquelle par conséquent tout est plus intense. Il est placé en vertu d'un décret de la justice absolue, mais rien n'indique qu'il ait dû pour cela paraître personnellement devant Dieu.

Il est encore trop loin du parfait pour qu'un semblable rapprochement soit admis comme probable.

Le moi entre dans son existence nouvelle avec la somme de valeur qu'il représentait ici bas, et en conservant de sa vie passée, un souvenir qui ne le quittera jamais.

Il retrouve aussi une sensibilité qui doit être considérablement augmentée pour être proportionnelle au milieu nouveau.

C'est dans ces conditions que le moi transformé vit l'existence qu'il a méritée. Devant remonter la pente devant laquelle il avait reculé d'abord, ou entrant plus avant dans l'harmonie heureuse si ses efforts ont été véritables. En tous cas, le bonheur et le malheur qu'il ressent dépassent de beaucoup ce qu'il pouvait éprouver ici bas.

Il est incertain si le moi devra mourir plusieurs fois. Mais un point non douteux est qu'il n'arrivera au type du bien prévu par Dieu, que lorsqu'il aura complètement accompli sa tâche, en supprimant toutes les causes de désordre qu'il pouvait atteindre.

Parvenu au sommet, il jouit enfin du bonheur ineffable pour la possession duquel il a lutté longtemps. Mais dans cet état heureux il ne peut pas encore se désintéresser de l'effort et abandonner sa volonté pour jouir d'une position immuable. S'il fait mal, s'il délaisse l'harmonie pour permettre à de nouvelles prédominances de s'établir en lui, il redescend du niveau suprême, et il rentre dans la lutte. Ainsi la justice de Dieu, absolue et impartiale, sans condamner personne au malheur éternel, respecte cependant d'une manière si complète la liberté du moi, quelle ne l'empêche pas de perdre même la position de bienheureux.

Le rapport universel ne pourra jamais finir, car les obligations de Dieu lui interdisent, sous peine d'injustice, de supprimer son œuvre, ce qui rendrait inutile l'effort accompli. Le moi, qui a commencé à l'existence terrestre, n'a donc pas de fin possible. Mais, cependant, il n'est pas éternel, car cette qualité n'appartient qu'à l'absolu, et à aucun moment le moi n'a cessé et ne cessera de faire partie du fini. Jamais il ne dépassera les limites assignées au second terme du rapport pour acquérir des compétences qui n'appartiennent qu'au premier.

Si le rapport universel doit durer toujours, l'antithèse qui correspond à la lutte ne finira jamais. Cela rend impossible l'établissement d'une synthèse universelle, comprenant le repos d'une harmonie immuable. Un repos aussi général serait contraire à la liberté avec laquelle l'homme doit employer son activité. Mais si le bonheur ne peut être universel et imperdable, rien n'empêche qu'il s'applique en particulier à chacun de nous, et qu'il se forme ainsi une infinité de synthèses particulières, que notre volonté pourra faire durer.

§ III

LE DROIT

Nous savons que le droit est la règle du permis et du défendu. Le permis comprend la part de souveraineté personnelle dont chacun peut conserver l'usage sans l'abandonner au bénéfice de l'ensemble social. Cette portion réservée de puissance constitue ce qu'on appelle les droits.

Dans la civilisation théiste, ces droits diffèrent profondément de ceux qui se rencontrent dans le courant de l'erreur. Tandis qu'ils sont forcément absolus sous l'influence des prédominances sans limites, la position contraire leur est assignée dans notre syst .

Au nom de quoi, en effet, l'homme qui se connaît une personnalité relative, et tellement finie qu'elle n'est pas même éternelle, au nom de quoi pourrait-il revendiquer ce qui appartient seulement à la nature divine? Une prétention semblable serait en lui comme un anachronisme. Elle ne répondrait à rien. Elle n'aurait pas de base, car du relatif l'absolu ne sort pas. D'ailleurs, l'homme théiste n'aurait garde de réclamer de tels droits. Il n'en trouverait pas l'emploi dans le développement régulier de sa vie. Pour les appliquer, il devrait rejeter son principe, et rentrer ainsi dans la logique de l'erreur.

Le relatif, en atteignant ces droits, ne s'impose cependant pas à tous dans des proportions identiques. Il augmente d'intensité en suivant un classement d'après lequel l'indivi-

dualité peut chercher d'abord à subsister, puis à se développer et enfin à se compléter.

A la première catégorie appartient le droit de se faire aider
pour trouver les choses indispensables à l'entretien de la vie.
Il semble si naturel de ne pas devoir mourir de faim ou de
besoin, qu'on voudrait d'abord considérer la société comme
étant absolument tenue envers ceux qui n'ont pas le nécessaire. Mais on se dit bientôt qu'il n'en peut être ainsi, car si
les malheureux avaient un droit aussi absolu à l'assistance,
ils seraient autorisés à voler ce qui leur manque, ou à obtenir
par la force ce qui leur aurait été refusé. Or que deviendrait le droit des autres dans ce cas. A quoi servirait le contrôle de la société elle-même, qui pour être obligée, doit pouvoir s'assurer que l'indigent dont il faut s'occuper est un
malheureux méritant l'intérêt, et non pas une inutilité
vicieuse qui s'impose.

Quand l'homme s'est efforcé sans succès, il n'acquiert pas
encore un droit assez absolu à l'assistance, pour pouvoir se
révolter contre les lois de la société. Mais du moins il peut
légitimement réclamer l'aide des autres, et c'est à ceux-ci
qu'il appartient alors de remplir leur devoir en le soula-
geant. Il ne faut donc pas refuser les secours même à ceux
qui sont responsables de leur misère. Leur droit peut, il est
vrai, être nié, mais une rigueur trop grande déployée contre
eux les forcerait à s'abaisser plus encore. Quant à ceux dont
le dénuement est causé par des circonstances indépendantes
de leur volonté, et qui cependant luttent vigoureusement
contre la mauvaise fortune, ils sont des victimes. L'intérêt
qu'ils inspirent n'est restreint par rien, et si leur droit n'est
pas absolu, l'obligation des autres envers eux l'est certainement.

Au droit de demander le nécessaire, vient encore se joindre dans cette première catégorie du permis, la prétention légitime que peut avoir tout homme non coupable, de conserver l'usage entier de ses facultés passives, et par conséquent d'être seul maître de son individualité. L'esclavage cependant a duré bien des siècles, et cette plaie hideuse n'a pas encore entièrement disparu.

N'est-ce pas un dérèglement révoltant que celui en vertu duquel un moi simple et toujours identique à lui-même, ose prétendre ajouter à sa propre possession celle d'un autre moi. Le premier devoir d'un homme qui est lui, n'est-il pas de permettre aux autres d'être aussi des individualités complètes. Rien en vérité n'est plus contraire à la loi naturelle que l'attentat par lequel on arrête ainsi le développement d'un être contrairement à la volonté de Dieu. Le droit à l'indépendance personnelle n'est pas niable et toujours il doit être respecté.

Cependant, malgré son évidence, pas plus que les autres, il ne s'élève jusqu'à l'absolu. L'esclave doit ployer la tête sous le joug odieux sans pouvoir tuer son maître. Mais s'il est impuissant à se révolter, quelle obligation impérieuse sa misère n'impose-t-elle pas aux peuples qui possèdent chez eux l'usage de la liberté. Ceux qui pouvant le faire ne suppriment pas l'esclavage, sont coupables devant Dieu. Ceux, au contraire, qui entreprennent cette œuvre, s'acquièrent des mérites, et élèvent leur individualité conformément au but assigné à la vie. La civilisation théiste ne saurait supporter l'esclavage. Il y a entre elle et lui une opposition radicale. Ils sont placés comme une antithèse dans laquelle un des membres doit être éliminé par l'autre. On peut donc être assuré que l'application de la doctrine théiste est le meilleur moyen à employer pour supprimer l'esclavage.

Après ce premier groupe, voici venir des droits dont la possession est indispensable non plus au maintien, mais au développement du moi. Dans le théisme où l'intérêt de chacun est de s'améliorer au plus tôt, ce qui est raisonnable étant toujours admis, on fait volontiers l'abandon de la part de puissance personnelle qui est nécessaire ou seulement utile à l'intérêt de tous. Mais on exige que cet intérêt soit clairement établi. Hors de cette limite, on veut l'exercice d'une liberté réelle et sans contrainte. Loin donc qu'il soit possible d'admettre dans cette civilisation le maintien d'une volonté tyrannique et arbitraire, l'individualité y réclame au contraire la jouissance de certains droits établis d'une manière sincère et assurée. Le moi doit pouvoir toujours compter sur ces bases, sans lesquelles il n'est pas en sécurité, du moment qu'il dépasse le niveau toléré par ceux qui prétendent résister au progrès.

Ces bases indispensables se rencontrent dans les libertés naturelles qui se sont dégagées de la réaction du rationalisme contre la révélation catholique, et qui depuis sont entrées dans les mœurs. On les trouve condensées dans la partie saine des *immortels principes*, dans la Constitution Belge et dans celle des pays qui ont appliqué le progrès moderne.

Elles sont : la reconnaissance de la souveraineté personnelle avec les conséquences qui en dérivent au point de vue pratique. L'égalité devant la loi, la garantie individuelle, et l'organisation d'une justice indépendante et impartiale. La liberté de la presse aussi complète que possible. Enfin l'assurance de droits civils réglés par des lois fixes et conformes à la nature du moi.

Sans doute il est possible d'exister sans posséder toutes ces garanties, et à cet égard les droits qui y correspondent sont plus relatifs que ceux de la catégorie précédente. Mais à quel faible niveau l'homme n'est-il pas condamné quand il doit vivre hors du courant qui admet ces compléments indispensables à son avancement dans l'harmonie. Il demeure dans une existence inférieure, il s'abaisse sous la tyrannie de l'erreur, et il retarde ainsi le moment de son bonheur futur.

Enfin la troisième catégorie des droits est celle qui permet au moi de se compléter. Quand l'être s'est suffisamment augmenté pour pouvoir se servir d'une manière raisonnable des libertés que nous venons de rencontrer, il veut agir sur les autres et prendre sa part de la vie sociale. A ce besoin répondent les droits civiques et politiques, qui étant moins indispensables encore au progrès du moi, sont plus relatifs que les précédents. C'est pourquoi ils n'appartiennent pas à l'homme comme tel. Ils sont dépendants d'un avancement suffisant obtenu par le moi. L'homme incapable ou indigne peut également être éloigné de la vie civique et politique, et la loi est juste et prudente si elle tient compte de ces éliminations dans les organisations qu'elle crée. Il n'y a donc pas à tracer à propos de ces droits une règle fixe, et qui soit comme un type commun à tous les hommes. Ce qui est utile dans un pays peut devenir dangereux dans un autre. Toutefois, sous l'influence du principe théiste les incapacités radicales ne sauraient persister longtemps parce que la progression lentement ascendante de l'individualité vers le bien doit incessamment se produire.

Le défendu apparaît à l'opposé des droits qui constituent le permis, et il offre des caractères qui lui sont particuliers. Sans doute, pas plus que le permis, il n'est absolu puisque rien ne l'est dans le créé. Mais il est cependant, sous certains rapports, moins affecté de relatif, c'est-à-dire qu'il présente plus de rigueur. Voici pourquoi cela se produit.

Le défendu a dans la société un rôle double. D'un côté, il est chargé de protéger contre les atteintes de tous les partis, les parts de souveraineté personnelle réservées pour les besoins de l'ensemble. D'un autre côté, il s'élève comme une barrière contre la production de ce qui éloigne le moi de l'harmonie. Or, la persistance de cette double compétence est tellement inévitable que sans elle toute société tombe à l'instant dans l'impraticable. Le défendu est donc en réalité une règle avec laquelle il est toujours dangereux, sinon impossible de transiger. Il y a péril général et désordre certain dès que chacun ne se croit pas obligé de protéger le défendu plus ardemment encore que les droits. En effet, si on peut parvenir à faire bien sans utiliser toute sa compétence dans le permis, il est, dans tous les cas, impossible de ne pas faire mal en transgressant le défendu.

L'essence même de cette partie du droit oblige donc à ce que, dans la civilisation théiste, ses prescriptions soient effectives et non soumises à des transactions. Le système veut qu'une loi édictée soit exécutée, et que toute pénalité prononcée soit suivie de l'accomplissement entier de la peine.

En règle générale, les commutations doivent être repoussées par cette raison, dont l'idée se représente à chaque instant, qu'il est moins dangereux de tolérer un désordre à l'état de permis, que de laisser sans application réelle une défense justement édictée. Les commutations sont seulement concevables quand la séparation entre le bien et le mal ne s'indique pas d'une manière claire. Mais du moment qu'on est sorti du courant panthéiste, le défendu reste lui, et il faut en tenir compte.

Cependant dans la pratique on peut être un peu moins sévère, et admettre dans une certaine mesure le maintien des commutations. Cela peut être, à condition que celles-ci soient permises et indiquées dans les jugements, et qu'il s'agisse de fautes légères. Sans doute alors, comme toujours, le mieux est de faire payer intégralement la dette, mais il faut un certain temps pour s'habituer à une telle rigueur. Et, d'ailleurs on aime à se dire que bien des circonstances, imprévues dans les lois, modifient la nature de la responsabilité sans cependant supprimer celle-ci.

Les commutations, dans ce cas, sont donc tolérables à titre de concessions, de dérogations à la règle vraie, et pour un temps aussi court que possible. Cette période transitoire ne doit pas dépasser le moment où le désir d'avancement qu'éprouvera le moi, ne lui fera plus craindre d'employer contre lui-même des moyens réellement efficaces.

Si le défendu réclame pour ses applications un semblable respect, alors qu'il s'agit de délits peu importants, il se conçoit qu'il impose comme des décisions irrévocables, les pénalités qu'il inflige aux criminels. Dans notre temps d'égalité effective, il est difficile d'ouvrir un journal sans y lire le récit de quelque meurtre atroce. Les criminels pullulent, car ils savent parfaitement que la société rationaliste possède un droit douteux quand elle veut punir.

Cette illusion ne peut leur être laissée dans la civilisation théiste. L'égalité entre le bien et le mal y est supprimée en fait comme en droit, et l'intérêt de chacun est d'harmoniser soi et les autres. Or une faute grave va contre cet intérêt. Elle doit par conséquent faire naître une opposition générale. Il faut, dans le théisme, que le crime recule et disparaisse, car il doit y être d'habitude, de mœurs et de religion, de marcher droit au vice pour le punir sans pitié. Le cri général est, guerre au mal et paix aux honnêtes gens. Les victimes valent mieux que leurs bourreaux, et le devoir de la société est de ne pas sacrifier ses membres utiles et réguliers à une fausse bienveillance envers des êtres qui ne sont plus des hommes. Que font en effet les criminels. Ils rejettent leurs obligations envers la société. Ils repoussent l'aide des autres. Ils s'affranchissent de ce qu'ils doivent. Ils reprennent violemment l'ensemble de leur souveraineté personnelle, et ils en abusent en foulant aux pieds les lois sans lesquelles la société devient impossible.

Dès lors, ce ne sont plus des êtres sociaux, et le pouvoir, qui représente la réunion humaine, a la stricte obligation de les mettre hors d'état de nuire.

Cependant, le droit à la répression dans le chef de la société permet-il d'ôter la vie à un criminel qui a tué lui-même? Nous ne le pensons pas pour plusieurs raisons. D'abord il faut tenir compte, comme nous l'avons déjà indiqué, de l'éventualité toujours possible des erreurs judiciaires. Comme on ne peut rendre la vie après l'avoir enlevée, il ne faut pas s'exposer à commettre un malheur irréparable. Puis, la peine de mort étendue jusqu'à la suppression de la vie ne nous semble pas concorder avec les besoins essentiels de la société. Celle-ci peut, et doit agir contre l'être social qui a dénoncé le contrat existant entre tous. Elle est compétente pour cela, mais ce n'est pas une raison pour faire sortir l'être vivant de son existence terrestre. Une semblable extrémité se conçoit seulement quand elle est une nécessité absolue. Or, la peine de mort dont on fait tant de cas, n'atteint pas même le but terrifiant qu'on en attend. En effet, tout le monde ne craint pas la mort. Il en est même parmi les honnêtes gens, qui aspirent à se réfugier dans son sein comme dans un repos assuré. Quant aux criminels, elle devient parfois pour eux une occasion de gloire, car on a vu souvent des fanfarons du vice étaler jusque sur l'échafaud leur impudent cynisme.

Il est un autre moyen de punir, beaucoup plus efficace, et qui ne dépasse aucunement la compétence humaine. Il consiste à supprimer effectivement le criminel, tout en le laissant vivre. Il faut pour cela condamner à mort l'être social et exécuter la sentence. Il en résulte la mort civile, comprenant la suppression des droits politiques et civiques, des droits civils et aussi du droit de jouir de la liberté effective. Le condamné à mort n'est plus un homme, sa succession est ouverte, son nom ne lui appartient plus. Il ne reste de lui que l'être vivant ayant droit à l'existence, c'est-à-dire pouvant réclamer une nourriture modeste et l'observation des règles de l'hygiène. Mais cet être lui-même sera aussi atteint. Marqué au front d'un signe ineffaçable, il vivra dans une prison perpétuelle, isolé et sans espoir. Il ne parlera plus qu'à celui qui lui rappellera l'existence de Dieu, et la nécessité du devoir. Il n'aura pour se sauver du découragement complet, que des livres et du travail quand il se sera rendu digne d'en obtenir. Mais rien au-delà. Devenu un numéro, et n'étant désigné que par cette dénomination au moment de sa mort réelle, il n'aura plus qu'à passer dans un froid et continuel silence une existence désolée, pleine de larmes, de hontes et de remords.

Peut-être, dans notre époque de philanthropie insensée, trouvera-t-on ce système cruel. On lui objectera que le condamné deviendra fou, ou mourra de chagrin, et que d'un autre côté il perdra le bénéfice du repentir.

Non, ce système n'est pas cruel. Il est implacable comme la

justice doit l'être. Et d'ailleurs ce monstre qui a sacrifié d'innocentes victimes, a-t-il été cruel, lui? Mérite-t-il qu'on ménage sa sensibilité? Qui donc l'obligeait au crime? Personne, n'est-ce pas. Sa liberté était entière. Pas plus que d'autres, il n'avait en lui des facultés négatives produisant un mal forcé. Il était responsable, et c'est en le voulant qu'il a été contre le but désiré par Dieu. Hé bien, qu'il souffre, et quand il ne saura plus vivre qu'il meure. Cela est juste, mais qu'on ne le tue pas. Il se repentira, dit-on, il aspirera à se corriger, il voudra vivre en honnête homme. Tant mieux pour lui s'il a ces désirs. Quand il se sera repenti, il n'aura encore fait qu'une partie de son devoir. S'il demeure dans cette voie, il profitera de sa terrible épreuve. S'il s'améliore, s'il regrette véritablement ses fautes, s'il accepte avec résignation et comme un acte équitable la punition dont il souffre, il avancera dans le bien, et Dieu pourra lui en tenir compte. Mais la société n'a rien à lui pardonner, elle doit à sa propre conservation de demeurer inflexible.

D'autres objections pourront se présenter encore. C'est ainsi qu'à l'idée d'une prison perpétuelle, on reproche ordinairement ce défaut capital que le condamné espère toujours être délivré au moyen d'une évasion, ou d'un mouvement révolutionnaire. Il se conçoit que cette objection ne puisse s'appliquer à la civilisation théiste, dans laquelle la masse considère comme un devoir impérieux de punir le coupable au lieu de le protéger. Un condamné qui s'échapperait dans de telles conditions, serait à l'instant traqué, saisi par la population elle-même, et réintégré au plus tôt dans sa prison. Quant aux révolutions qui délivrent les forçats, elles sont essentiellement rationalistes, et ce n'est pas le théisme qui pourrait jamais les produire.

Enfin, on dira encore que le condamné, pour finir plus vite ses misères, cherchera à commettre un nouveau crime pour lequel il espérera recevoir la mort. Dans ce cas même, la règle demeure invariable, le droit de la société n'est pas modifié par la récidive. De nouveau, le criminel est condamné à vivre; cependant les précautions doivent augmenter. Qu'enchaîné solidement à un mur, cet homme devenu une bête féroce soit nourri avec des fourches, de manière à ce qu'il ne puisse plus faire de mal, mais qu'il vive jusqu'au bout sa vie enragée.

Au dessous de la catégorie des condamnés à mort, la même règle existe, mais moins rigoureuse, dans une certaine partie de ses applications. C'est ainsi que des tempéraments peuvent être apportés à l'isolement, au silence, au mode de travail, etc. Mais ces différences ne doivent jamais empêcher les condamnés à des peines afflictives ou infâmantes de subir les effets de la punition sans espérance. Il est juste que les condamnés à perpétuité portent aussi au front la marque de la honte ineffaçable. Il l'est surtout que tous ceux qui ont à expier un crime, ne bénéficient jamais des commutations. Ils doivent payer jusqu'au dernier jour indiqué dans le jugement, la dette contractée envers la société.

Quand un semblable mode de pénalité assurera les décrets du défendu à propos des crimes, on peut être certain que le nombre de ceux-ci diminuera sensiblement et sans retard. Les méchants craindront bien plus que la mort, ce long martyre sans espoir, cette existence honteuse, inférieure à la véritable vie humaine. Plutôt que de l'aborder ils tenteront de se relever, et ainsi le bien augmentera par l'effet de l'implacable sévérité avec laquelle le défendu aura été appliqué.

§ IV

LA MORALE

La morale a été définie, l'ensemble des devoirs que l'individualité doit remplir pour se compléter conformément à sa base. En appliquant cette régle au théisme, on voit que les devoirs s'y rapportant à une vérité certaine, permettent une morale fixe et déterminée. Chacun, en effet, dans le théisme, sait le but de la vie, et peut se rendre un compte exact de la ligne de conduite qu'il faut suivre pour y atteindre.

En se rappelant que ce but est l'harmonie intime et générale, ont peut définir ainsi qu'il suit le moral et son contraire.

Le moral se compose de la suite ascendante indéfinement variée des degrés dans le bien. Cette suite commence à l'effort produit pour empêcher les penchants de se transformer en prédominances dangereuses. Elle se continue dans une série d'actes extérieurs et intimes par lesquels le moi développe volontairement, et de plus en plus, l'ordre en lui et autour de lui.

L'immoral existe dès que la lâcheté du moi l'empêche de résister au penchant. Le danger qu'il présente est grand, car une fois le premier abandon accompli, le mal augmente vite, si un vigoureux effort de volonté n'arrête pas l'entraînement avant qu'on soit lancé sur la pente.

Le moral et l'immoral s'appliquent à tout ce que produit l'activité. Il en résulte qu'aucune action délibérée ne peut laisser la responsabilité du moi sans engagement.

Il n'y a pas d'acte sans valeur quand le libre arbitre est

en jeu. Ce qui parait indifférent ne le sera pas longtemps, et sera bientôt dépassé par une action plus accentuée.

De cette universalité d'obligations résultent des devoirs s'appliquant à tous les ordres d'idées que le moi peut aborder, c'est-à-dire à Dieu, à soi-même, aux autres et au reste de la réalité. Les devoirs envers Dieu ne doivent pas nous occuper en ce moment. Les applications qu'ils réclament forment les pratiques du culte, et l'organisation de la religion. Nous le rencontrerons en traitant de celle-ci, et pour le moment nous nous contenterons de constater leur nécessité.

Les devoirs envers soi-même ont une importance capitale pour le moi, puisque le bonheur dépend de leur accomplissement. Nous en connaissons déjà une grande partie. Ils figurent parmi les obligations du terme inférieur du rapport. Nous les répéterons cependant pour ne pas laisser des lacunes regrettables dans l'ensemble du moral. Voyons quels sont ces devoirs.

Le moi ayant reçu dès l'enfance l'enseignement théiste, sait qu'il est le collaborateur de l'œuvre de Dieu. Sa morale intime se compose donc de ce qui tend à lui faire accomplir la tâche d'harmonie au bout de laquelle il rencontrera le bonheur. Pour atteindre ce résultat, il doit soigner son corps, qui n'est pas séparé de lui-même, et se placer dans le meilleur état pour vivre régulièrement et longtemps. Ainsi, il acquiert des forces plus grandes, au moyen desquelles il emploie toutes ses fonctions et toutes ses facultés, en ayant soin toutefois de les laisser dans leur rôle naturel, sans permettre en elles ni dérèglement ni abus.

Ce qu'on doit chercher comme type principal, c'est la vie intensive, c'est-à-dire le maximum d'activité harmonique

compatible avec la nature du moi. Dans ce type, tout sert
et tout est élevé, sans que rien cause du désordre. C'est là
l'expression suprême de la morale intime. Il est donc bon
de produire en soi une vitalité supérieure, pourvu qu'on
sache la dominer et la régler par un vouloir sûr de lui-même.
Cependant il est aussi dans le moral de résister au moyen
du renoncement au penchant qui entraîne malgré la volonté.
Le renoncement dans ce cas n'est pas un abandon. Il est un
accès de prudence auquel il est souvent sage de recourir.
Quand on restreint ainsi sa vie, on le fait volontairement, en
luttant d'une façon souvent pénible, et il n'y a rien de commun entre cet acte de vigueur et l'affaissement immoral d'un
moi qui délaisse sa propre direction.

La morale intime contient encore les soins que l'on prend
pour orner et pour agrandir son intelligence. Il faut, s'il est
possible, apprendre chaque jour quelque chose en plus. Mais
à la condition de ne pas admettre sans contrôle le premier
enseignement qu'on rencontre, car se laisser entraîner dans
l'erreur, quand on peut faire autrement, devient au contraire
une immoralité.

Il est non moins indispensable de se faire une conscience
sensible et délicate, sur laquelle on veillera avec soin pour
l'empêcher d'être faussement impressionnée par l'erreur.

Enfin, à une intelligence agrandie et ornée, il est dans les
obligations de joindre une volonté ferme et énergique obtenue par un effort incessant. Chacun doit employer cette
volonté à devenir son propre maître et, sans se décourager,
à remonter la pente vers le bien si quelque défaillance a fait
tomber en faute. Quand un semblable malheur arrive, il
faut le réparer aussi vite qu'on le peut. Retarder d'un jour

l'exécution du devoir qu'on a de regagner le niveau dont on est descendu, revient à augmenter volontairement la résistance qu'il faudra vaincre, et cela est au moins inutile.

Le devoir est aussi d'être brave en tout. Il est indispensable qu'une éducation virile maintienne le courage physique dans son entier. Mais ce n'est pas seulement en face de la mort qu'il est beau de ne pas reculer. Le courage moral a aussi son mérite. Il n'est pas l'héroïsme brillant qu'on admire et qu'on applaudit. Il ne comporte ni la gloire ni les honneurs. Mais s'il n'est que la persistance anonyme et terre à terre, ce travail, qui semble modeste, a pourtant sa grandeur, car il résiste à la passion et il finit par la vaincre. De ce courage de tous les jours on parle peu, et cependant il est aussi nécessaire que l'autre, et ensemble ils forment une des parties les plus indispensables de la morale.

A toutes ces obligations, vient se joindre celle de dire toujours vrai à soi-même et aux autres. Jamais un mensonge ne peut être dans la parole, dans la pensée ou dans l'action du moi théiste. L'hypocrisie est une honte dont il sait s'affranchir. Elle lui est, du reste, inutile, car lorsqu'on cherche le bien, on n'a rien à cacher. On aime mieux avouer une faute et s'en corriger que de la dissimuler derrière un masque trompeur.

Tous ces devoirs conduisent le moi à vivre conformément à la règle indiquée par la nature, et qui se résume dans la vie de famille. Ce n'est pas à dire que l'état de mariage soit une obligation absolue. On peut sans immoralité vivre dans le célibat, pourvu qu'on n'y recherche pas les plaisirs de la position dont on rejette les charges. Mais il ne faut pas s'affranchir ainsi des obligations ordinaires sans raisons suffisantes. Cela est une question de conscience que chacun, d'après les circonstances de sa vie, est seul compétent pour régler.

La tendance naturelle qui porte l'homme à se compléter permet au moi de s'élever dans la fortune et dans la hiérarchie sociale. Mais ce désir ne le pousse pas vers les spéculations honteuses qui enrichissent en un jour et qui donnent le pouvoir au prix d'un remords. Quand la création entière obéit à un mouvement de progrès lent mais persistant, l'effort de l'homme, pour parvenir à grandir, ne peut s'écarter de cette règle générale. Il faut des circonstances exceptionnelles pour parvenir d'un élan à la grande fortune et aux positions supérieures. La loi régulière est une amélioration progressive, accompagnant l'apparition de qualités de plus en plus parfaites. Ce n'est pas en une seule épreuve que les races d'animaux qu'on cherche à perfectionner arrivent au type pur. Il en est de même pour l'homme ; son amélioration subite et complète deviendrait une sorte de monstruosité, elle serait presque toujours sans persistance.

Mais il ne faut pas croire que l'élévation préconisée comporte l'obligation de remplacer la profession du père par une autre d'un ordre mieux classé. A ce compte, les métiers ne pourraient être qu'aux mains des indignes. Ils représenteraient un état presque avilissant. Or, cela n'est pas. Il est beaucoup plus moral d'être un bon ouvrier qu'un mauvais ministre. L'élévation est souvent plus réelle quand elle s'attache à perfectionner un métier, que si elle cherche à entrer de vive force dans les professions libérales, sans devoir y dépasser le niveau d'une médiocrité impuissante et envieuse.

Quand, pour grandir, on admet la loi d'une augmentation successive, on acquiert honnêtement et par des procédés dont

on n'a pas à rougir. Et de même on dépense sagement pour
des besoins toujours avouables ou pour un luxe qui peut
subir le contrôle de tous.

Après la morale qu'il doit appliquer à lui-même, le moi
rencontre celle qui lui crée des devoirs envers les hommes.
Le caractère général de celle-ci consiste dans l'obligation de
chercher à élever le niveau moral chez les autres. Cela
oblige à aimer ses semblables, non pas comme soi-même, ce
qui est une exagération, non pas en les englobant dans une
humanité sans diversité, ce qui est une absurdité, mais dans
la proportion convenable pour leur faciliter l'accomplissement de leur tâche. Aider les autres à bien faire est une
œuvre à laquelle le moi est toujours intéressé, car tout le
mal qui ne se produit pas est une occasion de moins pour
quelqu'un de tomber dans le désordre. Or, cela répond à une
chance de plus, pour que chacun trouve la paix et le bonheur.

L'aide qu'il faut donner consiste d'abord à diminuer la
misère de ceux qui sont dénués du nécessaire. Mais bien
d'autres obligations se présentent à la suite de celle-ci. Il
faut préparer la voie aux autres en assurant, dans la mesure
de ses forces, le triomphe du vrai et l'établissement des
institutions libres sans lesquelles l'activité ne peut être complète. Il faut aussi soutenir les hommes et les empêcher de
faillir en leur donnant de bons conseils et surtout de bons
exemples.

L'aide à donner aux autres demande qu'on respecte leur
droit. Ce que chacun a déjà fait pour procurer à son moi
l'expansion que comporte sa nature, lui appartient en propre,
et il est immoral d'y porter atteinte. On ne peut attaquer
personne ni dans sa vie, ni dans ses propriétés, ni dans les
éléments divers de sa vie de famille, car ces trois représentations de l'activité sont dans l'expansion du moi.

Abréger la vie d'un être humain, d'une manière directe ou détournée, est par conséquent un acte immoral. Mais il est bien entendu qu'il s'agit ici de l'action méchante et délibérée produite contre une individualité non coupable. Celui qui, par sa mauvaise conduite, prouve qu'il veut rejeter l'aide des autres et s'en affranchir, ne peut se plaindre si la force qu'il méprise se retourne contre lui. S'il périt en attaquant, il n'est pas une victime. Sa mort est une juste application de la loi de causalité, car il a volontairement appelé contre lui des conséquences désastreuses.

S'attaquer à la propriété des autres est une immoralité. Cet acte, devenu si commun, a une étendue plus grande qu'on ne l'admet de nos jours. Il ne consiste pas seulement dans le vol ouvertement pratiqué, il est la fraude à tous les degrés cherchant à acquérir des richesses imméritées. Dans le théisme les fortunes obtenues par ces moyens soulèvent contre elles la réprobation de l'opinion publique. Elles sont un sujet de mépris au lieu d'être une cause de supériorité.

Enfin les devoirs envers les autres, obligent encore à conserver intacts tous les éléments constituant la famille. Il ne faut donc pas enseigner aux autres des doctrines erronées, ou leur donner des conseils pervers qui les éloignent du bien.

Il ne faut pas non plus salir leur réputation en leur imputant des fautes qui ne présentent pas une certitude. Une bienveillance charitable et intelligente est mieux dans les intérêts du progrès humain. Enfin, il est non moins important, de soutenir la vie de famille, en respectant la fidélité conjugale. La vie à trois n'est pas dans la nature, elle n'est pas non plus dans la moralité. A cet égard surtout l'augmentation de la volonté est nécessaire pour éviter des entraînements fâcheux. Pour que les enfants soient élevés dans le bien, il faut éviter les faiblesses qui amènent le déréglement dans la conduite des parents, le mensonge dans les situations, et enfin le trouble dans les consciences.

Il est non moins important de défendre contre toute atteinte ce parfum d'innocence que Dieu a mis comme un trésor précieux, comme un charme ineffable dans le cœur des jeunes filles. Cette fleur délicate se flétrit bientôt au contact impur de la débauche, et il est de l'intérêt de tous qu'elle soit préservée.

Pourquoi la société rationaliste ne protége-t-elle dans les femmes que leurs intérêts matériels, sans garantir leur innocence d'entreprises que les hommes aiment à considérer comme n'étant pas criminelles. Pourquoi laisser ainsi sans défense des infortunées qui ne savent pas la vie. La partie n'est pas égale entre elles et ceux qui les recherchent, et cependant c'est à elles seules qu'on laisse les mauvaises chances. Ce sont les hommes qui ont inventé les lois en vertu desquelles ils peuvent aujourd'hui abuser des femmes, et ils ont pris soin de le faire avec une révoltante partialité. Dans le courant vrai, cela ne peut durer. Chacun doit y supporter la responsabilité de ses actes, et les hommes sont tenus pour le dommage qu'ils causent. Sans doute une telle règle demande de grands ménagements. Mais on peut cependant avec les précautions nécessaires éviter la désastreuse exploitation qui existe actuellement.

Le théisme tend volontiers aux malheureuses égarées une main secourable. Il les relève à leurs propres yeux en leur montrant qu'avec de la volonté, il leur est facile de retrouver le calme que procurent les sentiments conformes au devoir. Il ne les transforme pas en Madeleines repentantes, pleurant et s'affaissant. Mais il en fait des femmes fortes, prêtes au sacrifice, et décidées à rentrer irrévocablement dans la régularité de la vie de famille.

L'union hors du mariage est une immoralité certaine, car si on aime plus la femme qui se donne, on estime mieux celle qui se refuse. Jamais aux yeux d'un homme, la chûte n'est pour une femme un titre d'honneur. Or, puisque le séducteur lui-même trouve que sa complice s'est amoindrie en s'abandonnant, il ne peut méconnaître qu'il l'ait fait sortir du courant du bien. Il sait donc qu'il s'est révolté contre la loi qui oblige à élever le niveau moral de ses semblables au lieu de l'abaisser.

Il faut encore compter dans les obligations envers les autres celle de s'opposer au mal d'une manière effective. Souvent les méchants ne songeraient pas à produire leurs œuvres mauvaises, s'ils ne pouvaient compter sur une sorte de complicité tacite de la part de la masse. Dans le théisme on ne doit pas ainsi se désintéresser de ce qui s'oppose au moral.

Il ne faut pas non plus laisser sans surveillance ceux qui sont placés dans les rangs supérieurs de la société. Plus on est élevé et mieux on doit faire, et quand on manque à cette stricte obligation, il est juste que l'opinion publique intervienne et proteste. Mais d'un autre côté, il est équitable que la récompense attribuée au mérite prouvé emporte l'estime et l'approbation de tous. Quand on suivra cette voie, le courant moral ne laissera se maintenir aux rangs supérieurs de la société que ceux dont la conduite est exempte de reproche. Chacun osera dire que si le bon exemple peut venir de partout, il doit, dans tous les cas, se rencontrer en haut.

La dernière catégorie des devoirs formant la morale s'applique à la manière d'être du moi vis-à-vis la réalité terrestre placée en dehors de l'humanité. On peut, à cet égard, établir comme règle générale, que les manifestations de l'existence apparue avant la vie consciencieuse, sont destinées à servir à l'homme au point de vue de son entretien, de son usage ou de ses études. Le moi a un pouvoir complet, sous réserve bien entendu du droit des autres, sur les êtres dans lesquels l'activité s'appelle le mouvement, ou au plus la vie végétative. Il peut en user ou en abuser sans leur faire aucun tort, puisqu'ils sont privés de sensation.

Toutefois une destruction inutile est hors de la moralité, non à cause de l'objet, mais par rapport à l'usage que d'autres hommes pourraient en faire. Qu'il s'agisse de minéraux ou de plantes, cette défense demeure la même. La suppression sans but dépasse le droit, elle est la destruction.

Les conditions morales deviennent plus sévères lorsqu'il s'agit des animaux, dont la vie s'élève jusqu'à la sensation. Les animaux restent dans leur existence instinctive. Ils ne sont pas destinés à devenir plus tard des membres de notre humanité. L'âme des bêtes se transformant par la suite en âme humaine immortelle et intelligente, est une fantaisie née dans l'imagination des défenseurs de l'homme multiple. L'individualité de l'animal finit avec sa vie terrestre. Cela doit être, puisque n'ayant pas eu d'obligations consciencieuses, elle n'a certainement pas d'avenir. Le tort que l'homme peut faire aux animaux ne dépasse donc jamais la mort, et puisque sa nature exige une nourriture animalisée, il peut légitimement user des espèces mangeables, comme il peut détruire les espèces malfaisantes en vue de sa conservation.

Cependant le moi a des obligations envers les animaux. La première et la plus importante est de se servir de ceux-ci en leur évitant les excès inutiles, et les cruautés que des circonstances spéciales ne rendent pas absolument nécessaires.

Quant aux animaux domestiques, leurs services méritent des soins, et les négliger, ou leur infliger de mauvais traitements, est une méchanceté qu'on ne doit pas laisser impunie.

Une autre obligation plus relative que les précédentes, mais dont pourtant l'importance est appréciable, consiste à chercher en se servant de ces animaux, à tenir compte de la tendance générale vers le progrès. En leur retirant la liberté de l'état de nature pour les assimiler à sa vie, l'homme doit s'efforcer de corriger les imperfections de ces races, et dé les amener au type le plus élevé qu'elles comportent.

Cette dernière considération peut terminer notre aperçu sur la morale théiste, car elle ramène au caractère de celle-ci qui tend à produire partout des progrès continus.

§ V

LA RELIGION THÉISTE

Le caractère qu'on rencontre d'abord dans la religion théiste, est que, ne s'adressant pas à un Dieu miraculeux, elle n'est pas différente de la morale générale. Elle fait simplement partie de l'ensemble des devoirs. Or, ceux-ci étant inhérents à la nature humaine, sont les mêmes en tous temps et en tous lieux. Il en résulte que la religion théiste, qui est d'accord avec eux, peut toujours satisfaire aux besoins de l'adoration, elle est réellement universelle.

Il paraîtra sans doute téméraire qu'une individualité isolée prétende fixer le système religieux capable d'être suffisant en toutes circonstances. Nous reconnaissons qu'une semblable tâche demande le contrôle de tous, et que ce n'est pas à un seul qu'il appartient de l'entreprendre. Nous voulons cependant exposer un système religieux, non pour obéir à un orgueil mal placé, mais pour prouver que le principe émis n'a rien de commun avec l'athéisme. Notre conception n'a donc pas la prétention d'être un type immuable. L'autorité compétente aura plus tard, s'il y a lieu, à y faire les modifications reconnues nécessaires.

Cette réserve étant apportée à nos affirmations, voici une manière de concevoir la religion théiste.

Semblable à toutes les autres dans sa composition, elle contient trois parties essentielles qui sont, l'enseignement, le culte et l'institution du clergé.

L'enseignement est formé par l'ensemble des dogmes.

Ceux-ci sont les résumés des caractères déjà trouvés dans la Cause première, dans la pensée qui a présidé à la création, et enfin dans la nature et les obligations du moi. Après avoir été étudiés dans l'analyse des termes du rapport, ils ont été condensés dans la doctrine. Il semble donc inutile de les répéter une troisième fois à cette place. Nous nous contenterons de les caractériser, en disant qu'étant compréhensibles par le bon sens, ils peuvent être réduits à des formules assez simples pour être mis à la portée des enfants.

Cet enseignement étant vrai, demeure invariable, et il évite ainsi aux hommes le danger de devoir rejeter, quand l'intelligence s'est développée, les croyances religieuses reçues dans l'enfance.

L'instruction religieuse du théisme n'est pas une science. Tout homme intelligent et consciencieux sachant la comprendre, sait aussi l'enseigner. Sa théologie n'a rien de mystérieux, car tout, dans la réalité, étant explicable, depuis le Dieu Créateur, jusqu'au point extrême de l'avenir du moi, on ne rencontre nulle part le besoin de recourir au miracle.

Le culte est la seconde des parties essentielles de la religion. Il affecte dans le théisme une simplicité raisonnable et compréhensible, conforme aux devoirs que la nature impose à l'homme. En dernière analyse il se résume dans la prière, qui peut être présentée comme le devoir suprême du moi envers Dieu.

La prière est le véritable mode d'activité de la faculté d'adoration, et celle-ci figurant parmi les facultés actives, doit fonctionner pour permettre à l'action générale de s'harmoniser. C'est pourquoi nous avons déjà dit, et nous répétons, que prier est humain comme connaître est humain.

Ce caractère de nécessité de la prière, indique que celle-ci doit être faite personnellement, et non pas exécutée par d'autres, en vertu de leur profession et contre argent. L'accomplissement des obligations humaines ne s'achète jamais, et moins encore dans ce cas-ci que dans les autres.

La prière doit aussi être faite par chacun dans une langue qu'il sache comprendre et au moyen de laquelle il puisse exprimer sa propre pensée. Il est bien qu'il existe des formules toutes faites, qui soient comme des types pouvant servir aux besoins complets de la vie humaine. Pourtant, même dans ce cas, celui qui recherche cette facilité, doit encore connaître le sens des expressions qu'il emploie. L'intention de prier ne suffit pas, et quant aux mots, ils n'ont par eux-mêmes aucune valeur. La véritable prière est celle qu'on fait soi-même. Celle-là du moins répond aux besoins vrais. Cependant de ce qu'elle doive être personnelle, il ne faut pas conclure qu'elle ne puisse être utilement appliquée à d'autres. C'est contre l'abus représenté par des prières commandées que nous nous élevons, et non pas contre l'aide qu'on se doit réciproquement. Il y a une telle communauté de besoins entre les hommes, leur obligation commune est si bien de travailler à la même œuvre, qu'ils ne doivent pas plus devant Dieu que devant l'intérêt social, se désintéresser les uns des autres. Sans doute le Créateur est maître de sa Providence. Il peut laisser chacun tracer péniblement son sillon. Mais il peut aussi écouter une demande sincère et utile faite en faveur d'un moi égaré ou malheureux, et c'est pourquoi il faut prier pour tous.

Ce qui précède indique que la prière constitue un devoir quotidien. Il est inutile de passer de longues heures a marmoter les mêmes phrases et les mêmes formules. Un semblable exercice ne peut être continué avec attention. D'ailleurs il est inintelligent, absorbant, et il place la faculté d'adoration comme un empêchement à l'activité des autres facultés. La prière qu'il faut dire peut être courte, mais elle doit être vraie, consciencieuse, et ne pas chercher à remplacer par l'action miraculeuse de Dieu, l'effort que le moi doit constamment produire.

L'exécution de ce devoir quotidien semble si naturelle, qu'on se demande s'il peut arriver qu'il ne soit pas rempli. Cependant, même sous l'influence du théisme, la prière de chaque jour ne sera pas suivie par tous. C'est que, une cause inséparable de la lutte et de la liberté, la fait parfois éviter. Cette cause est le trouble de la conscience. Quand on a fait mal, on n'ose plus s'adresser à Dieu, on s'efforce de l'oublier, on se détourne de lui pour ne pas renoncer à la passion qui entraîne. Ce signe est certain. Quand les esprits honnêtes méconnaissent la prière, ils ont sur la conscience une tache qu'ils ne veulent pas effacer. Mais dès que leur volonté a su diminuer le mal, ils reviennent à Dieu, et alors ils prient sans honte et sans révolte.

Il est impossible que dans une religion pratique, la prière se borne à être intime. Il faut qu'elle se manifeste par un culte extérieur, comprenant certains actes religieux, qui sont inséparables des grands événements de la vie.

A la naissance, l'intervention de la religion n'a pas à se produire, du moins pour assurer par un baptême, l'enfant contre une damnation éternelle en cas de mort. Le pauvre petit être n'est coupable en rien. Il n'a aucune responsabilité effective. Dieu ne l'ignore pas, et si des causes de destruction l'emportent prématurément, la justice absolue saura le faire vivre ailleurs dans des conditions équitables.

Que les parents fassent à l'occasion d'une naissance un

acte de piété, qu'ils aillent prier, rien de mieux, mais que l'enfant reste à la garde de ceux qui le soignent, car une visite à l'église ne changerait rien à sa situation. D'ailleurs il faut le dire une fois pour toutes. Il n'est pas de cérémonie religieuse, il n'est pas d'acte accompli dans le fini, c'est-à-dire sur cette terre ou dans la vie supérieure, qui puisse modifier la nature humaine, car celle-ci existe telle que le Créateur l'a faite.

Mais, si l'enfant est sans faute à sa naissance, il en est autrement dès que le raisonnement est assez développé en lui pour que ses actions soient délibérées. Alors l'enfant doit être présenté à l'Eglise, et cette présentation devrait être l'occasion d'une cérémonie, marquant dans la vie comme un jour important.

Le mariage est aussi un moment où il faut faire intervenir le culte d'une manière officielle. Cet acte considérable demande impérieusement à être confirmé par une cérémonie religieuse, car il est une promesse qui doit être faite aussi bien devant Dieu que devant les hommes, d'accomplir pendant la durée de l'union qu'on projette, les devoirs attachés à la vie de famille. Quand la religion n'est pas une partie séparée des obligations humaines, on ne voit pas comment le moi pourrait, lors du mariage, faire abstraction de Dieu. Les deux actes qu'il faut accomplir alors, se lient d'une manière intime. Le mariage civil est le contrat constatant la promesse faite devant les hommes. Le mariage religieux est la confirmation de ce même contrat faite devant Dieu. Il en résulte que le mariage religieux doit suivre le mariage civil sans jamais pouvoir le précéder, et aussi que le contrat humain étant rompu, le mariage religieux perd en même temps sa valeur. Pour qu'il en fût autrement il faudrait que celui-ci eût un caractère absolu, ce qui n'existe dans aucune des manifestations de l'activité du fini.

Enfin, au moment de la mort, le secours officiel de la religion doit aussi être réclamé. Son intervention dans ce cas ne prétend pas annuler les effets d'une vie pleine de désordres ou d'efforts volontairement incomplets. Mais elle tend à provoquer le repentir sincère, et à mettre le moi qui va éprouver les effets de la justice de Dieu dans les meilleures conditions pour se décider d'une manière certaine à faire bien à l'avenir. Elle apporte la foi, la consolation et l'espoir à ceux qui se découragent et à ceux qui pendant leur vie ont oublié Dieu. Elle guérit les défaillances du dernier moment. Enfin, elle prépare à mourir en priant et en acceptant les destinées nouvelles qu'on va rencontrer, comme une équitable conséquence de la vie qu'on a menée.

Le théisme comporte le culte des morts, mais il ne le confond pas avec la vénération du cadavre. Il est sans doute difficile de s'abstraire suffisamment au moment d'un trépas, pour se dire que l'être aimé n'a plus rien de commun avec ce corps qui seul nous reste. La forme que nous avons connue, nous la voyons encore. Elle se ressemble, et il est naturel de s'attacher à cet objet sensible pour conserver un dernier souvenir de celui que nous avons perdu. Il est donc juste de ne pas froisser à cet égard un sentiment si compréhensible. Le cadavre doit être entouré d'honneurs convenables, jusqu'à l'endroit où s'accomplira sa destruction. Mais là se borne, dans le théisme, ce qu'on doit au cadavre. C'est principalement, si pas uniquement sur l'être lui-même qui déjà est transformé, que se porte la pensée et la prière. Ce cadavre sur lequel nous pleurons, c'est l'enveloppe de la chrysalide, le linceul oublié par l'être dont la vie nouvelle a déjà commencé, et qui est devenu complétement indifférent au sort réservé ici bas à ce qui a été à lui.

C'est pourquoi le théisme pratique le culte des morts tout en repoussant celui du cadavre. Il n'admet pas celui-ci dans le temple, et il dit qu'il importe peu par quel mode, et en quel endroit il se décompose pour rentrer dans les combinaisons d'êtres nouveaux. Mais il considère comme un devoir moral un service de prières, pour demander à Dieu que l'être que nous avons perdu, obtienne une épreuve nouvelle dans les meilleures conditions pour parvenir au bonheur.

Ces occasions solennelles ne sont évidemment pas les seules dans lesquelles le moi doive être en rapport avec la religion. L'obligation de pratiques est attachée à la vie régulière, et nécessite un culte permanent. Il y a donc à cet égard toute une organisation, qu'on peut concevoir de la manière suivante.

On remarque d'abord que le culte théiste conserve un caractère simple et raisonnable. Cette tendance se rencontre dans la manière dont est conçu le temple, et dans la forme extérieure donnée aux cérémonies. L'anthropomorphisme étant impossible dans le théisme, Dieu ne peut être représenté par rien, et avec son image disparaissent toutes les innombrables statues miraculeuses, ou sur le point de le devenir, qui encombrent aujourd'hui les Eglises catholiques. La prière pour monter vers le ciel n'a pas besoin de ce cortége de saints de bois et même d'argent. Ce qu'elle demande est assez bien en rapport avec la nature, pour que Dieu puisse le comprendre sans le secours de ces étranges intermédiaires.

Il est bien que le temple comporte une élégante simplicité. Il pourrait être orné d'un autel portant des lumières, pour qu'un objet matériel arrête la pensée. Cet autel devrait avoir

pour pièce principale, l'inscription d'une prière admise généralement, sorte de Credo contenant l'énoncé des dogmes
théistes. Une chaire y a aussi son utilité, et il n'y a aucune
raison pour en exclure les orgues et les cloches. La musique
sacrée a des accents splendides qui savent émouvoir et porter
à la prière. Et il y a dans la sonnerie des cloches appelant les
fidèles et annonçant joyeusement les fêtes, une poésie tou-
chante qu'il ne faut pas laisser perdre.

Quant au service en lui-même, nous le concevons comme
se composant du Credo récité en commun, d'un enseignement
moral et pratique, et de chants glorifiant Dieu et lui
demandant son aide. Enfin, et principalement, d'une adoration intime, générale et silencieuse. A peine le tintement
d'une cloche, se produisant par intervalle, doit-elle rappeler
les fidèles au recueillement. Cette adoration assez longue,
sera le moment où dans le temple de Dieu, chacun rentrera
en soi-même pour examiner ses fautes, et pour chercher à
prendre la résolution de ne plus les commettre.

Il est indispensable que ce service soit quotidien, et que
les temples restent ouverts pendant une grande partie du
jour. Il est impossible de réglementer les besoins de l'adoration, en décidant qu'ils n'auront leur satisfaction dans
l'Eglise qu'une fois par semaine. On ne peut prévoir combien
d'accès de désespoir, combien de résolutions défaillantes
iraient au mal au lieu de se relever, pour n'avoir pas eu
l'occasion de chercher du secours dans la maison de Dieu.

Le théisme reconnaît l'utilité du Dimanche comme jour
principalement consacré au service divin, et aussi comme
temps de repos nécessaire aux hommes. Cette règle ne
s'appuie pas sur le désir d'imiter Dieu, qui, n'ayant pas
créé en six jours, n'a pas dû se reposer le septième. Mais

elle s'explique d'une manière naturelle par l'impossibilité ou est le moi, empêché par le travail, de suivre pendant la semaine les pratiques religieuses dans l'Eglise.

Et, à un autre point de vue, elle s'explique aussi par la fatigue ressentie, après six jours d'un travail effectif et conscencieux. L'expérience montre qu'il est contraire aux besoins de la masse de poursuivre indéfiniment sa tâche sans relâcher par moments les ressorts trop tendus. Si donc le repos du dimanche n'est pas une obligation tellement absolue, qu'il empêche un travail même obligé, il est cependant indispensable qu'il soit observé au point de vue de la prière et du repos.

Le théisme admet aussi l'utilité de la confession, qu'il ne supprime pas d'une manière absolue. Il semble, en effet, conforme au véritable intérêt du moi de pouvoir trouver la consolation dans un aveu fait sans danger d'indiscrétion. Il faut, qu'ayant sur la conscience un mal dont on ne se débarrasse pas, on puisse demander à son sujet un conseil sage qui rendra l'espérance. C'est dans ce sens que la confession théiste doit être entendue. Elle est un acte religieux essentiellement volontaire. Elle n'efface pas le mal commis, mais elle met le moi à même de l'effacer, en prenant la résolution sincère de ne plus retomber dans la faute.

Cet acte ne correspondant plus à un sacrement, exige de la part du prêtre un secret absolu, qui doit être garanti au moyen d'une pénalité terrible infligée par le théisme d'abord et ensuite par les Etats qui admettent cette doctrine. Il faut qu'une indiscrétion soit rendue impossible et inutile. Il suffit pour cela qu'elle retombe sur son auteur sans pouvoir s'élever contre le pénitent, les dénonciations de ce genre ne pouvant pas être admises en justice.

Enfin à propos du culte, on peut encore s'occuper des abstinences admises sous des formes différentes par toutes les religions. Le théisme à cet égard admet la loi naturelle qui ordonne de suivre le mieux possible les règles d'une bonne hygiène. Comme l'indique très-expressément l'Evangile (1), on peut sans aucune faute manger et boire ce qui constitue une nourriture saine. Le théisme sur ce point n'émet pas de défense, il permet l'usage, mais il réserve ses rigueurs pour les opposer à l'abus. Si l'abstinence exagérée est un mal, le dérèglement, et même le raffinement trop grand sont aussi des immoralités condamnables. La gourmandise empêche l'harmonie; elle devient une prédominance, et l'ivrognerie est un vice tellement hideux, qu'il avilit l'homme en le faisant descendre à une sorte d'état de bestialité.

Nous arrivons enfin à la troisième partie essentielle de la religion, c'est-à-dire à l'institution du clergé. Il se conçoit que le clergé, comme tout ce qui est dans le système, comporte une constitution simple et logique. C'est pourquoi le prêtre théiste ne présente aucun caractère miraculeux. Il n'a pas la garde d'une vérité révélée incompréhensible pour le vulgaire. Il ne fait donc pas partie d'une caste. Il est un homme au même titre que les autres, et sa supériorité consiste seulement en ce que, pour se charger du culte de Dieu, il doit être décidé à accomplir ses devoirs d'une manière plus parfaite.

Dans ces conditions, rien n'oblige le prêtre à rejeter la vie et les joies de la famille. Sans doute il n'est pas obligé de se marier. S'il lui plait de joindre le renoncement personnel à

---

(1) Mathieu, chap. XV, vers. 10, 11, 17, 18.

l'activité plus grande de son dévouement envers les autres, il peut le faire. Mais sa résolution à cet égard est une appréciation intime qu'il peut toujours modifier sans que ce changement puisse provoquer le blâme ou même l'étonnement.

La position faite au prêtre théiste par le caractère universel et humain de sa religion, loin de l'isoler dans une place à part, le transforme, au contraire, en une autorité régulière de l'organisation sociale. Il devient un fonctionnaire public, au même titre que les administrateurs des intérêts temporels. Son activité est dirigée, il est vrai, vers un point spécial, mais en définitive son but est de compléter et d'harmoniser le moi, ce qui est la seule chose vers laquelle doivent tendre tous les autres dépositaires de l'autorité générale.

La profession éminemment honorable du prêtre ne s'impose pas d'une manière irrévocable à ceux qui la suivent. Il n'est pas dans la compétence du relatif et du naturel d'exiger ainsi l'irrévocable. D'un côté, il peut être démissionné, car l'ordre moral qu'il représente ne saurait être laissé à la direction de ceux qui ne le respecteraient pas dans la pratique. Mais d'un autre côté, le prêtre n'étant qu'un homme, peut toujours agir comme tel et rentrer dans la vie privée, s'il ne se sent plus assez pur ou assez courageux pour demeurer à la hauteur où il s'était posé. Mais s'il se retire, il ne reprend pas complétement la situation des autres. Lié par son passé, il demeure soumis aux lois particulières qui punissent de peines spéciales la divulgation du secret de la confession.

L'institution du clergé mène directement à celle des couvents. Est-il compatible avec le théisme que des êtres humains pratiquent la vie religieuse? A cet égard, il faut

distinguer. Le couvent, tel que nous le connaissons actuellement, est une dépendance de la théocratie pure. Il est donc
un mal.

Mais de ce que les bons sentiments qui portent tant d'êtres
charitables vers la vie religieuse, sont absorbés au profit
d'une erreur, s'en suit-il qu'il soit impossible de leur donner,
en s'y prenant bien, une légitime satisfaction. Ne peut-on
concevoir des couvents utiles.

A notre avis, le théisme peut obtenir ce résultat sans
tomber dans les défauts connus. Voici comment on pourrait
y parvenir.

La vie religieuse, dans le théisme, se rapproche de la
profession du prêtre, et elle se conçoit comme étant un
mélange d'activité dévouée au profit des autres et de renoncement appliqué à soi-même. Elle constitue donc une forme
des devoirs généraux. Mais rien en elle ne se présente
comme une opposition à ces mêmes devoirs. Dès lors elle ne
peut contenir ni détours ni sous-entendus. Toutes ses manifestations doivent être franches et capables de soutenir un
contrôle sérieux.

Dans ces conditions, la première restriction imposée à la
vie religieuse actuelle est que les couvents ne puissent être
constitués sans l'autorisation de l'autorité légale. S'il est
admis que certaines retraites de ce genre existent, il est
juste qu'une loi règle leur sort et aussi leur nombre. Il est
non moins équitable que les autorisations ne puissent être
accordées qu'aux institutions cherchant à satisfaire aux véritables besoins de la nature humaine. Un but charitable, ou
du moins utile, est donc la seule raison d'être des couvents.
Rien n'empêche que l'idéal religieux qu'ils représentent soit
atteint en se conformant aux lois ordinaires sur les associa-

tions. Le droit commun est suffisant, du moment qu'on ne veut plus sortir du réel pour assurer aux couvents une existence sans limites. La fortune de ces institutions suit dans ce cas le sort du capital de toutes les sociétés possibles, et il n'est plus nécessaire de torturer le bon sens pour chercher à la maintenir dans une position exceptionnelle.

Les règles des couvents ne peuvent jamais contenir des vœux ou des promesses qui engagent la conscience au-delà du temps pendant lequel on désire se consacrer à la vie religieuse. Une immobilisation perpétuelle de l'être serait en contradiction flagrante avec toutes les tendances du principe théiste. Il faut, au contraire, qu'à des périodes rapprochées, chacun puisse retrouver sa liberté entière sans encourir pour ce fait ni blâme, ni diminution d'estime.

De quel droit, en effet, la critique s'élèverait-elle contre ceux qui, ayant pratiqué la vie religieuse, la quittent volontairement. Il serait, en vérité, trop injuste, qu'après avoir, pendant un certain temps, cherché à accomplir mieux que les autres ses devoirs de charité, on fût récompensé de son dévouement par un injustifiable mépris. Si une jeune fille, en entrant au couvent, veut sacrifier quelques années à soigner les pauvres et les malades. Si elle veut, en se retirant ainsi, prendre des garanties contre les entraînements de la jeunesse, ce n'est pas une raison pour qu'elle ne devienne pas plus tard une excellente mère de famille, et une épouse attentive à ses devoirs. Si un homme prend une résolution semblable à la suite d'un grand chagrin, ou dans un moment d'enthousiasme religieux, rien ne l'empêche de changer d'avis plus tard et d'être un citoyen absolument honorable. Ni l'un, ni l'autre ne méritent le blâme, ils ne se sont pas séparés des devoirs généraux.

Quand ils sont entourés de semblables garanties, les couvents ne sont pas à craindre. Influencés par le théisme, ils peuvent présenter les caractères du vrai et de l'harmonie.

§ VI

L'AUTORITÉ DANS LE THÉISME

Pour trouver ce que devient l'autorité sous l'influence du principe théiste, nous demanderons l'aide de l'expérience et du bon sens. Dans une civilisation basée sur le vrai, les institutions sont nécessairement compréhensibles et régulières. L'intelligence qui veut les concevoir doit donc ne pas perdre de vue le véritable type humain.

Ayant l'espoir d'avoir exactement défini la cause, nous allons nous efforcer d'indiquer les applications qui sont avec celle-ci en rapport régulier. Mais en le faisant nous répétons encore que nos affirmations n'ont pas la prétention de constituer un modèle. Elles n'ont de valeur fixe, que si elles se rattachent au principe d'une façon correcte.

La base de l'autorité théiste est facile à indiquer. Elle est incontestablement la souveraineté personnelle. Mais le moi n'aspirant pas à conserver son pouvoir entier, abandonne volontiers une part de sa puissance native à une autorité utile.

Toutes les forces autoritaires émanent donc de lui, et sont des délégations directes ou tacites. Le moi théiste ne s'élèvera pas contre leur nécessité, cependant il exigera que l'autorité, remplissant complétement son rôle, le mette réellement à même d'acquérir ce qu'il ne sait pas atteindre dans son isolement.

Le système tout entier indique à qui les pouvoirs doivent être confiés. Le théisme, en exigeant une amélioration personnelle et incessante, crée une classe d'hommes supérieurs qui méritent incontestablement une confiance plus grande que les autres. Pour être distingué d'une manière spéciale, ce groupe est constitué en une noblesse. C'est donc dans les rangs de celle-ci que, pour établir le règne des meilleurs, il faut chercher ceux à qui une notable part de l'activité sera confiée.

Cependant il serait contraire à la vérité et au progrès, que cette noblesse devint une caste fermée, possédant le pouvoir à l'exclusion du reste de la nation. Il faut que dans la masse tout homme intelligent puisse avoir accès aux charges pour s'élever à son tour. En tenant compte de cette nécessité il est juste d'admettre dans les fonctions inférieures, sans distinction de position, tous ceux qui veulent essayer leurs forces. Quant aux places supérieures, on doit les confier non-seulement aux nobles classés, mais aussi à ceux qui auront déclaré officiellement leur intention d'aspirer à la noblesse. Après un aveu semblable la garantie que présentent ces candidats à l'illustration, se transforme et s'augmente, car la logique du système exige que la surveillance et l'appréciation de la conduite même privée des nobles et de ceux qui veulent le devenir, appartienne au public. Sous condition de se soumettre à cette surveillance, personne n'est donc exclu des places supérieures. Il suffit pour pouvoir y atteindre de se présenter devant tous comme voulant faire mieux que les autres.

A cet égard, il est à remarquer que le respect de la liberté individuelle doit être si complètement garanti, que le théisme n'a pas le droit de refuser leur part d'autorité et même d'il-lustration nobiliaire, à ceux qui demeurent dans l'erreur en vertu d'une conviction consciencieuse. Il ne pourrait repousser

les dissidents sans les considérer comme des parias et des
ennemis. Or dans ce cas le théisme deviendrait une prédominance, il méconnaîtrait les conditions régulières de la
lutte, et il ne serait en rapport exact ni avec la logique du
système, ni avec la réalité.

En effet, le Dieu défini impose à l'être humain une lutte
pénible et longue, que celui-ci doit soutenir en ne disposant
que d'une nature relative et faillible. Le Créateur ne peut
donc punir par une rigueur absolue les erreurs commises de
bonne foi. Son rôle est au contraire d'aider le moi, de lui
montrer autant que posssible la route de la vérité, et de le
soutenir dans ses défaillances. Le moi qui se trompe est à ses
yeux un égaré et non pas un ennemi, et c'est seulement contre
le mal fait volontairement et d'une manière délibérée que la
rigueur divine doit justement s'exercer.

Hé bien, si le théisme représente le vrai, il n'a pas le droit
d'agir d'une manière différente. Il peut regretter de voir les
dissidents retarder leur développement complet en demeurant
dans l'erreur. Il peut s'efforcer de les ramener à lui. Mais
son rôle est de les convaincre par la supériorité évidente de
son enseignement, et non pas de leur refuser leur part d'autorité. Sans doute il réservera pour les siens certaines récom-
penses spéciales, par exemple les titres de la haute noblesse.
Mais ne pouvant méconnaître aucun mérite, il devra récompenser ce que produira d'utile, même l'homme incomplet qui
croit bien faire en n'acceptant qu'une partie du vrai.

Les seuls parias concevables dans la civilisation théiste, ce
sont les méchants, les vicieux, les criminels, qui font volontairement le mal. Ceux-là, s'ils sont traités rigoureusement,
n'ont pas à se plaindre, car rien ne les forçait à abuser de
leur liberté.

D'ailleurs, si le théisme est vrai, il n'a rien à craindre des personnalités honnêtes, et il est intéressé à laisser la porte ouverte à toutes les discussions, à toutes les analyses, à toutes les critiques. Loin de repousser ceux qui cherchent, même en dehors de la voie véritable, il doit au contraire les apprécier comme étant les éléments d'un contrôle nécessaire. Mais il ne peut renoncer au type du moi logiquement rattaché à la base du système. Ce type est un phare utile vers lequel les dissidents eux-mêmes reviendront un jour. Il sera leur refuge quand, dégoutés de la liberté absolue, et lassés de leur course inutile dans les déserts de l'indéterminé, ils voudront enfin se rattacher à une certitude qui satisfasse leur conscience.

Une règle fixe, et qui s'impose à tous les degrés de l'autorité théiste, est que les fonctionnaires soient responsables de leurs actes dès que la chose est possible. L'irresponsabilité à propos d'un fait qu'on pose personnellement est toujours une erreur. Elle devient une cause de négligence qu'il est important d'éviter. Il faut au contraire attribuer à chacun un mérite ou un blâme proportionnels à son travail, de manière à l'intéresser à développer en lui la plus haute valeur possible. C'est pourquoi le théisme repoussant les nombreuses phalanges de la bureaucratie, demande un petit nombre de fonctionnaires ayant une compétence parfaitement déterminée et devant travailler beaucoup, consciencieusement et bien. Mais par compensation il leur accorde une rétribution assez large pour tenter les intelligences supérieures. Par ce moyen les médiocrités, ne pouvant supporter la comparaison, sont écartées des fonctions au grand avantage du public entier.

Pour actualiser ces principes, la division de l'autorité telle qu'elle existe dans les états rationalistes est tout à fait convenable. Quelques ajoutes sont nécessitées par l'organisation de l'élément nobiliaire, mais on retrouve cependant dans le théisme les pouvoirs législatifs, judiciaires, administratifs et exécutifs. Leurs fonctions ne sont pas changées, mais, subissant l'influence heureuse du principe agissant, ils perdent les défauts que faisait naitre en eux le rationalisme ou la révélation merveilleuse.

Cette influence modifie le pouvoir législatif dans les électeurs et dans les élus. Les premiers ne sont plus armés de droits absolus. Ne prétendant pas sortir du relatif, ils admettent que leur compétence soit limitée par des obligations. Ils ne sont donc pas électeurs comme hommes, mais seulement comme citoyens capables et honnêtes. Il en résulte que tous ceux à qui l'une de ces deux qualités manque, sont sans droit pour exercer personnellement une fonction vis-à-vis de laquelle ils sont incapables ou indignes.

Quant aux délégués, ils retirent de l'influence du principe une amélioration de position évidente. Ils peuvent appartenir à n'importe quel niveau social classé, car il est juste que tous soient réprésentés. Mais le théisme ne pouvant être un parti, puisque ce genre d'institutions est seulement nécessaire pour soutenir l'erreur, les élus de la souveraineté personnelle ne sont plus liés par des mandats impératifs. Leur conscience demeure libre. Choisis pour leur mérite, et non plus pour leur opinion, rien ne les empêche d'admettre en toute sincérité les mesures réellement efficaces, sans craindre de mécontenter une partie de leurs commettants.

Le pouvoir judiciaire acquiert aussi le bénéfice d'une indépendance plus grande, en même temps qu'il présente des garanties plus sérieuses. Les hautes fonctions judiciaires étant en effet réservées à la noblesse et à ses adhérents, les magistrats qui désirent s'élever sont intéressés à s'efforcer pour bien faire.

L'organisation doit permettre de connaître l'opinion personnelle dans les jugements rendus, pour que la part de responsabilité soit effective. Chacun dès lors est intéressé à se conformer à l'équité et au droit, pour ne pas voir son opinion contredite par les décisions d'appel. Une autre raison, d'ailleurs, garantit la parfaite loyauté de la justice théiste. L'influence des partis venant à disparaître, le juge, quand il doit prononcer un arrêt, demeure en face de sa seule conscience d'honnête homme. D'un autre côté, une élévation considérable de traitement met les plus pauvres au-dessus de la possibilité même d'une tentative de corruption. Dans de telles conditions personne assurément ne voudrait faillir ou seulement se laisser influencer. L'indépendance du pouvoir judiciaire sera donc entière, et par suite son respect pour l'équité sera incontestée.

Une modification plus importante se présente à propos des pouvoirs administratifs et exécutifs. Les liens mystérieux qui les rattachent aujourd'hui sont rompus. Le vague cesse d'être nécessaire. Le pouvoir anonyme disparaît et les compétences se classent.

Le nombre des employés de l'administration diminue sensiblement et chacun y devient responsable. Dans les rangs inférieurs, l'identité du travail personnel est indiqué par les signatures, ce qui permet de juger la valeur intellectuelle et morale de ceux qui commencent. Au-dessus de ces rangs, les fonctions appartiennent aux nobles ou aux aspirants à la noblesse. Là encore les décisions peuvent être attribuées à ceux qui les ont prises. Le mérite personnel est donc établi, et les fautes sont empêchées par le désir de s'élever ou de se maintenir dans la position nobiliaire, ou par la crainte d'en déchoir.

Enfin, le ministre voit aussi sa position plus nettement dessinée. Ses décisions lui sont propres et ne sont plus couvertes par l'irresponsabilité du pouvoir exécutif. En effet, ainsi que nous allons le voir, la signature du souverain ne charge pas celui-ci de l'acte administratif posé. Elle donne seulement l'actualisation au fait. Le ministre demeure seul engagé devant l'opinion publique et devant l'autorité nobiliaire s'il a une position privilégiée à solliciter ou à défendre.

La part d'action réservée au pouvoir exécutif est naturellement modifiée par cette position nouvelle. Le Souverain est déchargé d'une partie de sa compétence. Rien n'empêche qu'il abandonne quelques-unes des prérogatives qu'il est censé posséder et qu'on ne lui laisserait jamais exercer. Mais, comme compensation, il est juste qu'il puisse faire ce qui est, en effet, dans sa charge. Le Souverain a juré de faire exécuter les lois du pays. Il faut qu'il puisse tenir son serment. Pour cela il devrait être libre, après avoir examiné les décisions administratives, de les repousser quand elles contreviennent aux lois en vigueur. Ainsi, il laisserait au ministre la responsabilité de l'acte en lui-même que celui-ci demeure ou qu'il soit supprimé, et il préserverait en même temps de toute atteinte les règles établies par l'autorité législative.

Dans ces conditions, le cabinet du pouvoir exécutif, deviendrait une sorte de conseil d'État dans lequel des fonctionnaires éminents émettraient des arrêts de jurisprudence administrative, sous la direction et la responsabilité du Souverain. Ces décisions, qui auraient une grande valeur, serviraient à fixer les points de doctrine, et, en cas de contestations, on pourrait admettre l'intervention du pouvoir législatif ou des cours de cassation.

La responsabilité qu'on doit rencontrer partout atteint à son tour le Souverain comme chef du pouvoir exécutif. Dans la République, le mode de rendre cette responsabilité effective est aisé à indiquer. Les mandats étant temporaires, l'opinion publique peut se prononcer à chaque élection. Dans les royautés héréditaires, la facilité est moins grande. Mais cependant le but désiré peut aussi être atteint. Le moyen qui s'indique le premier à l'esprit pour y parvenir consiste dans un système de plébiscites, se produisant au moins une fois par règne. Ainsi, la délégation serait confirmée, et la masse exprimerait son avis sur les actes posés par le souverain.

Dans la civilisation nouvelle, le chef du pouvoir exécutif continue naturellement à représenter la souveraineté suprême. Le théisme qui veut le règne des meilleurs, et qui, par conséquent comporte une hiérarchie, ne saurait méconnaître l'indispensable nécessité d'un sommet dominant l'autorité. Il admet donc la position du souverain comme un dogme indiscutable. Il honore en elle la majesté de la nation, et en le respectant il s'élève lui-même.

§ VII

LA FORME

Ce que nous voulons examiner dans la forme de la civilisation théiste, ne se rapporte pas au choix que les nations devraient faire entre les républiques et les diverses royautés. Ces questions sont incidentes et elles ne concernent qu'indirectement notre sujet. Le théisme en leur présence demeure indifférent. Son triomphe est indépendant de ces formes extérieures, et il n'entend provoquer nulle part des mouvements révolutionnaires désordonnés.

Ce qui nous intéresse réellement c'est de connaître les éléments d'action nouvellement introduits par l'apparition du principe. C'est là ce que nous avons à chercher, mais avant de le faire, nous devons émettre une réserve semblable à celle qui précède nos affirmations à propos de la religion et de l'autorité. La conception qui va être émise n'a pas la prétention d'être parfaite, mais seulement de représenter une forme possible, et logiquement appliquée au système. Il n'y faut donc pas voir la trace d'une volonté qui s'impose, en s'affranchissant de la consécration de l'intelligence de tous.

La civilisation théiste est une aristocratie universelle puisque l'homme a partout la même nature et la même obligation de devenir meilleur pour se conformer au but unique de la création. Cette tendance oblige à ce qu'au-dessus des Etats, toujours libres de se constituer comme ils l'entendent, il existe une centralisation suprême qui représente l'aristocratie universelle dans son entier, et qui soit chargée de veiller à la conservation et au développement des intérêts humains.

Les conditions d'existence de cette centralisation, les institutions qui s'y rattachent, et la compétence réservée à chacun dans le théisme, tel sont les sujets qu'il s'agit maintenant de traiter.

Il apparaît d'abord, que le rôle de cette centralisation ressemble à celui de la papauté, avec la différence que les directions sont diamétralement opposées. De chaque côté on rencontre une autorité se prétendant chargée d'enseigner la vérité au monde. Mais la papauté veut avilir l'homme et l'écraser sous le poids de son pouvoir surnaturel. La centralisation théiste, au contraire, élève le moi, le complète, et ne se réserve pour elle-même aucune part de puissance. Sa force réside uniquement dans l'appui que lui donnera sans doute la reconnaissance de l'humanité, pour l'amélioration évidente que procure son influence.

Pour remplir un semblable rôle, la centralisation théiste a besoin d'une indépendance complète et effective. Il faut que, librement, elle critique l'erreur, et qu'elle produise la vérité. Pour y parvenir, il est indispensable qu'elle ait le siège de son établissement dans un territoire appartenant souverainement au théisme entier. Ce territoire sera sans doute protégé par une neutralité respectée par toutes les nations. Il demeurera un refuge assuré où l'intelligence humaine pourra juger dans le calme et dans la sécurité, même quand les passions politiques seront le plus violemment agitées.

Telle est dans l'établissement du théisme la condition principale. Il en est une autre moins importante il est vrai, mais dont l'exécution facilitera considérablement le développement de la vérité. Cette condition nouvelle consiste dans l'aide franche et sincère que donneraient aux efforts de la centralisation les Etats qui jouissent déjà de la liberté. Ce n'est pas dans le territoire du théisme seulement que la doctrine nouvelle, qui prétend être universelle, devra s'appliquer. Il est donc d'intérêt commun que partout on facilite le fonctionnement des rouages indispensables. Toutefois, il n'est pas à craindre que le théisme étant établi, aucun gouvernement puisse demeurer à côté de lui en le tenant comme non avenu. Dans notre siècle de discussions et d'analyse on ne met pas la lumière sous le boisseau. Ceux qui voudraient méconnaître une vérité utile, et confirmée par la conscience humaine, verraient bientôt s'élever contre eux des réclamations dont ils devraient tenir compte.

La centralisation étant indiquée, il faut maintenant connaître les institutions qui en sont les corollaires.

Ce qui s'offre en premier lieu à l'esprit, est la nécessité d'une noblesse, car une aristocratie ne se conçoit pas sans une hiérarchie classant les meilleurs dans une position supérieure.

Cette noblesse a des caractères entièrement différents de ceux qui distinguent ce genre d'institutions dans les sociétés à base de rationalisme ou de droit divin.

Il est d'abord évident qu'elle est universelle, puisque sous l'influence du théisme, le type humain peut en tous pays atteindre le degré de perfection valant la distinction nobiliaire. Il est non moins certain que pour être obtenue la noblesse doit avoir pour cause un mérite appréciable. Il est en effet absolument impossible de comprendre comment, sans rien faire, on peut se rendre digne d'être placé au-dessus des autres. Sous l'influence du droit divin seulement, il était vrai de dire que le travail fait déroger. Le théisme remplace cette absurde formule par une autre qui acquerra la force d'un axiôme et qui est : *pas de distinction imméritée.*

Il n'y a pas à définir le mode de travail qui fera parvenir à la classe supérieure. Chacun dans sa profession peut y atteindre, à condition de produire des œuvres suffisamment importantes, et de prouver par sa vie qu'il possède les qualités intellectuelles et morales dignes de l'illustration. A cet égard il est bon d'observer que la noblesse est une fonction consistant à représenter aux yeux de chacun un type se rapprochant de la perfection en tout. C'est pourquoi quand on désire obtenir ou conserver cette distinction, il ne suffit pas de produire des œuvres, il faut encore énoncer officiellement le désir qu'on a de se poser parmi les illustres. Ces demandes sont appelées à recevoir une longue et complète publicité, et à partir de ce moment chacun peut scruter la vie des candidats comme on doit le faire toujours pour les nobles eux-mêmes.

Il se conçoit que la noblesse universelle se conformant à la nécessité des hiérarchies, se compose de divisions auxquelles répondent des titres divers. Une progression qui semble convenable partage cet ensemble en basse noblesse comprenant quatre degrés dont le moins élevé est formé par les aspirants, et en haute noblesse, réservant trois catégories de titres à ceux qui, acceptant et appliquant le principe théiste, sont les plus avancés dans l'harmonie.

Pour que cette institution se raccorde régulièrement au principe, il faut que rien en elle ne contredise la nature humaine. Deux conséquences résultent de ce principe. La première est que la loi du progrès, qui marche à pas lents, s'applique aussi à l'amélioration et par suite à l'illustration du moi. Il faut donc commencer par le premier titre et suivre la filière. Nous l'avons déjà dit à propos de la morale. Il est irrégulier de vouloir commencer son illustration en s'élevant d'emblée, de la masse commune aux degrés supérieurs. La valeur que représente un semblable écart est trop grande pour être vraie. Elle serait en tous cas une exception fort rare, qui n'empêcherait pas la progression continue d'être la règle qu'il faut admettre.

La seconde conséquence à tirer de l'obligation pour la noblesse théiste de se conformer à la nature, se rapporte à la durée de l'illustration. Les titres sont héréditaires, parce que la persistance que chacun peut légitimement rechercher, permet de continuer dans sa descendance l'expansion qu'on a su donner à son être. Mais cette hérédité n'est pas indéfinie. Celui qui possède un titre par le fait de sa naissance, doit prouver son mérite pour maintenir sa position. S'il n'y parvient pas, il ne transmet à ses enfants que le titre directement inférieur à celui que lui avait procuré son auteur. Ainsi la noblesse théiste n'est pas une caste fermée. Chacun peut y entrer s'il en est digne. Mais les familles parvenues aux plus hauts sommets redescendent jusqu'à la masse commune, si leurs membres négligent l'effort et s'abandonnent au mal.

Les privilèges attachés à la dignité nobiliaire ne présentent aucun danger d'absorption de pouvoir et d'inégalité devant les lois. Ils consistent seulement dans le droit de porter un blason et un titre. Il n'en faut pas plus du reste pour faire connaître à tous la haute valeur du moi amélioré, ce qui es: le seul but que doive atteindre la noblesse. Cependant, il semble sage que des majorats d'une importance limitée, soient attachés aux titres de la division supérieure. Les familles qui sont parvenues à ces degrés, ont dû s'améliorer pendant longtemps. Les membres qui les composent ont donc des traditions d'honneur et de bien qui présentent des garanties réelles. Ce doit être une gloire pour chaque nation de posséder des races semblables, et l'intérêt de tous est de les soutenir et de les mettre en lumière le plus possible. Dans ce cas, la dérogation à la loi commune que nous indiquons est raisonnable, elle fera beaucoup plus de bien que de mal.

Enfin, pour en finir avec la classe privilégiée, nous dirons encore, qu'elle dépend de l'autorité qui, dans le théisme, est chargée du pouvoir suprême. C'est, en effet, aux représentants de l'humanité entière qu'il appartient seulement de proclamer la supériorité de ceux qui veulent posséder devant tous une position qui commande le respect.

La noblesse que nous venons d'examiner se rattache certainement à la centralisation théiste, mais elle ne représente cependant qu'un état des individualités. Elle est la profession des améliorés. Elle ne figure donc pas comme corps constitué parmi les applications agissantes.

Les rouages véritablement actifs sont ailleurs, et on en rencontre un d'abord dans un congrès formé par les délégués du théisme entier.

Nommés par des électeurs honnêtes et capables, qui sont réunis en circonscriptions dans les différents pays, les membres du Congrès sont bien effectivement l'expression véritable de la souveraineté personnelle. Ils représenteront un jour l'élite de l'humanité, et, pour cela, il est utile que partout le choix se porte sur les membres de la noblesse classée, ou du moins sur les aspirants à cette distinction.

Cette assemblée suprême ne fonctionne pas d'une manière permanente. Elle se réunit dans des sessions temporaires, dans lesquelles elle exerce diverses compétences que nous allons énumérer.

On trouve d'abord celle qui consiste à définir et à conserver la vérité théiste. Sans distinguer entre les dogmes purement religieux et ceux qui concernent d'autres devoirs, le Congrès a qualité pour étudier et pour décider toutes les questions d'ordre humain. En prenant des précautions suffisantes contre les surprises et les entraînements, il émet sur ces sujets des décisions suprêmes. Mais celles-ci n'ont de valeur que si elles ne s'écartent pas du vrai, car toute affirmation erronée serait à l'instant démentie par la conscience révoltée.

La seconde compétence du Congrès le charge de créer, de maintenir ou de supprimer la dignité nobiliaire dans les individualités. Il est, à cet égard, la seule autorité légitime. C'est à lui qu'il appartient de décider le mérite des preuves fournies. C'est lui qui peut aussi, en cas d'indignité ou de félonie, rejeter dans la masse commune celui qui, par sa conduite, aura montré qu'il déshonorait son illustration.

Le Congrès possède encore l'appel des décisions administratives et l'organisation des fonctions qui doivent faire marcher les rouages du théisme. Il règle les recettes et les dépenses au moyen de budgets et de comptes réguliers. Il applique dans ce cas une loi qui doit être générale dans le système, et qui consiste dans l'emploi d'une large et véridique publicité. Il ne faut pas qu'un doute existe sur la manière honnête dont l'autorité théiste fait usage des ressources communes. Ses dépenses peuvent être larges si les besoins sont grands, mais elles doivent être utiles et facilement contrôlables. Chacun doit pouvoir s'assurer qu'il n'existe dans les comptes ni sous-entendus ni malices financières d'aucun genre.

Enfin, le Congrès peut aussi transmettre aux divers Etats des vœux tendant à l'établissement chez eux de réformes dans le sens théiste. Cette ingérence dans les affaires particulières des pays ne doit jamais dépasser les limites d'un sage conseil. Mais il est important que ce conseil soit donné, pour qu'on parvienne ainsi à l'établissement commun de certaines lois que rendra indispensable le développement du principe.

Les points sur lesquels l'accord est nécessaire ne sont pas nombreux. Ils consistent dans la remise de l'état-civil à des autorités contrôlées et dans le choix de formules universelles servant à confectionner les actes de cet important service.

Ensuite, dans une organisation des diverses administrations permettant d'établir la responsabilité de chacun; dans la faculté accordée aux divers fonctionnaires du théisme d'exécuter leurs charges; enfin dans une liberté de conscience suffisante pour que la doctrine nouvelle puisse être admise et pratiquée.

Mais là ne se bornent pas les compétences possibles du Congrès. Il en est une encore qu'il acquerra sans doute. C'est celle qui le transforme en arbitre des différends internationaux. Plusieurs raisons existent qui le désignent pour ce poste de confiance. D'abord la légitimité du droit qu'a le Congrès de s'occuper des intérêts supérieurs de l'humanité est indéniable. Puis, cette assemblée souveraine sera vraisemblablement composée d'hommes éminents choisis parmi les meilleurs. Enfin, la certitude de la vérité théiste donne au Congrès une base solide sur laquelle on pourra s'appuyer pour juger les difficultés et pour prononcer une sentence. Il n'en sera donc pas réduit, comme les Congrès actuels, a demeurer indécis entre des solutions politiques ne présentant rien de fixe et de déterminable. C'est au nom du droit hu-

main qu'il jugera, et contre de telles décisions la force seule
pourra prévaloir.

Les sessions de l'assemblée suprême étant temporaires, il
est indispensable qu'une autorité plus permanente veille aux
intérêts communs en l'absence de congrès. C'est pour remplir
cette fonction, qu'une délégation spéciale est donnée à un
fonctionnaire de l'ordre le plus élevé, qui représente constamment le pouvoir et en même temps la souveraineté de
l'ensemble. Ce fonctionnaire résidant au siége de la centralisation, porte un titre supérieur, et jouit des avantages hono-
rifiques accordés aux souverains.

Sa compétence est multiple. Il est le centre où viennent
aboutir les divers services administratifs et religieux. Il fait
préparer le travail destiné aux sessions du congrès. Il se met
directement en rapport avec les Etats. Enfin il fait exécuter
les décisions prises par l'assemblée suprême.

Après lui, il est important de citer le clergé parmi les autorités nécessaires au développement du principe. Nous
n'avons pas à nous étendre longuement à ce sujet, puisque les
conditions d'existence du clergé ont été définies plus haut. Il
suffit de faire observer que ce corps est placé comme tout le
reste sous la suprématie du congrès universel. Il peut être
conçu comme étant divisé en deux parts. La première comprend les dignitaires; ils sont nommés par l'autorité souveraine. La seconde est formée par les membres inférieurs.
Cette fois la nomination est réservée à ceux qui sont placés
de façon à juger si les titulaires conviennent aux populations
qu'ils doivent desservir.

A la suite des autorités principales, on peut concevoir une
suite de fonctionnaires dirigeant les circonscriptions et ayant
des compétences appropriées aux besoins. Plus bas on ren-

contre les électeurs qui représentent déjà une valeur morale classée, puisque pour exercer leur charge, ils doivent être reconnus capables et honnêtes, et posséder un certain rang social. Enfin après les électeurs, il existe encore la compétence de ceux qui, étant honnêtes, sont privés d'instruction et de fortune. L'intervention de ces membres modestes du théisme dans les affaires générales est plus importante qu'on ne le croit. Ils ont une double fonction. D'abord il leur appartient comme à tous de juger la conduite de ceux qui dirigent; puis, inconsciemment ils rendent à la civilisation un service signalé. En effet, nous savons que cet élément social se dirige en appliquant la rigueur de la logique à l'enseignement qu'il reçoit. C'est pourquoi nous avons vu les masses inférieures dans la civilisation rationaliste poursuivre les applications absolues dans les deux partis. Or cette même manière d'agir se rencontrera dans la civilisation théiste, avec la différence que le principe étant vrai, la masse non éclairée exigera de l'absolument bien.

On voit par cet exemple que tous ceux qui sont honnêtes sont intéressés à entrer dans le théisme, car ils occupent un rang dans la hiérarchie aristocratique, et ils ont une part appréciable d'autorité. Les seuls qui soient rejetés sont les pervers et les indignes. Contre ceux-là tous sans exception doivent s'élever et agir ave vigueur, afin de les forcer à changer de conduite.

Nous terminons ici cette conception de la forme théiste. Elle sera appréciée et jugée. L'avenir dira si elle répond aux véritables besoins du système. Il est évident en tous cas qu'elle ne peut fonctionner complètement à moins que le théisme ait reçu un commencement d'exécution. Or qui donc fera passer la doctrine de la théorie à l'acte? Qui donc organisera les diverses institutions, et condensera la bonne volonté de chacun de manière à en former une force effective.

Evidemment il faut qu'une association universelle se forme et qu'un comité centralisateur se constitue d'abord, et agisse pour tous. Cela est illégitime, dira-t-on. Personne n'est prêt pour se mettre ainsi sans mandat à la tête de l'humanité. Sans doute la légitimité est contestable quand un comité se nomme lui-même avec la prétention de réformer et de diriger l'activité du monde. Mais cependant pour que les choses soient, il faut bien que quelqu'un les fasse, et la nécessité a force de loi.

Nous estimons donc que tous les pouvoirs, provisoirement et sous approbation ultérieure, peuvent être condensés dans une direction spéciale qui se chargera de recevoir les adhésions et d'organiser le théisme. Nous conservons l'espoir que des hommes éminents, et ayant fait leurs preuves, tiendront à honneur de se charger de cette tâche. Il ne faut pas que l'apparition du théisme provoque des essais de désordre et de bouleversement, ce qui pourrait être essayé si la direction du mouvement tombait en mauvaises mains. Au lieu de détruire il est raisonnable au contraire de déclasser aussi peu que possible. Il y a actuellement bien des fortunes dont la base n'est pas avouable. Il y a aussi bien des illustrations nobiliaires qui n'ont pas leur raison d'être. Cependant, songer à faire passer sur tout cela un niveau égalitaire serait aussi absurde qu'impossible. On ne supprime pas ainsi les hautes classes sociales pour les remplacer par les classes inférieures. Il faut du temps pour faire un gentilhomme, et ce n'est pas en une seule génération qu'on obtiendra le type nobiliaire complet.

C'est pourquoi nous conseillons de tenir compte autant que possible des positions présentes, quitte à examiner la valeur des titres supérieurs. En faisant monter les hommes de la bourgeoisie qui méritent d'être élevés, il faut si on le peut maintenir ceux qui ont des droits acquis. Les aristocraties spéciales de chaque pays, en se ralliant au théisme, apporteraient au principe nouveau une force et une influence dont il serait juste de leur tenir compte. Elles rendraient au monde un service important, et elles se créeraient ainsi des droits à faire admettre leur position privilégiée dans l'aristocratie universelle.

Telle est, d'une façon qui nous semble régulièrement logique, l'influence que le principe théiste exerce sur les éléments constitutifs de la société. Il reste à indiquer quelle modification l'apparition du système est appelée à produire immédiatement dans les œuvres politiques. A cet égard aucun doute n'est possible. Le théisme est basé sur la conception d'un Dieu raisonnable, auquel répond comme second terme du rapport un homme fini, relatif, et ayant par cela même des droits limités. Dans ces conditions il est inévitable qu'un groupe nouveau se forme. Il sera constitué par ceux qui admettent le principe et ses conséquences, auxquels viendront se joindre les dissidents qui, sans se piquer d'une logique aussi serrée, cherchent à se garantir contre les exagérations de leur parti.

Ce groupe a dans le système politique du monde, une importance extrême. Il vient y occuper régulièrement une position à laquelle les divers partis n'ont pu donner jusqu'à ce jour aucune fixité. Il constitue l'union des centres, et par son introduction il permet que la réalité soit complètement représentée dans les assemblées législatives.

Celles-ci, en effet, peuvent à l'avenir se diviser en trois parties distinctes, se rapportant exactement aux différentes manières d'entrevoir la Cause première. Au centre se place le vrai, demeurant dans le possible, poursuivant avec activité le progrès compatible avec la nature humaine, mais ne cherchant pas à dépasser une compétence relative. A droite et à gauche sont les deux formes qu'affecte le courant de l'erreur. La révélation merveilleuse et le rationalisme s'y développent sous un mode quelconque, et cherchent à appliquer les droits absolus qui sont inhérents à leurs prédomina ces.

L'avenir réservé à ces trois divisions est facile à indiquer. N'est-il pas évident que celle qui occupe le centre dépassera bientôt en importance les deux autres. S'appuyant sur un principe vrai, elle pourra signaler les exagérations et les dangers des partis à bases absolues, sans qu'on puisse retourner contre elle des critiques semblables. Cela suffit pour que ce groupe inspire une confiance entière, et pour qu'il soit considéré comme un port sauveur où l'humanité, battue par la tempête, trouvera enfin des applications permettant le calme et la paix.

CHAPITRE VII

CONCLUSION

Nous avons terminé notre tâche. Le système qui dérive de notre principe est posé dans ses parties constituantes comme dans ses applications. Va-t-il se voir préférer la continuation des convictions anciennes? Il faudrait, pour le croire, prétendre qu'on peut aimer à se tromper soi-même. Pourquoi, en effet, conserverait-on un doute à propos du théisme, qui met partout l'ordre et le bien? L'harmonie qu'il contient ne peut être en effet du hasard, elle n'est pas le produit d'un agencement fortuit.

Comment! un ordre général se rencontrerait dans le théisme. Le fini et le relatif sauraient en constater la présence, et cet accord possible aurait échappé aux investigations de l'absolu! Il serait, et le Créateur ne l'aurait pas voulu! Oh non! cela ne doit pas se dire. Une thèse semblable serait par trop odieuse, et on ne peut pas blasphémer ainsi la grandeur et la justice de Dieu.

Qu'on se rassure donc, malgré toutes les convictions contraires, si l'harmonie est dans le théisme, c'est qu'elle existe aussi dans la réalité et dans la pensée de Dieu. Quand notre raison est d'accord avec notre conscience pour nous la faire voir; quand tous les guides qui nous ont été donnés pour nous conduire nous en montrent la nécessité et l'évidence, ce serait folie de la rejeter pour persister plus longtemps dans des erreurs certaines.

Venez donc, vous tous qui aspirez au bien, venez sans crainte le conquérir et l'appliquer. Dieu, dont nous voulons accomplir le désir sera avec nous pour aider notre effort. Venez pour rentrer dans le vrai et pour remplacer le désordre qui effraie aujourd'hui par une civilisation heureuse qui élèvera le moi, et qui fera aimer et bénir le créateur.

FIN.